핵심감정 시리즈 ④

핵심감정 공동체

⌂세움북스 는 기독교 가치관으로 교회와 성도를 건강하게 세우는 바른 책을 만들어 갑니다.

핵심감정 시리즈 ④

핵심감정 공동체

하나님의 형상을 회복하는 공동체로 나아가기

초판 1쇄 발행 2019년 11월 25일
초판 1쇄 발행 2019년 11월 30일

지은이 ｜ 노승수
펴낸이 ｜ 강인구

펴낸곳 ｜ 세움북스
등 록 ｜ 제2014-000144호
주 소 ｜ 서울시 마포구 양화로 78, 502호(서교동, 서교빌딩)
전 화 ｜ 02-3144-3500
팩 스 ｜ 02-6008-5712
이메일 ｜ cdgn@daum.net

교 정 ｜ 이윤경
디자인 ｜ 참디자인

ISBN 979-11-87025-52-8 (03230)

NUCLEAR FEELING

핵심감정 시리즈 ④

핵심
감정 공동체

노승수 지음

세움북스

Recommendation
추천사

노승수 박사와는 아세아연합신학대학교 조직신학 교수인 김경천 박사를 통해서 알게 되었다. 현재 노 박사는 아세아연합신학대학교의 발전을 위해서 외부에서 대외협력1본부장으로 협력하며 수고해주시고 계시다. 이런 하나님의 섭리로 인해 노승수 박사의 책을 추천할 수 있는 계기 되었다. 노승수 박사로부터 책 추천에 관한 말을 듣고 기쁨으로 초판을 읽고 추천하게 된 것에 대해서 감사하는 마음이 있다.

이 책은 감성이 메말라 가는 현대교회를 향한 귀중한 메시지를 담고 있다. 공동체 안에서 누구나 힘든 갈등과 감정을 경험하게 된다. 그런 문제들에 대해서 상담학자로서 적실한 문제 해결을 제시하고 성도의 삶과 교회에서 성화가 일어날 수 있도록 촉진할 수 있는 대화의 방식과 공동체의 성경적 구성에 관해서 깊은 심리적 통찰과 함께 제시하고 있다.

저자는 여기서 그치지 않고 소통과 교제를 통해 하나님의 형상을 회복하는 "핵심감정 공동체"의 과정과 요소를 발견하고 제시한다. 이 책을 통해서 공동체가 나누는 대화가 서로를 유익하게 하며 성숙하고 성장하도록 격려할 수 있게 되기를 소망한다. 이 땅의 모든 기독공동체가 알고 실천해야할 귀한 책이기에 적극 추천하는 바이다.

정흥호 총장 (아세아연합신학대학교)

Recommendation
추천사

신학을 가르치는 교수인 나는 노 승수 박사와 막역한 사이다. 왜냐하면 합동신학대학원대학교에서 함께 신학을 공부했으며, 지금까지도 서로의 신학적 유익을 위해 조언을 주고받는 관계이기 때문이다. 또한 나는 노 승수 박사의 책을 사랑하는 독자이기도 하다. 왜냐하면 지금까지 출판된 노 승수 목사의 핵심 감정 시리즈 저서들『핵심감정 탐구』,『핵심감정 치유』,『핵심감정 성화』를 통해 설교학에서 필요한 인간 이해에 관한 깊은 통찰력을 공급받았기 때문이다. 특히 노 승수 박사의 노력의 결실인 저서들을 읽으면서 나는 기독교 상담과 조직 신학의 관계에서 조망한 핵심 감정들의 설명들은 초월적이며 내재적인 하나님을 어떻게 조화롭게 이해할 수 있을지 귀한 가르침을 받았다.

　그리고 얼마 전에, 노 승수 박사에게 자신의 새로운 저서인『핵심감정 공동체』를 위한 추천사를 제안 받았다. 나는 노 승수 박사의 새로운 저서에서 핵심관계와 공동체의 신학적 관계를 이해할 수 있다는 벅찬 기대감을 갖고 추천사를 써 내려가게 되었다. 노 승수 박사의 새로운 저서를 읽으면서, 핵심 내용이 핵심감정과 집단 상담을 통한 거룩한 공동체의 회복이 무엇인지 새삼 깨닫게 되었다. 나만의 생각일 수 있지만, 본서는 목회자뿐 아니라, 사모, 구역장이나 셀의 리더들이 반드시 읽어야 할 필독서라 판단된다. 왜냐하면 크든 작든 기독교 공동체를 이끌어가는 리더라면, 공동체에 관한 신학적 이해와 공동체에 속한 구성원들의 이해가 반드시 필요하기 때문이다.

아무튼, 나는 노 승수 박사의 새로운 저서를 읽으면서, 성급하지만, 하루 빨리 또 다른 그의 저서가 출판되길 갈망한다.

박성환 교수 (한국성서대학교 실천신학)

Preface
서문

왜 성화는 공동체적일까?

보통 믿음은 개인적인 일로 이해가 된다. 실제로 독일의 개인주의는 루터 신학과 함께 발달했다. 그런데 성화는 공동체적으로 묘사된다. 실제로 신약성경은 인간의 거룩함과 관련하여서 성도라는 표현을 쓰는데 거룩할 '성(聖)'에 무리 '도(徒)'를 써서 개인이 아니라 거룩한 공동체를 묘사했다. 그럼 공동체로 있으면 우리는 성화하는가? 더 풀어서 설명하자면 공동체로 있으면 우리의 죄가 죽어지고 우리 안에 새사람이 소생하게 되는가? 실제로 공동체가 어떻게 기능하기에 우리는 공동체로 있으면서 그것을 기대할 수 있을까? 그럼 성경에서 그런 공동체적 치유나 성장 같은 코드를 예시를 통해서 찾을 수 있을까? 안타깝게도 그런 방식의 예시는 거의 찾을 수 없다. 예컨대, 우리가 갖는 통상적인 기대, 곧 행복하고 평안하고 만족스럽고 성장이 있고 변화와 감격이 있는 그런 공동체를 생각한다면 사실 성경에서 이런 예시는 희귀하다. 굳이 애써 찾는다면 오순절 예루살렘 공동체, 가나안에 갓 들어온 이스라엘 공동체, 요시야의 개혁 공동체, 포로 귀환 후 느헤미야 공동체 정도를 억지로 끼워 맞춰서 예시로 삼을 수 있을지 모르겠다. 성경의 역사에서 이런 예시를 왜 이렇게 찾기 어려운 걸까? 어디가 잘못되었을까?

그러면 성경에서 가장 많이 나타나는 사건 사고는 어떤 것일까? 그것은 공동체의 실패를 담은 교훈들이다. 가장 대표적인 책을 꼽자면, 사사기가 아닐까 한다. 사사기는 나선형 하강 곡선을 그리며 무너져 내리는 공동체의 사건을 담고 있다. 이런 예시들은 넘쳐 난다. 애굽에 내려감으로 실수하는 아브라함과 그 공동체, 형제간에 반목하는 이삭의 자녀들, 야곱의 자녀들 등등 셀 수 없는 이야기들을 들 수 있다. 성경은 성공의 이야기이기보다 실패의 이야기처럼 보인다. 예수님의 제자들은 예루살렘에서 나눌 권력을 꿈꿨으나 예수님은 실패처럼 보이는 십자가를 선택하셨다. 그리고 그 십자가는 성부께서 계획하신 길이었으며, 우리의 죄를 없이할 길이었다. 이런 기본적 사실을 교회 공동체에 적용한다면 교회 공동체는 어떤 곳이어야 할까? 사실 성경의 메시지를 이해는 하고 쉽게 동의는 하지만 다시 그것이 우리 공동체에 적용되어야 할 과제라고 생각하면 사실 막막하기만 하다. 교회 공동체는 십자가를 어떻게 구현하는 공동체여야 하나? 우리는 성경의 이야기처럼 우리의 비루한 삶을 교회 공동체에 드러내어야 하는가? 과연 그런 비루함과 비참을 드러내고도 우리 공동체는 유지될 수 있을까? 이런 질문들이 머릿속을 떠다닌다. 어느 누구도 힘든 갈등과 감정을 원하지 않는다. 누구나 성공의 느낌을 원하고 온정과 긍정의 감정을 원한다. 설혹 십자가를 필연으로 받아들이더라도 우리 삶이 냉혹한 광야이기만 해서는 견디기 어렵다. 때로는 엘림과 같은 오아시스가 신자의 삶에 있어야 그나마 지금의 삶을 견뎌 낼 수 있다(출 15:27).

그렇다면 오늘 우리가 만나는 현실의 교회는 더더욱 그럴 수밖에 없다. 현대의 환경은 더 그렇다. 대부분의 도시인들은 분주한 삶을 살며, 자연과 사람들로부터 어느 정도의 소외를 겪고 있다. 그렇다고 농어촌 지역이라고 해서 자본주의적인 삶으로부터 자유로운 삶을 희구하면서 살기 쉽지 않다. 도시와 농촌 할 것 없이 우리는 각박하고 분주하며, 스트레스가 높은 환경에서 살고 있다. 그러니 교회가 되었든지 TV나 여가 문화가 되었든지 힐링과 자존감 같은 키워드가 자주 언급되는 것은 이상한 일이 아니다. 도시와 자본은 인간을 인격적으로 대접하기보다 부속처럼 대우하는 경향이 있고 역설적이게도 근대를 루터(Luther)의 개인주의로부터 열었다면, 근대의 위기는 자본주의의 발달로 개인이 소외를 겪는 사회로 진입했다는 것이다.

소외는 인간을 소모하고 탕진하는 이 시대의 문화적 코드와 적지 않게 관련이 있고 그렇게 소모된 개인은 교회에서도 지난 반세기 동안 소모되는 존재로 치부되었다. 물론 귀한 헌신과 목회적인 돌봄이 있었음에도 한국 교회 안에서 이런 성화와 관련 없는 소모되는 삶이 만연했고 그런 피로감에 젖은 교인들은 가나안 성도가 되었다. 가나안 성도가 되지 않았더라도 대형교회에서 자신을 숨긴 채 신앙생활을 한다. 그런 교인들이 많아지면서 공동체로서 교회가 지녀야 할 형제 사랑은 점점 형식적인 성격을 띠게 되었다. 한국 교회의 지난 세기 동안의 선교의 성장은 매우 고무적인 현상이지만 동시에 가까이 있는 교회의 지체들은 외면받으면서 머나먼 타국의 선교 현장에만 몰두하는 현상이 나타났고, 이런 현상은 우리 삶의 자리에서 사랑을 잃은 자들의 방황의 결과이자 삶의 균형점을 찾으려는 시도라고 봐야 한다. 물론 지난 세기 동안의 한국 교회의 선교의 성장이 잘못되었다거나 나쁘다는 의미가 아니다. 이것은 마치 산업화 시기 동안 한국 교회의 대부분의 남성은 산업의 현장에서 소모되고, 가정에서 마음 둘 곳을 잃었던 여성도들이 교회에서 자기만족을 얻으면서 교회 성장을 견인한 것과도 맥을 같이 한다.

그렇게 소모되고 소외된 인간은 교회에서 어떤 모습을 하고 있을까? 더 정직하자면 과연 교회 안의 교제가 교회 밖의 세속적 사람들의 교제와 근본적인 차이점이 있을까? 물론 원리적으로는 우리가 머리이신 그리스도와 맺은 관계와 그 연합이 우리 공동체의 구심점이자 형제 사랑의 원리라는 점은 진리이지만 우리 삶의 자리를 되돌아볼 필요가 있다. 앞서 언급한 교회 성장의 열정을 보인 여성도들의 가정에서의 삶은 가정을 믿음으로 이끄는 놀라운 신앙의 저력을 보이기도 했지만 오히려 남편들을 교회로부터 더 멀어지게도 했었다. 결국 그리스도인으로서 우리가 세상과 적절한 소통을 이루는 데 실패한 모습이 한국 교회의 여성도들을 중심한 교회 성장의 한 단면이다.

그러면 교회 안의 소통과 교제에 적절한 정도의 밀도와 사랑의 나눔이 있을까? 주일 공예배 후, 점심식사를 하면서 나누는 다소간의 담소, 그리고 2–3시쯤 오후 예배를 드리고는 가정으로 돌아가는 게 대부분의 현실이다. 그렇지 않으면 여러 프로그램을 통해서 소모되고 소외된 자기를 채우는 형태의 영적인 장터에서 자신이 지닌 정서적이며 영적인 허기를 허겁지겁 채우는 프로그램들로 채워진다. 다소 자기애적인 이 과정들은 자기만족을 추구할 뿐 공동체적 관계를 촉진하지 못하는 것이 현실이다. 왜냐하면 상호관계를 촉진하는 시간은 거의 없고 대부분의 시간들이 영적 필요에 대한 강의나 자기 계발과 성장들로 채워져 있기 때문이다. 심지어 나는 성경공부도 이런 형편에 놓였다는 생각이 드는데 대부분의 성경공부들이 복음과 회심을 중심으로 이뤄져 있지 않고 성경의 지식들의 나열이나 지적 욕구를 채우는 것으로 구성된 경우가 많기 때문이다. 그나마 이런 교회 환경에 놓였다면 행운이라 할 수 있다. 대부분의 교회들은 교회에서 이뤄지는 여러 행사들로 세상에서도 지치고 교회에서도 지친다. 특히나 청년들의 형편은 새벽부터 저녁까지 그들의 영적인 필요는 거의 공급되지 못한 채 장년들이 해야 할 일들의 뒤치다꺼리를 하는 소모적 시간들로 주일이 채워진다.

그러나 청년들의 실제적 필요는 사실상 참된 교제이며, 그 교제를 통해서 의미 있는 만남을 맺는 것이다. 이 부분은 장년도 크게 다르지 않다. 교회 내에서 이뤄지는 대화의 내용을 보면, 그 주간 세상에서 있었던 사건 사고에 대한 대화, 그날의 날씨, 자녀 교육에 대한 정보, 심지어 경제와 정치 이야기, 부동산에 대한 이야기 등등의 삶의 여러 정황들에 대한 이야기가 오고 가지만 그들이 영적으로 어떤 형편에 처했는지 혹은 자신의 내면이 어떤 상태인지를 나누는 대화는 거의 없다. 그나마 이런 내용의 대화들도 그 형식에 있어서 제대로 주고받지 못한다. 교회 생활 40년차 모태 신앙인 장년 성경 집사는 식사 시간에 마침 앞자리에 앉은 자기보다 2살이 어린 소망 형제에게 가볍게 오늘의 날씨로 말을 건넨다. 이야기는 곧 동네 부동산 가격으로 옮겨 가고 소망 형제는 자기가 어디선가 주워들었던 괜찮은 부동산 이야기를 늘어놓는다. 곧이어 자신이 사는 집값이 떨어진 성경 집사는 정부의 부동산 정책에 대해서 성토한다. 자매들이라고 크게 다르지 않다. 미숙 집사는 자기 큰아들이 이번에 성적이 올랐다는 이야기를 늘어놓는다. 그 얘기를 듣던 옆에 선희 집사는 어느 학원에 보내는지 정보를 묻는다. 학원 이야기를 꺼내자마자 옆에서 듣던 찬숙 집사는 자기가 어디서 들은 그 학원 선생에 대한 어느 학생의 불만을 늘어놓으면서 그 학원 별로라는 말을 내놓는다. 무엇인가 대화는 오고 가는 거 같기는 하다. 사실 교회에서 이뤄지는 이런 대화가 나쁜 것은 아니다. 그러나 사실 이런 대화가 우리를 얼마나 그리스도 안에서 형제로 묶어 줄 수 있을까? 그리고 일주일에 한 두 번 하는 이런 대화가 과연 우리의 관계를 우리 주님께서 "누구든지 하늘에 계신 내 아버지의 뜻대로 하는 자가 내 형제요 자매요 어머니이니라(마 12:50)"라고 하신 말씀처럼 진리가 우리를 가족으로 묶어 줄 수 있을까? 그들의 교우 관계는 중고등학생의 우정보다 깊이가 없고 직장동료만큼의 책임도 없는 관계다. 그 관계적 피상성은 쉽게 교회를 옮기고 가나안 성도가 넘쳐나는 오늘의 현실에 그대로 투영되어 있다.

심지어 영적인 대화가 오가는 중에도 바벨탑 사건과 같은 불통은 계속해서 일어난다. 영적인 대화를 한참 나누던 석현 형제는 가정에서 가장으로서 자신이 수고한 것에 비해 아내가 자신의 수고를 제대로 인정해 주지 않는 것에 대해 속상함을 공동체에서 토로한다. 곁에 있던 몇몇 형제들의 지지에 대해 석현 형제는 "제 아내에게 그 말을 꼭 전해 주세요"라고 화답한다. 농담처럼 내뱉은 말이지만 아내와 소통하고 싶은 열망과 그런 열망과 달리 제대로 소통할 수 없는 마음이 그렇게 표현이 되었다. 그 이야기를 듣던 성숙 권사님은 석현 형제에게 그의 아내에 대해 칭찬을 늘어놓는다. 얼마나 성실하고 좋은 사람이냐고 하는 이런 표현들은 상대가 드러낸 영적인 현실을 쉽게 덮어버리고 만다. 예컨대, 핵심감정 두려움의 사례 중 하나였던 유미 씨의 공포반응에 대해서 교회의 지체들이 그녀에게 했던 "믿음이 좋으니까"라는 말은 격려가 아니라 그녀의 증상을 키우는 반응이었다. 결국 믿음에서 멀어지게 만드는 결과를 낳고 말았다.[1] 기름때가 묻은 옷의 기름때를 빼려면 기름기가 필요하듯이 두 사람 사이의 소통이 일어나려면 현재의 상황에 대한 인정과 수용이 필요하지만 우리는 너무 쉽게 믿음과 긍정으로 옮겨 가면서 상대가 처한 현실을 덮어버리고 만다. 이런 일을 반복적으로 겪게 되면 부부는 정서적인 별거를 경험하게 되고 성도는 교회에서 더 이상 영적 대화를 시도하지 않게 된다.

왜 우리는 교회에서 이런 대화를 기피하게 되었을까? 왜 부부가 자신의 삶을 나누는 것을 기피하게 될까? 이런 대화는 갈등만 키울 뿐 아무런 효과를 내지 못하고 생채기만 내었던 이전의 경험이 누적적으로 있기 때문이다. 이런 갈등을 제대로 다루는 기술이 없고 이것을 해결하는 게임의 법칙이 없기 때문이다. 어떤 스포츠든지 경기가 재미있으려면 선수들의 활동을 크게 해치지 않으면서 상호간에 인정할 만한 게임의 법칙이 존재해야만 한다. 리시브는 하지 않고 서브만 하는 테니스 시합이 흥미가 있겠는가? 핵심감정은 공동체가 서로 더 가까워질 수 있는 게임의 법칙과 같다. 힘든 감정을 효과적으로 다루게 해 줄 뿐만 아니라 신자가 자기 한계를 넘어서 영적인 성장을 할 수 있도록 자기를 이해하고 표현하고 수용하고 주님께 맡길 수 있도록 도와준다. 이런 이해의 지평이 타인을 이해하는 지평도 확장시키며 결국 관계의 어려움을 견뎌내는 내적인 힘도 함께 키우게 된다. 핵심감정을 통해서 대화를 하게 되면 사람들이 자주 고백하는 것 중 한 가지가 3일도 되지 않는 짧은 시간 동안 마치 2-30년 사귄 것 같은 동질감과 친밀감을 느끼게 된다고 말하는 것이다. 이 공동체 훈련을 마치게 되면 여러분은 잠언의 말씀처럼 "철이 철을 날카롭게 하는 것 같이 사람이 그의 친구의 얼굴을 빛나게(잠 27:17)" 하는 경험을 할 것이다.

이러한 서로에 대한 이해와 용납은 개인적인 기도와 성경 묵상만으로 이뤄지지 않는다. 기도와 말씀은 은혜의 방편이다. 이 말은 우리의 영적 양식이라는 말이다. 가정에서 엄마가 해 주는 밥을 먹은 아이는 아무 경험 없이 밥만 먹고 자라는 것이 아니라 가정이라는 울타리의 보호와 지도 속에서 수많은 시행착오의 경험을 통해서 자라간다. 교부 키프리아누스(Cyprianus) 때부터 고백해 온 교회를 어머니라고 말하는 진짜 의미이기도 하다. 교회는 영적인 밥을 먹는 장이기도 해야 하지만 우리 영적 근력과 정서, 사회성이 발달하는 장이기도 해야 한다. 성화가 교회 공동체로부터 일어난다는 것은 이런 의미다. 동시에 이런 교회 공동체의 장이 병원 같은 것도 이상한 일이 아니다. 교회는 이미 거룩해진 무리의 모임이기도 하지만 거룩하게 지어져 가는 공동체이기도 하다. 당연히 성경 전체에 나타나 보이는 사건 사고가 많은 교회 공동체의 어수선함은 오늘 우리 교회의 현장을 그대로 드러내 보여 주는 것이다. 교회는 쓰레기더미에서 핀 장미꽃 같은 것이다. 이 현장성을 떠나서는 진정한 의미의 성화를 기대할 수 없다.

2019년 11월
노 승 수

Contents

차례

제2부 성화를 위한 핵심감정 공동체의 실제

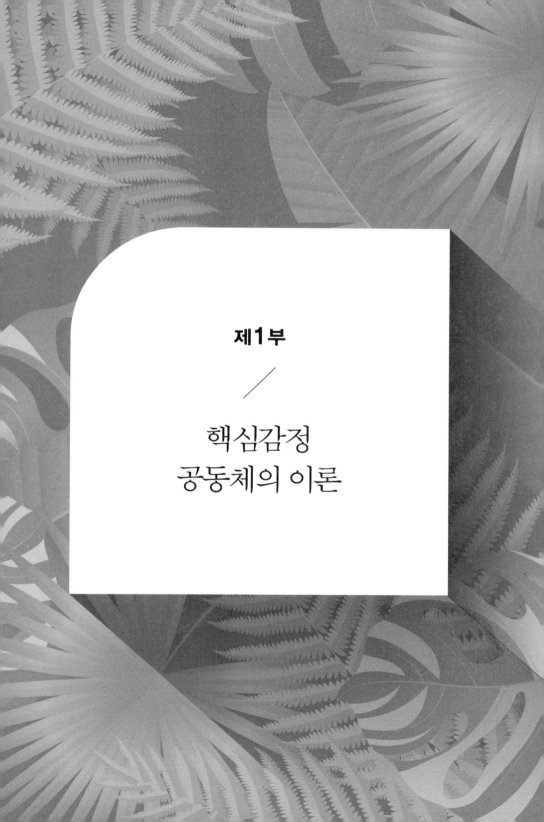

제1부

핵심감정
공동체의 이론

CHAPTER 01
핵심감정 공동체의 세 가지 규칙

핵심감정 공동체는 기본적인 세 가지 규칙을 통해서 우리 상호간에 핵심감정을 드러내고 서로가 서로에게 거울과 같은 역할을 함으로 우리 내면의 창조 질서를 회복하고 서로를 더 깊이 이해하고 사랑하는 내면적인 틀을 갖추도록 격려한다. 핵심감정 공동체 훈련은 단지 대화의 기술이 아니다. 물론 기술적인 면이 없지는 않으나 자기를 표현, 이해, 수용, 사랑하는 과정이며 타인을 이해, 수용, 사랑하는 과정이다. 우리는 이 과정을 통해서 우리 안에 잠재된 타자상과 자기상을 확인하며 그와 같은 이미지들의 원형이 되는 하나님표상을 구체화할 수 있다. 이 표상들을 수정함으로 말씀과 기도가 더 잘 활용되도록 돕고 교회 공동체가 진정한 성화의 공동체로 기능하도록 하는 것이다.

자기에게 충실하기

첫 번째 규칙은 "자기에게 충실하기"이다. 이 규칙은 핵심감정 치료 개입 모델의 마지막 단계인 "언약적인 인격 주체 세우기"의 기초적인 작업이기도 하다. 한국인들은 기본적으로 타인의 삶에 관심이 많다. 외국에 주로 소개되는 문화 중에서 '정(情)' 문화는 이런 타인의 삶에 간섭하고 개입하는 우리 문화의 단면이기도 하다. 동시에 서구인들이 독립적인 것이 미덕이라면 동아시아인들은 상호의존적인 것이 미덕이다.² 자신의 가치는 이웃의 평가에 의해서 결정되는 경우가 많다. 그래서 '내가 어떤지'를 잘 모르는 경우가 많다. 자기에 대한 평가를 타인에게 기대어 있고 이런 문화적 특성 때문에 분노가 많기도 하다. 타인에게 자기 평가를 기대어 있기 때문에 이러한 의존심은 기대를 부풀리는 경향이 있다. 타인의 상이 지나치게 크고 거기에 기대어서 자기상과 평가가 이뤄지다보니 언약관계에서 자기 책임을 다하지 못하는 경향이 두드러진다. 성경의 초반부에 나오는 아담의 범죄나 가인의 범죄는 이런 상호의존적 성격을 지닌다. 그래서 아담처럼 자기 죄를 타인의 탓으로 돌리거나 가인처럼 자기 안의 미움을 타인에게 전가하는 특성을 보인다. 이런 특성은 언약의 당사자로서 아브라함이 하나님과 언약을 맺고 그 앞에 완전하라고 명하신 것을 수납하는 태도와는 대조를 이룬다(창 17:1-2).

자기에게 충실하기는 언약적인 인간상을 만드는 기초적인 작업이다. 인류는 어거스틴(Augustine) 전통에 따르는 크게 4가지 상태로 나뉜다. 첫째, 타락하기 전 아담은 죄가 없었으나 죄의 가능성이 있는 상태였고 둘째, 타락한 인류는 죄를 짓지 않을 수 없는 상태였으며 셋째, 중생한 인류는 죄를 지을 수도 짓지 않을 수도 있는 상태였다면 넷째, 영화(榮華)에 든 인류는 다시 죄를 지을 수 없는 상태를 의미한다. 자기에게 충실하기는 영화에 든 인류의 언약적인 상태를 지향하는 특징을 지닌다. 아담의 창조는 완전했다. 그러나 그의 상태는 죄의 가능성이 있는 상태였다. 그러나 우리의 영화는 이 죄의 가능성이 제거된 상태다. 이것이 어떻게 가능할까? 그것은 인류가 지은 범죄의 기억 때문일 가능성이 높다. 마치 오이소박이를 먹고 급

체하여 여러 날을 고생한 이가 그 후에 아무 문제 없는 오이소박이를 먹는 것을 그의 몸이 그 탈난 상황을 기억함으로 거부하는 것처럼 우리 범죄의 기억이 다시 죄의 비참으로 기울어지지 않게 하는 것이다.

핵심감정을 nuclear라는 영어 단어를 사용해서 표현하는 것도 이 때문이다. 아담 앞에 놓였던 선악을 알게 하는 나무의 열매는 금단의 열매였으나 하나님의 금령을 어긴 인류를 오히려 언약관계에서 더 완전한 단계로 우리를 초대하시는 하나님의 구원의 경륜으로 드러났다. 그래서 언약관계는 대등한 관계는 아니지만 쌍무적(雙務的) 성격을 지니는 것이다. 태초에 아담이 받았던 금령도 이런 쌍무적 성격을 드러내어 보여 준다. 인간의 의무를 고려하면 언약 당사자로서 주체성의 고려가 필수적이다. 그러나 하나님은 너무 장엄하신 분이라 그 앞에서 제대로 된 언약관계를 맺을 수가 없었던 것이다.

그래서 언약의 우리 편 중보와 대표가 참사람이신 그리스도로 세우시기 위한 창조 전의 삼위 하나님의 구속의 경륜이라 할 수 있다. 예를 들어, 평범한 직장인이 기업의 회장과의 일대일 자리에서 편하게 자기의 필요나 생각을 다 말하는 것이 쉽지 않다면 전능하신 하나님 앞에 선 인류의 언약 당사자로서의 모습은 얼마나 위축되겠는가? 그분의 거룩하심 때문에 그분을 두 눈으로 보고 살아남을 사람이 없었다. 하나님과 친구처럼 교제했던 모세조차도 하나님의 등을 보았을 뿐이었다. 그러나 이제 우리의 중보자가 계셔서 하나님과 온전한 언약적인 관계를 맺을 수 있고 그 관계성은 우리가 그리스도와 믿음으로 연합함으로 우리 안에서 생성되고 자란다.

이렇게 자란 언약적인 관계성을 '언약적인 주체'라고 말할 수 있다. 그런데 앞서 설명한 것처럼 동아시아인들은 자기가 뭘 원하는지 잘 이해하지 못하는 경향이 있다. 그것은 바로 타인을 지나치게 고려하기 때문이다. 나는 우리 집 아이들과 식사를 하러 갈 때, 아이들이 메뉴를 고르게 하는데 그런 선택권을 주어도 상대를 고려하는 마음 때문에 쉽사리 어떤 메뉴를 정하지 못하는 것을 본다. 식당에 가서 무엇을 먹겠냐고 물으면 "아무거나"라는 대답은 우리 주변에서 흔한 답변인 이유이기도 하다. 예전에 상담을 2년 정도의 상담을 종결하고 내담자와 마지막 식사를 한 적이 있다. 그 때, 뭘 먹겠냐고 물었는데, 상담자인 내 입장을 고려한 희수 씨는 "선생님 드시고 싶은 거요"라고 말을 했고, 전 "순대국 어떠세요?"라고 했더니 "아 그건 못 먹어요"라는 대답이 돌아왔다. 그러나 동아시아인의 이런 상호의존성이 언약적인 인격 주체의 형성에 방해가 된다는 의미는 아니다. 오히려 언약적인 관계는 동아시아의 문화에서 더 선명하게 드러난다.

예컨대, 성호(星湖) 이익의 『성호사설(星湖僿說)』 중에 나오는 글귀 중에, 披枝傷心(피지상심), 곧 가지를 꺾으면 마음이 상한다는 표현이 있는데, 어린 묘목이 혼자 자라게 되면 곁가지를 많이 만들어서 잡목이 되는 경우가 많고 반대로 어린 묘목의 가지를 치게 되면 물과 병충해로 속까지 썩어 결국 죽게 되는데 가지를 꺾으면 그 마음이 상한다는 것을 두고 한 표현이다. 이처럼 나무든지 사람이든지 중심의 힘을 키워야 큰 시련에 흔들림이 없이 거목(巨木)으로 자랄 수 있다. 나무를 크게 키울 때, 주변에 경쟁하는 묘목을 많이 두어서 곁가지를 만들지 않고 깊이 뿌리를 내리면서 위로 자라게 한다. 그렇지 않으면 곁가지가 많아진 나무는 재목으로 합당치 못하고 열매도 제대로 맺을 수 없어서 나무로서도 기능을 제대로 하지 못하고 결국 죽어서 땔감으로 쓰이게 된다. 그래서 나무를 잘 가꾸려면 처음에는 촘촘히 심어 곁가지가 자라지 못하게 하고 좀 자란 후엔 생육이 좋지 못한 나무를 솎아내어야만 쓸 만한 재목의 나무를 얻을 수 있다.

사람도 마찬가지다. 주변에 여러 선생과 경쟁자가 있어서 자기 학문과 인격의 깊지 못함을 깨달을 때, 곁가지를 만들지 않고 중심을 키우고 자라게 된다. 세례 요한도 좋은 열매를 맺지 아니하는 나무마다 찍혀 불에 던져지리라고 말한다(마 3:10). 『대학』 성의(誠意)편에 나오는 소인한거위불선(小人閒居爲不善)라는 글귀는, "소인배는 한가로이 혼자 있으면 좋지 못한 일을 한다"는 말로 남이 보지 않는 것을 기회로 나쁜 일을 할 기회로 여긴다."는 의미다. 어린 나무가 혼자 있으면 곁가지를 많이 만드는 것도 이런 현상과 맥락을 같이 한다. 맹모가 괜히 맹자를 위해서 이사를 세 번이나 한 것이 아니다. 인간의 부패한 본성은 한가로이 있을 때, 악한 것으로 꽃을 피운다. 신자가 교회로 거룩한 이유도 이 때문이며 성경이 거룩함을 신자 개인을 두고 말하지 않고 교회 공동체를 두고 말하는 것도 이 때문이다. 『대학』에서 소인을 설명하기 전에 군자를 설명하기를, 君子必愼其獨也(군자필신기독야), 곧 "군자는 반드시 혼자만 아는 곳을 삼간다"고 했다. 이 삼가는 마음이 바로 그 중심을 튼튼히 함을 의미할 수 있다. 『대학』은 이어서 十目所視(십목소시) 十手所指(십수소지) 其嚴乎(기엄호), 곧 "'수많은 사람의 눈이 보고 있고 수많은 사람의 손가락이 가리키니, 이 얼마나 두려운가?"라고 했다. 이 대목은 코람 데오(Coram Deo), 곧 "하나님 앞에서"의 신앙과 닮아 있다.

그러나 타인을 의식하는 것이 자기에게 충실하지 않고 타인의 인정과 칭찬을 받는 일에 기울게 되면 피지상심의 결과를 낳는다. 그것이 바로 예수님 시대에 바리새인들이 보인 외식하는 태도다. 그들의 주변 사람들에게 잘 보이려는 태도가 속을 상하게 했다. 예수님은 그들의 속을 회칠한 무덤이라고 일컬으셨다. 이처럼 자기 자신에게 충실하지 못하면 자연히 타인의 시선이나 인정에 기울어질 수밖에 없고 그렇게 기울어진 사람들은 언약 아래 충성스럽기가 어려워진다. 아브람은 가나안에서 애굽으로 내려가지 말라는 명령을 받았으나 환경의 어려움 때문에 애굽으로 내려가고 말았다. 내려가서 보니 부인의 아름다움 때문에 그곳 사람들에게 자기가 죽임을 당할까 두려워함으로 아내를 누이라고 속이게 된다. 그는 이런 실패의 과정을 통해서 언약의 당사자로 자라갔다. 그리고나서야 롯의 하인들과 자기 하인들 사이에 분쟁이 생겼을 때, 자기에게 충실한 삶의 방식이 체득되었다. 그런 체득은 롯의 삶에 개입하지 않고 롯의 선택을 존중하는 것으로 나타난다.

그럼 공동체에서 "자기에게 충실하기"는 어떤 방식으로 해야 할까? 감정표현을 하라고 과제를 주면 대부분의 한국인들은 "상대방이 ~~하다"는 식의 표현을 자주 한다. 예를 들어, "아내를 사랑하는 모습이 멋져요", "자녀에게 자상한 모습이 현명한 엄마 같아요" 이런 식의 표현이 많다. 물론 틀린 표현이 아니며 사실 이런 표현조차 제대로 하지 않는 것이 더 문제이기는 하다. 그러나 이것은 자기에게 충실하기가 아니다. 실제로 이런 표현들은 **내가 받고 싶은 것들에 대한 표현**일 수 있다. 예컨대, 한국인이 "차린거 별로 없어요"라고 할 때는 사실 차린 게 없지 않고, "맛은 없어요"라는 표현은 맛없다는 표현이 아니다. 이런 표현을 하는 사람들이 정말 원하는 것은 자신을 인정해 주고 사랑해 주기를 바란다. 사랑과 인정이란 스스로 할 수 있지 않고 대상이 항상 필요한 감정이다. 어려서는 이런 표현을 하고

서 상대가 알아주기를 기다리지만 어른이 된다는 것은 자신에게 필요한 것을 상대에게 요청할 수 있게 된다는 것을 의미한다.

그래서 자기에게 충실하기란 두 가지 의미를 가진다. 첫째, 정말 내가 원하는 것을 말하는 것이고 둘째, 그것을 얻기 위해서 상대의 도움을 요청하는 것이다. 이때 상대에게 그것을 선택할 권리를 온전하게 주는 것이다. 사랑하는 삶이란 이것이 온전히 실천되는 삶이다. 대체로 자신이 원하는 것을 얻기 위해서 상대를 조정하거나 지배하고 통제하려고 든다. 그런 행동들을 멈추고 자신에게 필요한 인정과 사랑에 대해서 정직하게 인정하고 그것을 얻기 위해서 나는 당신의 도움이 필요하다고 말하는 기술이다. 물론 이 일의 목적이 "자기사랑과 자기용납을 1차적인 목표로 삼는다면 그 자기는 자기숭배로서 대상이 될 수밖에 없다."[3] 그래서 자기에게 충실하기는 이 두 가지를 담고 있어야 한다. 상대에게 내 욕구를 돕는 일에 결정권을 온전히 주는 것과 자신이 그 일에 도움이 절실히 필요한 존재라는 것을 표현하는 것이다. 예컨대, 아내에게 "니 배 안고프나"라고 하는 것이 아니라 "나 배고프다. 당신 밥 차려 줄 수 있어?"라고 하는 것이다. 앞서도 말했지만 "멋져요, 예뻐요" 등은 감정 표현이기는 하지만 사실은 자기가 받고 싶은 것일 경우가 많다. 그리고 이런 데 자기를 타인에게 투영하는 모상으로서 하나님표상이 확인되기도 한다.

그래서 자기에게 충실하기란 "아내를 사랑하는 멋진 모습을 보니 나도 그렇게 하고 싶다", "아이들에게 자상한 모습을 보니 그렇지 못했던 나 자신이 한심하다"와 같은 방식으로 그런 상대의 모습이나 상황의 사태를 보고 내가 어떤지를 표현하는 것이다. 이런 방식은 피지상심에서처럼 곁가지를 꺾지 않으면서도 내가 주체적으로 무엇을 원하고 바라는지를 분명하게 드러나게 해 준다. 할 수 있는 한 모든 표현을 이와 같은 방식으로 상황과 사건에 반응하는 내가 어떤지를, 무엇을 원하는지를 표현할 수 있도록 한다.

자유하기

두 번째 핵심감정 공동체의 규칙은 "자유하기"이다. 대부분의 참가자가 자유하기에서 떠올리는 것은 아무렇게나 해 보는 것을 떠올릴 것이다. 그러나 "자유하기"는 우리 의지가 얼마나 우리 정서에 노예인지를 확인하는 과정이다. 그리고 그렇게 정서에 노예를 삼고 있는 인간의 편견과 사고들을 근본에서부터 드러내는 과정이다. 프로이트(Freud)는 유아가 정서에 기초해서 하는 사고를 1차 과정이라고 하고, 성인이 논리와 현실에 기초해서 하는 사고를 2차 과정이라고 설명했다. 이솝 우화에 여우가 따 먹을 수 없는 포도를 신포도라고 이름을 붙인 것처럼 우리는 이런 종류의 2차 과정으로 합리화 내지 정당화된 많은 정서적인 어려움들을 내면에 지닌 채 살고 있다. 그리고 예컨대, 이 합리화의 과정들은 아주 어린 시절 아이의 미숙한 사고방식으로 이뤄진 후에 제대로 검토된 적 없이 우리의 세계와 이웃을 이해하는 방식으로 고착되어 있다. 자유하기란 이런 고착적인 사고가 무엇이 있는지를 드러내는 과정이다. 사고의 1차 과정의 가장 대표적인 것은 꿈인데, 이는 유아의 수면 특징에서도 확인이 된다. 유아들은 어른에 비해 2배 정도 더 오래 자고 렘(REM)수면이 길고 렘수면으로 수면을 시작하기도 하며, 생후 1년간 렘수면은 전체 수면의 50%나 되고 렘-비렘(non-REM) 수면의 주기는 어른이 90분 정도인데 유아는 비해 5~60분으로 그 주기가 짧다.

표 1

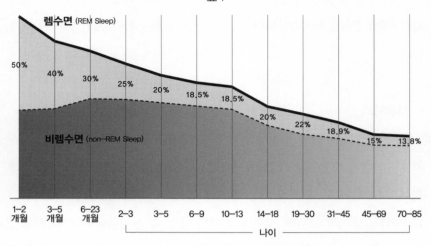

그래프 축 레이블: 렘수면 (REM Sleep), 비렘수면 (non-REM Sleep)

50%, 40%, 30%, 25%, 20%, 18.5%, 18.5%, 20%, 22%, 18.9%, 15%, 13.8%

1-2 개월, 3-5 개월, 6-23 개월, 2-3, 3-5, 6-9, 10-13, 14-18, 19-30, 31-45, 45-69, 70-85 나이

이 렘수면의 시기에 사람을 깨우면 꿈을 보고하는데 핵심감정 치유 편에서 살폈듯이 이 수면의 박탈은 환청과 환시를 불러오기도 하는데 꿈은 단지 꿈이 아니라 뇌가 낮 동안 있었던 정보를 처리하는 시간이며, 성인이 된 이후에도 꿈을 특징으로 하는 1차 과정 사고는 필수적이라는 사실을 알 수 있다.[4] 그리고 표 1[5]에 나타난 또 다른 특이점은 특이한 지점은 줄어들다가 사춘기 지점인 14세 경 다시 증가하는 것을 볼 수 있다. 이는 모두 인간의 발달의 단계와 관련이 있다. 대체로 사춘기에 접어들면서 아이들의 멜라토닌이 나오는 시간이 늦어지면 수면시간이 늦어진다. 동시에 아침에 기상시간도 늦어지며 이 시기에 지나치게 이른 기상은 사춘기적인 스트레스의 원인이 되기도 한다. 그래서 오전 수면 시간을 충분히 확보해 주는 것만으로도 사춘기적인 문제가 해소되는 경우도 있다. 그래서 선진 학교들에서는 이 시기의 학생들의 오전 등교시간을 늦추기도 한다. 뿐만 아니라 청소년기의 발달상의 특징 중 한 가지는 흔히 중2병이라고 해서 극단적 감정과 대인관계적인 특징을 보인다. 예컨대, 성인이라면 하지 않을 모자를

푹 눌러 쓰고서 귀에 이어폰을 꽂은 채 예배시간에 앉아 있으면서 전혀 타인과의 관계에서 불편함을 느끼지 않는다. 고3 정도 되어야 비로소 정상적인 대화가 가능한 경우도 많다. 이는 아마도 렘수면의 증가와 관련이 있을 것으로 보인다. 렘수면에 대한 여러 가설이 많지만 가장 유력한 것은 이 시기를 통해서 대뇌가 적절한 자극을 수용하면서 발달한다는 것이다. 사춘기 렘수면의 증가와 이후에 달라진 대인관계 방식과 태도들에서 이런 사실을 확인할 수 있다. 더 분명한 사실은 우리는 평생에 1차 과정의 사고, 곧 정서적 토대를 벗어나서 인간과 관계를 맺고 하나님과 정상적인 관계를 맺으면서 살 수 없다는 것이다. 조나단 에드워즈 목사(Jonathan Edwards)가 영적 감정 가운데 대체로 참된 믿음이 있다고 표현한 것도 이런 맥락이다. 뿐만 아니라 뇌의 기본신경망은 우리의 정서적 손상을 회복하는 역할을 하는데 주로 우두커니 멍 때리는 시간을 통해서 낮 시간 동안에도 정서적인 회복에 뇌는 많은 에너지를 사용한다.[6] 뿐만 아니라 알코올 중독자와 그 자녀들은 정서 자극에 대한 낮은 반응도를 보이며 이 반응을 높이기 위해서 중독되는 것으로 볼 수 있다.[7]

"자유하기"는 인간 행동이 정서에 매여 있음을 분명하게 보여 주는 역할을 한다. 신학에서 말하는 노예 의지란 정서에 매여 있어서 죄의 습관으로만 기울어지는 상태를 말한다.[8] 그러므로 "자유하기"라고 이름 붙여진 이 규칙은 엄밀한 의미에서 "자유하기"라기보다 우리가 무엇에 매여 있는지를 드러내는 과정이라 할 수 있다. 자유하기 과정은 "계급장 떼기" "이름표 떼기" 등의 과정으로 이뤄진다. "계급장 떼기"는 남자, 여자, 목사, 장로, 사장, 과장, 선생, 학생, 학벌, 재산, 외모 등 우리는 이런 것들로 이미 특정한 습관의 태도를 정당화하고 이런 계층 구조 어디엔가 자신을 위치시키며 그런 자신을 당연하다고 생각하는 경향이 있다. "이름표 떼기"는 "보통 다 그렇지 않아?" "하고 싶은 말을 다 하고 사는 것은 아니잖아" "말해봤자 갈등만 생겨" "당신은 항상 그래" 등등의 다양한 이름표를 붙인다. 주로 '항상', '모두', '늘', '대체로' 등의 부사를 사용해서 그런 경향으로 타인과 상황을 이해하며, 이런 이해의 방식은 하나님께도 그대로 적용될 수밖에 없다. 이런 계급장이나 이름표를 떼고 생각하는 것이다. 그러기 위해서 가장 먼저 자신에게 물어야 하는 것이 "나는 누구인가?" "나는 정말 무엇을 원하는가?"이다. 그래서 "자유하기"는 "자기에게 충실하기"와 서로 맞닿아 있다. "자기에게 충실하기"가 추동의 힘을 자기상에 집중시키는 과정이라면 "자유하기"는 내 안에 내재해 있는 타자상에 추동의 힘을 집중시켜서 어떤 타자상이 내재해 있는지를 살피는 것이라 할 수 있다. 예컨대, 자기표현을 많이 하다가 '다른 사람의 시간을 너무 빼앗는 거 아냐?', '사람들이 이런 날 미워하면 어떻게 하지?' 등의 생각을 할 수 있다. 이런 생각은 이해받지 못하는 상황에 놓인 아이가 무언가를 설명해야만 하고 그런 설명하는 시간이 길어질수록 더 이해받지 못한 상황의 반복을 경험했던 아동기를 보낸 성인에게 나타나는 타자의 흔적이다. 또는 타인의 특정한 말에 걸릴 수도 있다. 오이소박이 때문에 급체한 적이 있는 사람이 오이소박이에 대해 보이는 신체 반응처럼 일찍 엄마를 여의고 아버지의 재혼과 재혼으로 난 자식들 사이에서 맏이로 자란 사람은 왠지 모르게 다 가졌음에도 부족하다고 느낄 수 있고 '시기'나 '질투'에 늘 걸릴 수 있다. 이런 사람은 가족의 중심에 항상 자신이 있다. 그것을 힘들어 하면서도 그 그리움에 서로 나누는 다정한 눈빛에도 시기가 들끓는다. 그러나 정작 당사자는 그렇게 생각하지 않으며 실제로 자신이 이런 상황을 시기한다는 사실을 제대로 이해하지 못할 수도 있다. 우리가 알게 혹은 모르게 이름표를 붙여 둔 상황에 대해 이름표를 떼고 처음부터 다시 검토해 보는 과정이 바로 자유하기라고 할 수 있다.

쉽게 말하자면, 자신에 대해서 또는 이웃에 대해서 물어보고 충분히 알아보기 전에 판단하지 않고 우리가 누군가에게 들었을지 모르는 편견이나 판단들로 쉽게 결론내지 않고 자기 안에 일어나는 인식들에 대해서 충분히 시간을 갖고 알아보는 작업을 하는 것이다. 상대가 말없이 있는 것을 보고 '혹시 화가 난 것이 아닌가?'하는 생각에 스스로 위축되서 행동하지 않고 내가 지각한 것을 공동체 안에서 나누어서 내 지각이 사실과 같은지를 확인하는 것이다. 물론 여기에는 기술이 필요하다. 이 기술을 모방을 통해서 습득하는 과정이 '핵심감정 공동체 훈련'이다. 대체로 이런 당황스런 감정을 숨기기 급급하기 때문에 이면에 더 깊은 감정을 읽어내고 통합하지 못하면서 미세한 균열이 발생하고 사람간의 관계가 뒤틀리는 일이 발생한다. 신뢰는 표현을 증가시키듯이 표현은 신뢰를 증가시킨다.

여기서 말하는 자유는 방종이 아니다. 그래서 자유는 계급장과 이름표 떼기로 끝나는 것이 아니다. 자유하려면 그것을 방해하는 단지 계급장이나 이름표를 떼어내고 지금의 현실에 맞는 새로운 이름표를 붙이는 과정을 거쳐야 한다. 아담을 지으신 하나님께서 아담에게 각양 동물들을 불러서 이름을 짓게 하신 것은 단지 개똥이, 말숙이, 같은 이름을 붙인 것이 아니다. 하나님이 지으신 창조의 본질적인 아이디어와 그 본질을 아담이 꿰뚫어보고 거기에 합당한 이름을 지었다는 뜻이다. 그런데 우리는 미숙하던 시절에 붙인 계급장과 이름표는 핵심감정에 의해 생성된 것이기 때문에 논리적 과정을 거침에도 계속해서 뒤틀림이 발생한다. 뒤틀림이 어떤 방식으로 작동하는지를 알아보는 기본 규칙이 바로 "자유하기"인 셈이다.

동시에 2차 과정 사고로 1차 과정 사고를 관찰하는 메타인지의 과정이기도 하다. 메타인지란, 자신이 하고 있는 '인지활동에 대한 인식' 즉, 자신의 인지능력에 대해 알고 이를 조절할 수 있는 능력을 말한다. 메타인지는 두 가지 구성요소를 포함하는데, 인지에 대한 인식과 인식에 대한 규제다.[9] 전자는 자신의 학습과정을 이해하는 힘을 말하고 후자는 어떤 활동이나 학습 이전의 그에 대한 계획, 활동 중의 모니터링, 활동 후의 평가를 포함하는 과정을 말한다. 상담에서는 경험하는 나와 관찰하는 나의 치료적 분열(therapeutic split)과 같은 개념이라 할 수 있다.[10] 특별히 나의 1차 과정 사고, 곧 정서를 경험하는 나로 두고 2차 과정 사고로 이를 인지하고 모니터링하고 평가하는 과정을 말한다. 그러려면 1차 과정을 해방시킬 수 있어야 한다. 자신의 정서를 민감하게 파악하고 그렇게 파악된 정서를 무시하거나 넘겨버리지 않고 사소한 것이라 하더라도 표현해내고 그렇게 표현하는 과정을 통해서 자기 이해와 자기 수용을 높이는 것이다. 이렇게 자기 이해가 증진되어야 실제로 타인에 대한 이해도 함께 증진된다. 자기를 이해하지 못하는 사람은 타인을 이해할 수 없다. "네 이웃을 '네 몸'처럼 사랑하라"는 성경의 권면은 괜한 것이 아니다.

실은 이 과정은 성화에도 적실하게 필요한 과정이다. 핵심감정은 흔히 세 살 버릇에 비유된다. 정서적 사고를 하는 유아가 부모의 양육태도를 해석하고 자기만의 적응 방식을 만든 것이 핵심감정이다. 이처럼 습관은 시간을 통해서 그리고 상호작용을 통해서 형성되는 것이다. 그런데 우리의 구원은 초자연적인 습관의 주입으로부터 시작된다. 이 습관에 관해서는 『핵심감정 탐구』 part 03의 신학적 관점의 본성: 제2 본성인 믿음을 참고해보기를 바란다. 이 습관과 죄와의 연결점은 『핵심감정 성화』를 참고해보기를 바란다. 이렇게 주입된 믿음은 은혜의 수단을 사용함으로 은혜의 주입을 통해서 성장하게 된다. 그런 점에서 교회로 말미암아 베풀어지는 은혜의 수단의 중요성은 두말할 필요가 없다. 문제는 이 영적 습관이 발현하려면, 태어난 아이가 자라난 환경과 같은 환경이 필요하다. 그것이 교회가 지 닌 생태계 구조라 할 수 있다. 아이가 가정에서 엄마와의 상호작용을 통해 서 습관을 형성하는 것처럼 성도는 형제사랑이라는 교회적인 상호작용을 통해서 습관을 강화하게 된다. 이 과정에 필요한 것이 목회 돌봄인데 사실 오늘날 교회의 환경은 그야말로 각자도생의 정글처럼 보인다. 겨우 굶어 죽지 않게 밥만 걷어 먹이는 형국에 가깝다. 형제를 사랑하는 법을 배우기 위해서 자신의 정서를 거룩하게 변화시키는 법을 제대로 훈련받아 본 일이 없다. 그리고 그러기에는 우리는 정서적 틀이 너무 강하게 존재해서 주입 된 은혜가 정서를 변화시키는 데 작용하지 못한다.

실은 이 문제는 뒷문으로 들어온 신자가 많아서 생긴 문제라 할 수 있다. 청교도들은 이 문제에 대해서 구원의 확신을 얻기 전에 '겸비'라는 준비과 정을 거치며, 이 준비과정에서 율법의 역할과 효과에 대한 관찰이 청교도 운동을 이끌어내는 동력으로 작용했다.[11] 비참과 겸비의 과정이 복음으로 초대되는 과정으로 작용한다. 이 과정은 복음이 마음에 뿌리내리기 전에 우 리 구조를 흔들어놓고 심령을 기경하는 역할을 하는 것으로 보인다. 복음 앞에서 우리 심령의 무장을 해제하는 것이다. 자유하기란 바로 이런 무장 해제의 과정이라고도 할 수 있다. 이 과정은 사실 구도자도 참여할 수 있다. "핵심감정 공동체"를 통해서 겸비와 비참을 위한 토양을 만들 수 있다는 점 이다. 자기에게 충실하기와 "자유하기"는 이런 무장해제를 부르기 때문이 다. 그러므로 정상적인 회심과정이 없이도 교회의 회원권을 주는 것은 교 인들이 많은 상황에서도 복음을 전하기에 매우 좋은 환경을 만든다.

교회는 영적으로 새로 태어난 자들과 태어날 자들의 "통제 가능하고, 인 식 가능하고, 조절할 수 있는 위험이 허락되는" 좋은 놀이터다.[12] 신앙은 관념이 아니라 우리 삶의 양식이다. 그렇기에 단순히 지식만으로 이뤄지지 않는다. 물론 지식이 없어도 이뤄지지 않는다. 신앙이 없는 신학은 가능하지만 신학이 없는 신앙은 불가능하다. 한국인이 프랑스에서 살려면 불어에 대한 지식이 있어야 가능하다. 동시에 불어에 대한 지식을 갖는 것과 프랑스인의 사고와 문화를 아는 것은 전혀 별개이듯이 신앙은 하나님과 하나님의 뜻에 대한 성경의 교훈에 대한 확고한 지식이 있어야 하지만 동시에 거기서 비롯되는 삶의 양식과 문화적 이해가 동반되지 않으면 공허한 방식의 신앙이 되고 만다. 아이가 가정에서 자라는 과정을 통해서 습관이 형성되듯이 영적으로 새롭게 태어난 자들은 하나님 나라의 언어와 문화를 습득해야 한다. 은혜를 주입받았다면 이 은혜를 따라 사는 연습이 하나님 나라 백성 상호간에 있어야 한다. 수영 교본 100권을 읽는 것과 물에 들어가서 수영을 해 보는 것은 전혀 다른 방식의 지식이다.

교리 교육이나 은혜의 수단의 사용이 수영 교본을 읽는 것이라면 "핵심 감정 공동체"는 수영장에 들어가서 실제로 수영을 해 보는 것이다. 아이가 걸음마를 넘어지면서 배우고 언어를 수없이 시행착오를 하면서 배우는 것처럼 하나님 나라의 언어와 문화는 그런 것을 직접적으로 나눌 공동체를 필요로 한다. 그냥 세상 사는 이야기나 하다가 흩어지는 것이 성도의 교제가 아니라 진정한 의미의 인격과 인격이 서로 맞닿는 경험을 하는 시간으로 성도의 교제를 위한 "핵심감정 공동체"이고 거기서 가장 핵심적인 규칙이 있다면 바로 이 "자유하기"의 규칙이라고 할 수 있다.

충고나 권면하지 않기

대부분의 엄마들이 잔소리가 많다. 걱정이 앞서는 마음에 이런 저런 소리를 하지만 그 소리를 성실히 듣고 따르는 아들이나 딸이 있다는 소리는 들어보지 못했다. 엄마 말이 옳고 틀림이 없는데도 왜 아이들은 엄마의 말을 듣지 않을까? 충고나 권면이 성립하려면 몇 가지 조건이 필요하다. 첫째 충고가 필요한 분야에 대한 전문성이 있어야 한다. 투자에 충고를 주는 투자전문가, 건강에 충고를 주는 의사, 법적 소송에 충고를 주는 변호사, 영적인 일에 충고를 주는 목회자, 심리적인 일에 충고를 주는 심리상담 전문가 등 우리 주변에는 매우 다양한 전문가가 존재하고 그런 전문가로부터 충고를 듣는다. 물론 그 전문성이 꼭 특정한 학문이나 기술일 필요는 없다. 예를 들어, 아버지가 더 많은 경험을 자녀에게 나누어 줄 수 있다. 자라는 아이들은 처음 겪는 일이라도 나이 많은 어른은 여러 번의 경험을 했을 수 있고 그것이 의미 있는 충고일 수 있다. 그러나 이런 충고들에는 두 번째 전제가 있는데, 전문가들의 충고는 대부분 충고를 필요로 하는 사람들의 요청에 의해서 주어진다는 것이다. 어떤 의사나 변호사나 투자전문가도 고객의 요청 없이 그들의 삶이나 경제, 건강, 법률적 문제에 개입하지 않는다. 그런 점에서 충고와 간섭은 더 전문적인 지식을 도움을 필요로 하는 사람에게 전달한다는 점에서 같을 수 있지만 도움을 받는 사람이 그것을 원하느냐 그렇지 않느냐에 의해서 근본적이 차이가 발생한다. 충고는 그걸 원할 때 주어져야 하고 간섭은 상대의 동의 없이 개입하는 것을 말한다.

사실 이 세 번째 규칙은 한국인들이 어려워하는 규칙 중 하나다. 얼마 전 데이트 폭력을 막는 공익광고에서도 등장했지만 "지금 몇 시야? 내가 일찍 다니라고 말했잖아", "누구랑 연락했어? 핸드폰 이리 줘 봐", "그런 옷 입지 말라고 몇 번 말해. 다른 사람이 쳐다보는 거 싫다 그랬지", "내가 그 모임 다니지 말라고 했잖아, 신경 쓰이게 하지 마"[13]와 같은 이런 종류의 간섭들을 많이 한다. 우리는 이것이 폭력이라는 데 둔감하다. 가정에서 부모들을 통해서 늘 들어왔기 때문에 폭력 감수성과 성 감수성에 문제가 있다. 그러나 우리 중 누구도 타인에게 그렇게 말할 자격이 없다. 한 사람의 인격권이란 그 사람의 몸과 마음에 대해서 스스로 선택해서 결정할 수 있는 권리를 말한다. 지금 자라나는 세대는 이전 세대와 이 부분에서 감수성에서 더 차이가 난다. 어떤 기독교 지도자들은 학생인권조례 같은 것을 걱정한다. 그러나 이것은 법률의 문제가 아니다. 오히려 시대가 지닌 문화와 세계관의 문제다. 동성애와 같은 성소수자나 인종 등의 차별 문제는 기독교가 반대할 문제가 아니다. 성경은 인간을 차별하는 것을 찬성하지 않는다. 성경이 반대하는 것은 동성애자가 아니라 동성애라는 성적 문란을 반대할 뿐이다. 기독교가 2000년 역사에서 언제 신국적인 지위를 남용해서 교회나 사회를 정화한 적이 있었는가? 콘스탄틴(Constantinus Magna)이 기독교를 공인한 것은 교회의 부패의 시작이었고 교황권의 확립은 교리적 부패의 시작이었으며, 한국 교회의 경제적 부는 여러 부작용을 낳고 있다. 바울이 전한 복음과 예수님이 산상수훈에서 가르치신 진리는 내어주고 나눠주고 사랑하라는 것이었다.

앞서 언급한 데이트 폭력에 관한 공익광고에서 나오는 대화가 일상인 경우가 많다. 교회는 우선 이것부터 고쳐야 한다. 그런 것을 한국의 정(情) 문화라고 미화하지 말아야 한다. 우리가 만약 누군가에게 권고한다면 혹은 연소자를 가르친다면 그것은 그의 자기 결정권과 선택의 권리를 침해하지 않으면서 하는 권고여야 한다. 특히 한국적 상황에서는 더 그렇다. 고맥락 문화에 속하는 우리는 연장자가 "나는 짜장면"이라고 말하면, 그것을 기준으로 회식의 식사의 기준이 정해진다. 소위 '알아서 기는 것'이다. 그것이 무슨 연장자에 대한 예의인가? 이럴 때 내적으로 작용하는 '혹시 찍히면 어떡하지?' 같은 암묵적인 사고가 바로 자유하기에서 말한 일종의 이름표이다. 식당에 가서도 메뉴를 통일한다. 이런 행동과 태도에는 권위자에게 우리 권리의 일부를 양보하는 태도의 학습이 이전의 삶에 존재했음을 암시적으로 보여 준다. 그러나 이런 태도는 권위자들의 지나친 자기 확증을 부른다. 핵심감정 치유에서 소외감을 설명하면서 인용했던 오만증후군을 부를 뿐이다.[14] 그런 태도는 권위자의 거울신경에 손상을 가져오고 공감 능력을 망가뜨리고 만다.

그러면 권위자들은 그릇 행하는 모습을 보고도 그들에게 충고나 권면을 멈추어야 하는가? 충고나 권면하지 않기의 규칙은 충고나 권면을 금지하는 규칙이 아니라 그릇 행하는 이들을 제대로 도울 수 있는 실제적인 방법을 위한 규칙이라고 할 수 있다. 지금 우리가 하는 대부분의 충고들은 공익광고에서 말하는 폭력에 더 가깝다. 그래서 상대의 인격권을 침해하는 것을 금지하는 것이지 결코 타인의 그릇된 삶을 모른 척 하라는 의미가 아니다. 오히려 충고나 권면을 하지 않고 상대의 행동이나 태도를 그대로 비추어 줄 때, 자신의 선택에 의해서 변화가 가능하다. 그런 점에서 이 규칙은 참된 의미에서 우리 삶을 성경의 원리를 따라 교정하는 기술적인 전제라 할 수 있다. 바울이 사랑을 설명하면서 했던 "우리가 지금은 거울로 보는 것 같이 희미하나 그때에는 얼굴과 얼굴을 대하여 볼 것이요 지금은 내가 부분적으로 아나 그때에는 주께서 나를 아신 것 같이 내가 온전히 알리라"(고전 13:12)는 말씀처럼 우리가 부분적이며 희미하게 아는 것을 드러내어서 더 알고 이해하게 하는 것이다. 특히 이 본문은 사랑을 설명하면서 했다는 점에 주목해야 한다. 사랑이란 결국 서로를 더 이해하는 것이다.

앞으로 이 책에서 거울처럼 타인의 삶을 비추는 기술과 그러기 위해서 자신이 어떤 준비를 어떻게 해야 하는지에 대해서도 다룰 것이다. 그 전제 조건이 바로 충고와 권면하지 않기라는 규칙이다. 간단히 타인의 삶을 비추는 기술에서 이 규정의 중요성을 우선 설명해 보겠다. 앞서 데이트 폭력을 예방하는 공익광고의 한 대사를 다시 인용해 보자. "그런 옷 입지 말라고 몇 번 말해? 다른 사람이 쳐다보는 거 싫다 그랬지"에서 다른 사람이 쳐다봐서 싫은 것은 누구의 감정일까? 남자 친구의 감정일 것이다. 그런데 이 남자 친구는 여자 친구에게 자신의 감정을 고치기 위해서 자기 마음을 어떻게 하는 것이 아니라 여자 친구의 옷을 바꾸려고 하고 있다. 우리가 주변에서 듣는 전형적인 충고와 권면에 이런 장면은 흔하게 등장한다. 더 자세한 것은 뒤에서 다루기로 하고, 우선 여기서 문제는, 감정은 내 것인데 변화를 위해서 타인의 삶을 바꾸려고 하는 것이다.

이런 행동이 매우 자연스러워서 우리는 잘 눈치 채지 못하지만 실은 이런 행동은, 마치 면도하려는 남자가 거울에 비친 자기 모습에 면도 크림을 바르고 거울에 면도기를 가져다 대는 형국이기 때문이다. 문제는 자기 마음에서 발생했는데 타인의 삶이나 환경을 바꾸려고 드는 것이다. 내 것과 네 것이 구분이 안 된 것이다. 이런 형태의 충고는 반드시 다툼과 책임전가로 이어질 뿐 결코 타인의 삶을 바꾸지 못한다. 짜증이 날 수 있고 못 마땅할 수 있다. 그러나 그게 누구 문제인지 생각해 볼 필요가 있다. 더운 날씨에 겨울 점퍼를 껴입고 덥다고 짜증을 내면서 날씨를 탓한다고 해서 날씨가 바뀌지 않는다. 우선 환경에 적응하기 위해 가장 먼저 해야 할 것, 그리고 가장 적은 에너지를 들여서 바꿀 수 있는 것은 날씨가 아니라 내 복장이다. 날씨라는 환경이 나를 어렵게 하지만 그런 환경에 대해서 투덜댄다고 아무것도 달라지지 않는다. 어쩌면 우리의 충고와 권면은 이런 짜증에 대부분 근거해 있을지 모르겠다. 이런 권면과 충고는 자기감정의 문제와 타인의 문제를 뒤섞으면서 자기 불편을 해소하려는 미숙하고 유아기적인 반응인 것이다. 이렇게 서로의 문제를 뒤섞어 비빔밥을 만들어 놓으면 그 충고를 듣는 사람은 그것이 자기 문제라고 느껴지지 않고 상대가 괜히 짜증을 자기에게 낸다고 생각하게 된다. 과연 그런 충고나 권면을 수용하는 바보가 있을까? 아이들이 엄마 말을 듣지 않는 근본적인 이유가 여기 있다.

그래서 세 번째 규칙인 충고나 권면하지 않기는 정말 제대로 된 충고나 권면을 위한 기초를 놓는 과정이다. 남자 둘이 막 싸움을 하면 원수가 되지만 링에 올라 글러브를 끼고 승부를 겨루면 평생을 함께할 친구가 될 수도 있다. 충고나 권면을 위해서 필요한 것은 짜증이나 내 거슬림이 아니라 공정한 경기를 위한 규칙이 필요한 것이다. 그런 점에서 충고나 권면하려 들지 않기는 바로 이런 공정한 경기를 위한 기본 규칙인 셈이다. 또한 섣부른 충고는 항상 외식을 부른다. 교회 공동체가 이루고자 하는 것은 외식이 아니라 진정한 내면 질서의 회복이다. 그러기 위해서는 어떤 면에서 공동체는 우리 범죄와 그에 따른 죄의 본질이 드러나는 현장이어야 한다. 그런데 사실 누구도 이런 문제를 공동체에 꺼내놓지 않는다. 만약 그런 것을 꺼내 놓는 공동체가 있다면 그런 공동체는 컬트(cult)적인 위험요소가 매우 높다는 의미다. 구체적 범죄 사실에 대한 나눔은 개인의 인격의 붕괴로 이어질 수도 있다. 그래서 구체적 사실관계로서 범죄보다 우리가 지닌 죄로 기울어지는 추동이 현장에서 드러나서 나누어질 수 있는 곳이어야 한다. 우리가 병원에 가는 것이 병이 낫기 위해서라면 같은 원리로 교회는 이런 범죄의 성향이 공동체에서 드러나야 한다. 그것이 드러나므로 진정한 사랑의 관계를 위한 기초가 놓이는 것이다. 그래서 섣부른 권면이나 충고보다 우리가 현실에서 어떻게 살고 있는지를 공동체 내부에서 드러나 보이도록 하는 장치가 바로 "권면이나 충고하지 않기"이며, 이것은 제대로 된 진단 이후에 거기에 따른 처방을 하기 위한 장치이다. 우리가 병원에 가면 문진이라는 것을 하는데 거기서 우리 자신의 상태를 왜곡해서 말한다면 의사가 제대로 진단할 수 없다. 같은 방식으로 교회 공동체는 성화를 위해서 우리의 이런 문진에 해당하는 성향이 반복되는 것을 확인할 수 있는 공동체여야 한다.

치유하기를 위한 4가지 기술

관심기울이기 : 온 몸과 온 마음으로 타인의 행동과 태도, 말과 감정에 관심을 두고 살피는 태도를 말한다.

느낌보고 : 관심기울이기의 결과로 자신이 무엇을 느끼고 있는지를 표현하는 것을 말한다. 이 느낌이 사실이라고 말하는 것이 아니라, 그런 느낌을 받는다는 사실을 말함으로 자신 안에 있는 검토되지 않은 전제를 드러내는 역할을 한다.

지각확인 : 느낌보고가 자신에게 관심 기울이기를 한 결과라면, 지각확인은 타인의 태도와 감정에 관심기울이기를 한 결과로 상대의 태도에서 지각되는 것들을 확인하는 것을 말한다. 예를 들어 말을 건넸는데 상대가 환대하지 않는다고 지각할 수도 있다. 이것이 실제 상대의 태도라면, 상대 태도의 이유를 발견하는 거울 역할을 하며, 반대로 상대의 태도와 다르다면 내 전제적인 왜곡의 단서들을 발견하는 수단이 된다.

의사확인 : 느낌보고와 지각확인이 비언어적 의사소통에 초점을 두고 자신과 타인을 살피는 방식이라면, 의사확인은 상대의 의사를 확인하는 방식이다. 사실 우리는 대부분의 대화에서 상대의 의사를 확인하는 과정 없이 곧바로 자기가 이해한 방식으로 상대의 말에 반응한다. 의사확인은, 상대가 어떤 의도로 말을 했는지 그 의도를 60% 이상 충분히 반영하고 거기에 내 느낌이나 지각확인을 뒤에 붙여 소통하는 종합적인 의사소통 방식이다.

CHAPTER 02
핵심감정 공동체의 세 가지 원리

우리는 다 다르다

핵심감정 공동체는 서로 다르다는 사실을 인정하는 공동체이다. 사실 공동체의 갈등은 다르다는 사실을 인정하기만 해도 80% 이상은 해결될 수 있는 갈등이다. 사람들은 대체로 나와 다르다는 사실을 잘 인정하지 못한다. 자녀를 기를 때도 자신과 닮은 자녀에게는 관대하고 자기와 다른 자녀에게는 더 잔소리가 심해지기 마련이다. 부부간에도 기세싸움을 하는 이유는 그렇게 상대방을 자신의 패턴으로 길들이려고 하는 것이다. 그러나 진정한 행복과 만족은 서로가 다르다는 사실을 인정하는 데서 출발한다. 앞서 데이트 폭력에 대한 공익광고 대사에서 보듯이 우리는 타인을 지배하고 통제하려는 시도를 한다. 그것이 갈등을 부른다. 왜 우리는 타인이 나와 다르다는 것을 인정하기 힘들어할까? 그것은 우리가 타인에게 기대어 있기 때문이다. 우리의 기대나 의존은 우리가 욕구를 충족하기 위해서는 그들의 도움이 필요 하다는 의미이다.

우리 욕망은 밖을 향해서 추동한다. 아이가 벽에 부딪혀 느끼는 아픔조차 벽을 그 대상으로 삼아 우리 미움을 그것에 투영해야 내적인 균형을 이룰 수 있는 존재다. 인간은 근본적으로 타인을 전제하는 존재다. 그 관계를 한마디로 정의하자면, 사랑이다. 사랑은 대상을 전제하고 대상으로부터 얻는 기쁨이다. 스피노자(Spinoza)는 "사랑은 외부 원인에 대한 관념에 수반하는 기쁨이다"[15]라고 말한다.

　문제는 그 기쁨을 얻는 방식과 욕망의 방향성이 이기적이라는 데 있다. 그 이기심이 대상을 조정하려 들고 그 조정과 지배의 방식이 적개(mastery)로 드러난다. 그렇게 타인의 삶을 적개로 지배하려는 삶의 방식을 '간섭'이라고 하고 내 욕구의 충족을 위해서 타인을 충분히 사랑하고 그들에게 도움을 요청하는 것을 '관심'이라고 한다. 대부분의 삶의 문제는 간섭에서 비롯된다. 아이들이 문제행동을 보이거나 정신증이나 신경증으로 상담실을 찾거나 병원을 찾는 경우를 보면, 흔히 부모가 간섭이 지나쳐서 문제가 생기는 경우가 대부분이다. 흔히 하는 말처럼 문제 부모는 있어도 문제 아이는 없다는 말에서도 알 수 있듯이 부모의 문제행동이 바로 간섭이나 방기(放棄)이다. 지나치게 간섭하게 되면, 아이의 자아가 적절하게 발달하지 못하고 의존하게 되는데 이때 신경증의 기초가 놓이게 된다. 반대로 지나치게 방기하게 되면 아이는 욕구를 조절하는 법을 배우지 못하게 되고, 이런 경우 교도소나 소년원에서 많이 만나게 된다.

　근데 문제는 보통의 경우 부모들이 자신들의 간섭을 관심으로 오해하는 것이다. 어느 선교사가 채집으로 생계를 유지하는 필리핀의 어느 부족에게 감자 심는 법을 가르친 적이 있다고 한다. 그런데 이 부족은 그 해가 다 가도록 감자를 재배하는 법을 배우지 못했는데 그 이유는 봄에 곡식이 궁할 때, 감자가 열리게 된다는 말에 매일 밭에 가서 감자가 자라는지를 뽑아보기 때문이었다. 이처럼 지나친 간섭은 생물을 자라게 하지 못한다. 그래서 어떤 사람은 자녀 양육을 마치 난초를 키우듯이 해야 한다고 말한다. 때에 맞게 물을 주고 때에 맞게 볕에 내어놓고 그늘에 들이고 하지만, 그 외의 일들에는 간섭하지 않는다. "공부해라!" "너는 밥 먹는 게 왜 그 모양이냐?" "옆집 철수는 공부 잘한다는데 너는 도대체 뭐하냐?" 이런 말을 하지 않고, 그저 관심 있게 돌보기만 한다.

그런데 보통 부모들이 이것을 매우 어려워한다. 그리고 자신의 간섭을 사랑이라고 생각한다. 그래서 아이들이 병이 난다. 대부분의 신경증과 정신증의 원인은 이런 부모의 과도한 간섭에서 시작한다. 보통 정신분열증은 모계로 3대만에 발병한다. 보통 간섭은 자신 안에 있는 것으로부터 출발한다는 것을 잘 인식하지 못한다. 간섭이란 부모에게 잘 안 되는 어떤 것을 자꾸 아이들에게서 발견하는 일종의 심리적 투사이며, 동시에 심리적 조정(manipulation)이다. 아직 자아가 충분히 발달하지 않은 유.아동기 시절에 이런 심리적 조정에 장기간 노출되게 되면, 아이는 자신이 진정으로 원하고 바라는 것을 부모가 계속해서 방해하기 때문에 이 방해로부터 자신이 자유로워지기 위해서 병증을 선택한다. 그리고 아이는 이 병증이 없이는 자신의 욕구를 통제하거나 조절할 수 없게 된다. 이것이 성격장애, 신경증, 정신증의 원인이 되는 것이다.

미국에서 일단의 학자들이 일선 초등학교에 가서 아이들의 잠재능력에 대한 검사를 실시하고 난수표로 무작위 추출한 몇 명 학생들에 대해 학교에 "그 아이는 특별한 아이이니 관찰을 요함"이라고 통보를 해 주었다. 그리고 6개월이 지났을 때 학교를 찾아보니 그 아이들이 전과 달리 월등해진 것을 발견할 수 있었다고 한다. 이것을 그리스 신화의 피그말리온이라는 왕이 완벽한 여성을 조각해 놓고 그것을 매일 닦고 사랑하기에 신들이 그녀를 진짜 사람으로 만들어 주었다는 신화에 기초해서 "피그말리온 효과 (Pigmation Effect)"라고 명명했다. 의학계에선 소위 "위약(僞藥)효과"라고 해서 플라세보(Placebo) 효과도 이와 비슷한 효과라고 할 수 있다. 이처럼 아이들은 간섭에 의해서 변화하거나 성장하는 것이 아니라 관심에 의해서 변화하고 성장한다는 것을 알 수 있다.

사랑은 일종의 관심이다. 어른들이 연애를 처음 시작할 때를 생각해 보면 간단하다. 상대를 사랑하는 마음이 많을수록 상대방이 무엇을 좋아하는지 무엇을 싫어하는지에 예민하게 되고, 동시에 지나가다가 한 한마디를 마음에 두고 챙겨 주는 것을 경험하게 된다. 이것이 관심이다. 그러나 사랑이 일정한 안정기로 접어들게 되면, 그냥 관심만 갖는 것이 아니라 상대로부터 내가 원하는 것을 얻어내기 위해서 점점 요구가 많아지거나 조정하려 들게 된다. 흔히 사랑의 기세 싸움이 시작되는 것이다. 어른들은 이런 과정에서 조정을 경험하지만 아이들은 부모의 간섭에 무방비 상태이기 때문에 적절히 자신을 방어할 수 없고, 그래서 증상이나 문제행동이 생기는 것이다.

간섭은 대개 욕심에서 출발한다. 자신이 이루지 못한 것을 아이들을 통해 대리 만족을 얻으려는 부모의 욕심이거나 혹은 주변 친구들과의 관계나 사회적 체면 때문에 아이들에게 부모의 체면에 부합한 행동을 강요하는 욕심이다. 사람은 저마다 타고나는 천부적 소질과 재능 및 인격을 가질 뿐 아니라 그가 종교인이건 아니건 사람의 인권은 하늘로부터 부여받았다고 믿고 있다. 그래서 인격권은 어떤 경우에도 침해해서는 안 되는 성역이다. 그러나 우리 아이들에 대해서는 너무나도 쉽게 부모의 소유로 생각하는 경향이 있다.

예전에 모 일간지에 외국인의 눈에 비친 한국의 교육에 대한 사설을 읽은 적이 있다. 그 외국인이 어느 한국인 부부의 집에 초대를 받아 밖에서 식사를 하고 그 집으로 들어가는데 그 집의 어린 아이가 열쇠를 열쇠구멍에 못 맞추어서 끙끙거리자 부모는 너무나도 쉽게 아이의 손을 잡아서 구멍에 맞추어 넣어 주는 것을 보면서, 너무나도 생소하게 여겼던 기억을 회상하면서 쓴 글이다. 사실 우리에게 이것은 너무나 자연스런 문화이다. 그 외국인은 아이들이 스스로 할 때까지 기다린다는 취지에서 글을 썼던 것 같다. 이게 관심이라면 손을 잡아서 열쇠구멍에 넣어 주는 것은 간섭이다. 좀 더 적절한 비유를 들자면, 마치 탁구를 치는 것과 비슷하다. 탁구를 잘 치는 것은 넘어온 공을 잘 넘기는 것이다. 상대방이 이렇게 치건 저렇게 치건 그것은 상대의 몫이다. 내게 넘어온 공을 잘 넘기는 것이 관심이고 상대방에게 공을 어떻게 치라고 정해 주는 것은 간섭이다. 사실 이렇게 간섭하면 게임의 묘미는 사라지고 말듯이 아이들 각각의 개성과 삶의 묘미도 간섭에 의해서 사라진다.

한국은 세계적으로도 교육열에서 최고를 자랑함에도 정작 전 세계 100대 대학에 드는 대학이 드물다. 그 이유는 아이들이 어려서부터 너무나 지나치게 간섭을 받아 대학에 가면, 스스로 공부를 제대로 하지 않기 때문이다. 간섭은 일정한 수준에 빠르게 오르게 하지만 동시에 창의성을 앗아가 버린다. 한국 축구를 보면서 히딩크는 매우 감명을 받았다고 한다. 서양에는 한국처럼 왼발 오른발을 자유자재로 쓰는 선수가 흔치 않다는 것이다. 한국선수들의 개인기도 결코 서양선수들에 뒤지지 않는다고 평가했다. 그런데 국제경기에서 좋은 성적을 거두지 못하는 까닭은 간섭이다. 이것은 위계 문화와도 연관이 있는데, 그래서 히딩크는 선수들이 서로 반말을 쓰도록 했다고 한다. 선배들이 후배들의 플레이를 간섭하니 각자의 좋은 플레이를 기대할 수 없게 된다. 간섭은 이처럼 우리의 진정한 실력을 발휘할 수 없도록 만든다. 멀리서 예를 찾지 않더라도 누군가 우리에게 지나치게 기대하면 부담스럽고 긴장되지 않는가? 긴장되면 진정한 실력을 발휘하기 어렵다. 상대방이 부담을 느끼거나 긴장하게 된다면, 그것은 이미 관심이 아니라 간섭인 것이다.

DSM(미국정신의학편람)에 '화병(火病)'이 나오는데 이것은 한국 학자들이 연구해서 올린 것이다. 왜 외국인들에겐 잘 없는 화병이 한국인에겐 특히 많은 것일까? 그것은 이런 문화에 기반하고 있다. 지나친 간섭은 의존을 낳는다. 화란, 의존이 좌절될 때 일어나는 감정이다. 화병이란, 이 화를 억압함으로 생기는 정신적 질병이다. 스스로 할 수 있는 것을 다른 사람에게 기대하고 그 기대가 좌절될 때 분노하게 된다. 간섭이란 결국 스스로 하는 능력을 저하시키고 현실에 대한 부적응을 증가시킨다. 미국은 대부분 대학을 본인이 융자를 얻어서 다니고 고등학교를 졸업하면 대부분 재정적으로 부모로부터 독립한다. 그러나 한국은 시집, 장가가서도 여전히 부모에게 의존하고 부모들 역시 그런 의존을 당연시한다. 그래서 모 대학 의과대학의 모 교수는 자녀가 결혼할 때 결혼 자금으로 500만원 이상을 지원하지 않는다고 한다. 사랑과 관심은 매우 좋은 것이다. 그러나 간섭은 우리 마음과 영혼을 병들게 한다.

우리가 서로 다 다르다는 원리는 간섭하지 않고 관심을 보이는 삶의 원리를 말한다. 예를 들어, 어떤 흡연자가 버스정류장에서 흡연을 하고 있고 흡연이 금지된 이 공간에서의 그의 태도는 비난의 여지가 충분히 있고 그것을 금지할 만한 이유도 충분하다. 그럼에도 내가 흡연자의 행동을 바꿀 수 있는 어떤 권리를 갖지 못했다. 그러나 우리는 이렇게 말한다. "담배 끄세요!" 옳은 말임에도 불구하고 대부분의 사람은 이런 말을 듣고 기분 나빠한다. 그 사람이 옳기 때문에 기분이 나쁜 것이 아니라 틀린 것과 관계없이 자신의 정당한 자기 결정권이 침해당했기 때문에 기분이 나쁜 것이다. 우리가 서로 다르다는 사실을 인정한다면, 우리는 그의 자기 결정권을 존중해 줄 필요가 있다. 현재 그가 버스 정류장에서 담배를 피고 있다는 사실을 정당화해 주지 않으면서도 우리는 우리의 다름과 우리의 권리를 말할 수 있다. 예컨대, "담배 연기가 제게 몹시 불편합니다"라고 말하고 상대에게 이어서 부탁할 수 있다. "혹시 제 불편함을 이해해 주실 수 있을까요?" 아마 이런 말에 기분 나빠하면서 시비를 걸어오는 경우는 없을 것이다.

우리는 서로 다르므로 한 장소에 함께 존재했다. 우리가 서로 다르다는 것은 이런 맥락을 의미한다. 우리의 다름은 우리의 기억에 의존해 있다. 기억은 기록처럼 보이지만 기억은 기록이 아니라 사건에 대한 우리의 해석이다. 이 해석의 중심에 핵심감정이 있다. 희한한 일은 모 연구소에서 상담 선생님들을 모시고 핵심감정 집단 상담을 했는데 공교롭게도 소장을 포함한 세 명 선생님의 핵심감정이 그리움이었다. 8명의 선생님 중에서 3명은 매우 높은 빈도다. 우리의 핵심감정은 우리 주변에 같은 감정을 지닌 사람들을 끌어당긴다. 우리 상황을 그와 같은 방식으로 해석하기 때문에 우리 주변에 그런 사람들이 모이는 것이다. 비슷한 사람끼리 모이는 것이 편할 수는 있다. 그러나 진정한 의미의 교회 공동체는 서로 다른 우리가 서로 만나는 교제의 장이다. 이처럼 우리 기억은 기록이 아니라 해석이다. 우리가 다르다는 사실을 인정하는 것은 이 해석을 넘어 진정한 관계로 타인과 하나님을 만나는 과정이다.

또 다른 의미에서 우리가 서로 다르다는 것은 하나님께 우리 기억에 대한 해석을 투사하는 공동체로부터 벗어나서 하나님을 성경이 말하는 그대로 그 다름을 인정하는 공동체로 드러나는 것이다. 타인에게 나를 강요하지 않는 공동체, 간섭이 아니라 관심이 많은 공동체는 하나님표상이 다양해지고 달라지며 그런 다른 세계의 포섭은 세계 너머에 계시는 초월의 하나님에 대한 이해의 단말을 형성한다. 계시이해는 이 다양성의 인정에서부터 비롯된다. 자기가 믿는 것을 강요 정당화하지 않고 자기 눈에 낀 우상을 보게 해 주는 다양성의 공동체가 된다. 그리고 이 공동체는 우리 자신과 그 욕망의 투영을 내려놓으면 그때서야 비로소 성경이 말하는 하나님을 이해할 수 있는 심리적 기초가 놓이게 된다.

간혹 그런 질문을 받는다. "왜 기도를 많이 하는 사람들이 더 욕심이 많아요?" 실제로 그런 경향이 두드러진다. 기도를 많이 한다는 것은 자기 욕망을 잊지 못한다는 의미일 수 있다. 예루살렘 가이드를 했던 어느 여행 가이드가 이런 말을 한 적이 있다. 보수적인 교단의 목회자일수록 무례하고 제멋대로인 경우가 많고 자유주의적인 교단의 목사일수록 점잖고 신사적이라는 것이다. 하나님과의 관계에 있어서도 우리가 서로 다르다는 사실을 인정하는 것이 중요한 지점이 바로 이 부분이다. 다 그렇지는 않지만 현실에서 욕망을 정당화할 수 없었던 사람들이 하소연할 곳으로 하나님에게로 도피하는 경우가 많기 때문이다. 우리가 서로 다르다는 것이 그냥 선언이 아니라 우리 기억의 새로운 해석이 되어야 한다. 그럴 때 진정한 방식으로 하나님을 만날 마음의 준비가 이루어진 것이다.

증상은 살기 위한 몸부림이다

임상 정신분석학자들은 유기체로서 인간이 처한 환경 때문에 다른 선택지가 없다는 의미로 "내담자는 언제나 옳다(The patients is always right)"**16**라는 말을 사용한다. 신학적인 입장에서 보면, 인간의 모든 증상은 죄에서 기원하고 인간의 기울어짐을 핑계할 수는 없다. 증상이 살기 위한 몸부림이라는 말은 그들의 죄에 면죄부를 주려고 하는 말이 아니다. 오히려 이것은 죄가 빚은 우리 삶의 참혹한 현실을 이해하려는 시도다. 이미 하나님과의 관계가 끊어지고 죄로 기운 인간이 살기 위해서 몸부림치는 현상이 바로 증상이다. 오히려 증상의 의미를 제대로 이해할 때, 우리 삶의 본질을 바르게 바라볼 수 있다. 성급한 도덕적 판단은 사실상 우리가 져야 할 책임의 무게를 회피하는 것일 수도 있다. 사람들은 얼마든지 도덕적 판단 뒤로 자신의 실상을 숨기기도 한다. 가장 대표적으로는 바리새인들이 이런 부류의 사람들이었다.

우리 주변에서 도덕적 평가가 우리를 방어하는 방식으로 사용되는 많은 예를 찾아 볼 수 있다. 예컨대, 죄의 공적 고백을 강조하는 어떤 신앙의 전통은 얼핏 매우 경건해 보이지만 그렇게 자신의 죄를 털어놓음으로 자신이 져야 하는 최소한의 무게마저도 떠넘기는 심리적 기제일 수도 있다. 심리적인 균형을 위해서 타인에게 고통의 무게를 더하는 것이다. 영화 '밀양'에서 유괴범은 피해자인 신애에게 사과 없이 자신의 죄 용서를 확신하고 내적인 평화를 누린다. 이것은 신애에게 충격적인 사건이었으며, 이 유괴범의 신앙은 신애의 신앙의 거울처럼 묘사된다. 이처럼 회개 없는 죄 고백은 그 짐을 피해 당사자에게 그대로 전가하는 악덕일 수 있다. 그러나 성경이 말하는 회개는 삭개오를 통해 보듯이 자신이 토색한 것의 4배를 갚는 것,

곧 책임을 다하는 것이다. 율법주의는 바로 이런 책임 회피의 일종이다. 같은 방식으로 반(反)율법주의 역시 이런 책임회피의 한 방식이다. 그러므로 도덕적 태도가 우리 죄의 실상을 더 선명하게 드러내는 것은 아니다. 오히려 하늘에 대한 종교적 이해가 중세인들을 천동설로부터 지동설로 이행하기 어렵게 만든 것처럼 도덕적인 태도가 우리 죄의 실상을 제대로 이해할 수 없게 만들 수도 있다. 섣부른 도덕적 태도가 죄를 더 은밀하게 만든다. 율법주의나 반율법주의에 기울어질수록 더 회개하기 힘들어지는 것도 이 때문이다. 예수님 당시에 세리와 죄인들이 더 예수님께 가까웠던 것은 낯선 일이 아니다.

그러므로 우리는 죄와 증상의 의미를 제대로 이해할 필요가 있다. 그에 대한 섣부른 정죄는 죄와 그 동기를 더 은밀하게 만든다. 처음에는 율법주의로 그 정죄를 빗겨가려고 들다가 그것도 여의치 않을 때 율법폐기론으로 기울며, 이렇게 기울어진 동기는 더 은밀해져서 고치기 어렵다.[17] 율법이 죄를 깨닫게 하는 기능을 한다는 말은 적어도 두 가지 의미를 지닌다. 첫째, 율법의 요구에 반응한다. 즉, 지키려는 의지를 보인다. 둘째, 그럴수록 자신의 부패한 본성을 확인하게 된다. 율법의 요구에 부응할 수 없는 자신을 확인하게 되는 것이다. 그리고 이런 깨달음은 율법이 지향하는 바, 곧 율법으로부터 그리스도를 소개받지 못할 때 율법주의나 율법폐기론이 등장하게 된다. 처음에는 복음으로 시작했다가도 우리 본성과 감정의 영역에 의해 왜곡되기 때문에 쉽사리 왜곡이 일어난다. 율법주의는 단지 신학의 문제가 아니라 우리 감정의 문제다.[18]

죄는 그것을 지적하면 더 은밀해지는 경향이 있다. 그리고 그렇게 은밀해진 동기의 외적 발현이 증상이다. 이 증상은 그리스도 없이 스스로 살아

내려는 몸부림이다. 우리는 이것이 자신의 신학이라는 사실을 분명히 알아야 한다. 이는 인지적 구조보다 우리 정서적 구조와 더 긴밀하게 맞물려 있다. 단지 교리적 이해만으로 온전한 신학이 어려운 이유이기도 하다.[19] 핵심감정 치유에서 살폈듯이 우리는 다양한 형태의 그릇되고 정서적인 형태의 하나님표상을 지니고 있고, 이 표상들이 온전한 복음을 왜곡한다. 복음이 왜곡되는 것을 방지하고 온전한 복음의 이해와 그에 따른 거룩한 정서를 소유하려면, 증상의 의미를 제대로 이해해야 한다. 그리고 그런 증상의 기저에 깔린 핵심감정을 이해해야 비로소 온전한 복음 이해가 실질적으로 가능하다.

그래서 증상이 살기 위한 몸부림이라는 이해가 중요하다. 자기를 이해하고 공감하며 수용하는 일은 이런 은밀하게 자기 정당화를 하는 내적 동기들을 드러내준다. 뿐만 아니라 이런 내적 동기들에는 드러나지 않는 우리의 신학과 우상이 무엇인지도 알게 해준다. 부모와의 관계에서 비롯된 타자상과 중간대상에서 비롯된 하나님표상은 서로 뒤섞이면서 정서와 이미지의 형태로 우리 내면에 존재한다. 율법주의는 그렇게 부모에게 인정받으려는 시도이며 부모가 그에게 했던 방식으로 하나님을 이해하고 있는 신호이기도 하다. 즉, 하나님을 조건을 충족하는 이만 사랑하거나 받아들이는 존재로 이해했다는 의미다. 죄인인 우리가 스스로 살아남으려고 택한 전략인 셈이다.

살기 위한 전략이며 몸부림이지만 하나님 없이 그런 선택을 한다는 점에서 신학적 관점에서 보면 죄이다. 아담과 하와에서도 그랬듯이 죄는 기본적으로 자기 책임을 타인에게 전가하는 성향이 있으며 자기 모습을 있는 대로 받아들이지 못하는 성향을 지녔다. 그리고 죄는 우리 정서를 근본적인 출발점으로 한다. 루터가 말한 노예 의지에서의 이 의지는 정서의 노예라는 의미다.[20] 그런데 율법주의는 이 정서의 비참을 율법적인 자기 의로 대체한다. 하이델베르크 요리문답이 우리 비참을 알아야 그리스도가 우리의 진정한 위로가 된다고 말하는 것은 괜한 말이 아니다. 그리고 그 비참은 율법을 통해서 알게 된다.[21] 그러나 율법주의는 이 비참을 드러내는 율법으로부터 자신의 정서적 요인들을 고립시킨 것이라고 할 수 있다. 그리고 이런 정서적 원인들이 은밀해지는 데는 그것이 가져다주는 고통의 크기도 있지만 율법이 가지고 있는 정죄적인 성격에 더해서 우리 교회와 그 문화가 가진 통상적이고도 도덕적 정죄의 분위기가 작용한다고 볼 수 있다.

예컨대, 요한복음 8장에서 간음하다가 현장에서 잡힌 여인을 향한 무리의 분노가 그 예라 할 수 있다. 율법의 근본적 목적은 죄와 비참을 아는 것임에도 불구하고 율법이 타인을 정죄하는 것으로 기능하고, 이 기능은 문화적 요인으로서만 작용하는 것이 아니라 우리 내면의 타자를 통해서도 작동한다. 한국의 체면문화나 눈치문화는 이런 한 단면이다. 『핵심감정 치유』의 그리움에 나오는 동아시아의 상호의존적인 인격특성 때문이기도 하다.[22] 프로이트가 설명한 초자아는 오이디푸스기를 통해서 부모로부터 내사된 도덕적 기준들이다. 때로는 도덕적 교육이 만든 현실 세계의 적응을 위한 내적 타자상이 부리는 횡포에 율법이 실제로 기능해야 할 역할을 하지 못하게 되고 이 기준들이 타인을 정죄하고 자기를 속이는 역할을 하게 된다. 예수님이 바리새인들에게 회칠한 무덤과 독사의 자식이라고 말하신 이유도 이런 맥락이다. 실제로 이런 내적 기준은 율법과 매우 유사한 역할을 한다. 그래서 바울은 율법이 없는 이방인에게 양심이 이런 기능을 한다고 말한 바 있다.[23] 유대인에게도 율법은 이런 기능을 했고 그 결과 이방인에게 흔히 나타나던 현상, 곧 "그 생각들이 서로 혹은 고발하며 혹은 변명하여 그 마음에 새긴" 것이 율법을 통해서 드러나게 되는데, "율법을 자랑"하고[24] "그 칭찬을 사람에게서"[25] 구하는 현상이다. 이런 태도가 바리새인의 의이며 이 의로는 천국에 들어갈 수 없다.[26]

흔히 갖는 편견은 도덕적 이해가 더 우월하고 심리학적인 이해, 곧 "증상은 살기 위한 몸부림"이라는 이해는 죄 문제를 가볍게 만든다는 것이다. 그러나 율법에 대한 도덕적 이해는 오히려 원래 율법이 지닌 기능인 우리 비참과 죄를 깨닫게 하지 않고 오히려 죄를 더 은밀하게 하고 자기를 정당화하는 수단으로 기능할 수 있다. 도덕적으로 율법을 이해하거나 죄 문제를 단순히 이해하는 것은 사실 한 개인을 구원에 이를 수 있도록 돕는 데 그다지 도움이 되지 못한다. 오히려 증상은 살기 위한 몸부림이라는 이해가 죄 문제를 더 심도 있게 다룰 수 있는 계기가 된다. 마치 이솝 우화에 등장하는 햇님과 바람의 나그네 옷 벗기기처럼 세차게 휘몰아치는 바람과 같은 도덕적 정죄가 죄의 비참을 드러내는 것이 아니라 더 은밀한 형태로 우리 비참을 감추고 우리 자신을 회칠한 무덤으로 만든다.

이것은 율법폐기주의에서도 마찬가지 결과에 이른다. "율법주의와 율법폐기주의는 사실상 같은 자궁에서 나온 이란성 쌍둥이이다."[27] 율법주의의 치료책으로 율법폐기주의를 가지고 온다. 그리고 그것이 더 심한 율법주의를 만들고 만다.[28] 왜 그럴까? 그리스도인들은 교회 안에서 이루어지는 도덕적 주장들과 거기서 비롯되는 외식과 정죄에 고통을 받는 경우가 많다. 그래서 십자가를 강조하기 시작하는데 이번에는 반대편 극단으로 치닫고 마는 것이다. 성경은 율법과 성전으로 요약할 수 있다. 여기서 성전은 바로 참 성전이신 그리스도의 그림자이며, 그리스도는 곧 복음이

시다.[29] "복음은 절대 하나님의 율법을 파기하지 않는다……율법과 복음은 둘 다 하나님의 은혜가 표현된 것"이다.[30] 그런데 율법폐기주의는 율법에 대한 도덕적인 정죄를 기피할 목적으로 십자가를 강하게 붙들면서 성경의 언약이 가진 통일성의 균형을 무너뜨린다. 마치 하나님께서 처음에는 율법으로 어떻게 해 보려다가 안 돼서 예수님을 십자가에 죽게 했다고 생각하게 만든다. 이런 신학이 굳어지면 우리 안의 타자의 시선이 무력화되고 하나님의 율법도 무력화된다. 이런 경우 스스로가 도덕적 판단자의 위치에 서는 경우가 많은데 이는 『핵심감정 치유』에서 소개되었던 오만증후군의 특징이다.[31] 이는 거울 비춤을 하는 타자상이 깨어진 것이다. 사실 이것이 건강하게 구현된 구조는 삼위일체 하나님의 구조며 이것은 우리 인격의 구조에 그대로 반영되어 있다. 이 구조가 깨어지면 사랑이라는 것 자체가 불가능해진다. 마이클 리브스는 알라와 삼위 하나님의 결정적 차이점이 이 지점이라는 점을 밝힌다.[32] 율법폐기주의가 더 심각한 율법주의라고 말하는 까닭은 바로 도덕적 판단자의 역할에 율법주의가 율법 빙자해서 서 있다면 이제 율법폐기주의는 스스로가 그 역할을 하고 있기 때문이다.

이처럼 어설픈 도덕적 판단은 우리 비참을 깨닫게 하는데 도움이 되지 않는다. 예수님이 요한복음 8장에서 사람들을 향해 "죄 없는 자가 먼저 돌로 치라"고 하시므로 회중들은 율법주의자의 위치에서 자기 자신을 돌아보게 되었다. 그래서 나이가 많은 자부터 그곳을 떠나고 결국에는 예수님과 간음한 여인만 현장에 남았다. 율법의 진정한 의미는 죄와 비참을 깨닫게 하는 것이다. 그래서 그림자인 성전과 참 성전이요 율법 밖의 한 의이신 그리스도에게로 나오게 하는 것이다.[33] 우리 주님처럼 어쩌면 얼굴을 마주하지 않은 채 땅에 글씨를 쓰시면서 분노한 청중을 대하는 태도가 진정한 의미의 죄를 깨닫게 하는 긍휼의 마음일 것이다. 그래서 율법으로 죄와 비참을 깨달으려면 율법이 지향하는 바 그리스도와 거기서 베풀어지는 긍휼, 곧 복음에 대한 소개가 있어야만 죄를 직면할 수 있다. 거기서 회개가 터지고 하나님을 향한 돌이킴의 기본 조건이 성립한다.

그러므로 증상 자체가 살기 위한 몸부림이라는 인간적인 처절함에 대한 이해가 어설픈 도덕적 정죄보다 인간을 이해하는데 더 유익하다. 어떤 점에서 더 과학적으로 자신의 증상의 의미를 이해하고, 어리고 여린 생명이 자신을 지키기 위해서 그 비참과 누추함을 겪어야 했던 자기 이해는 오히려 복음을 대면하기 위한 좋은 토양을 만들어 준다. 어떤 사람들은 이런 이해가 복음에 반(反)하는 것이라고 말하기도 한다. 그러면 도덕적 정죄는 좀 더 나은가? 그렇지 않다. 이솝 우화처럼 햇볕정책이 오히려 우리의 무장을 완화시키며 자기를 더 잘 이해하도록 돕는다. 그런 순간 베풀어지는 복음의 해설은 상담자와 내담자가 지닌 정서적 동질성 때문에 더 깊은 사랑으로 경험될 수 있다. 이런 점을 고려한다면, 증상이 살기 위한 몸부림이라는 사실을 받아들이는 일을 편견에 근거해서 미룰 필요가 없다. 우리의 이해만큼 우리는 그 사람들을 더 잘 도울 수 있다. 복음이 없는 도덕적 판단은 우리의 죄를 더 은밀하게 할 뿐 실제적인 도움이 되지 못한다. 오히려 자신의 문제행동과 증상에 대해서 도덕적 판단 없이 공감 받는 분위기 속에서라야 제대로 표현되고, 표현만큼 이해되고 해결을 모색할 수 있다.

그러니 더 정확히 알기 전까지 우리의 판단을 유보하고 중지하고 한 개인의 삶에 대해서 더 주의 깊게 들어야 한다. 섣부른 도덕적 판단을 앞세울 것이 아니라 왜 그런 선택을 했는지 그와 함께 그 여정을 따라가 봐야 한다. 누가복음 10장에서 율법교사가 도움을 얻지 못했던 제사장과 레위인으로 은유되는 율법을 의지하는 것에 대해서 우리 주님께서 율법 밖의 한 사마리아인의 긍휼을 그에게 비유로 보여 주신 것이 참된 의미다.[34] 율법과 복음의 관계에 대한 더 자세한 이해는 『핵심감정 성화』의 1부를 참고하기 바란다.

사랑이 변하여 미움이 되더라

얼핏 듣기에 이게 무슨 원리인가 싶을지도 모르겠다. 사랑과 미움은 같은 힘의 결과라는 말이다 사랑은 크기만큼 미움도 커진다. 인간 내면의 사랑과 미움은 성경상의 언약이 지닌 상과 벌의 정신 내부적인 구조다.[35] 에드워즈는 우리의 의지와 성향이 애착과 혐오로 표현된다고 했다.[36] 핵심감정 공동체를 이해하는 데 있어서 중요한 원리는 이 두 가지 힘이 본질상 같은 종류의 힘이라는 사실을 이해하는 것이다. 우리가 미워하는 사람들은 머나먼 별에서 온 사람이 아니다. 우리가 미워하는 사람들은 머나먼 타국의 사람들이 아니다. 우리가 미워하는 사람들은 내가 알지 못하는 생면부지의 사람들이 아니다. 미움은 근본적으로 사랑받고 싶은 욕구의 좌절에서부터 시작된다. 강력했던 애정은 연인의 배신으로 인해 참혹한 투기로 변하기도 한다. 예컨대 버스터미널에는 정신 줄을 놓은 사람들이 종종 있었다. 그들은 길가는 사람들에게 욕지기를 해댄다. 그러나 아무도 그와 다투려고 하지 않는다.

왜냐하면 그의 욕지기는 내 문제라는 생각이 들지 않고 그가 정신 줄을 놓은 탓이라고 여기기 때문이다. 적어도 우리 정서가 어떤 반응을 보일 때는 그와 나 사이에 이런 사랑과 미움의 애증의 관계가 존재하기 때문이다. 예를 들어, 사람 많은 공공장소에서 큰 소리로 "선생님"하고 부른다면 아마 몇 사람은 돌아볼지 모르겠다. 그렇게 돌아본 사람들은 모두 가르치는 직군에 있는 사람들이다. 노동에 지쳐 타인을 신경 쓸 여유가 없는 사람들은 돌아보지 않는다. 옆 사람과 수다 삼매경인 아주머니도 돌아보지 않는다. "아줌마"라는 호칭에 어떤 처녀도 돌아보지 않는 것처럼 자기 삶의 경험과 기억에 일련의 연관성이라도 있어야 우리는 돌아본다. 길에서 우연히 만난 사람과 시비가 붙었던 것으로 한 달 내내 고통하면서 분해 하는 사람은 없다. 혹 그렇다면 꼭 정신과나 상담실을 찾아보기 바란다. 정상적인 범주에서 사람은 누구도 그렇게 반응하지 않는다. 그런데 내게 매우 가까운 지인과 정서적 유대를 나누거나 직장동료이거나 사업적 파트너이거나 상화 관계가 누적되어서 일정한 정서적 정보와 그에 따라 내적인 반응이 존재하는 사람들에 한해서 이런 오랜 상처가 남는다. 이는 상처가 기본적으로 우리 인지-정서적 구조와 밀접한 관련이 있음을 보여 주는 것이다.

특히 정서적으로 가까운 사람들에게서 더 자주 우리는 사랑과 미움을 경험한다. 즉, 사랑과 미움은 이처럼 관계성의 결과라는 의미다. 하나님과의 언약관계가 사랑과 미움으로 해석되는 이유도 이 때문이다.[37] 사랑과 미움은 관계성이 비롯되는 우리 본질적인 힘의 한 부분이다. 무엇인가를 애착하고 무엇인가를 혐오하는 것은 우리 안에 흔적을 남긴다. 우리가 인터넷이라는 바다에서 수많은 주소들 중에 우리가 애용하는 웹페이지를 쉽게 찾을 수 있는 것도 그 페이지를 방문했을 때 내가 쓰는 컴퓨터에 그 서버의 흔적, 곧 쿠키파일이 남기 때문이다. 우리 안에 있는 자기상, 하나님표상, 타자상은 컴퓨터로 치면 이런 쿠키파일의 흔적이라 할 수 있다. 우리의 본질, 곧 몸과 영혼으로부터 우리 마음에 남긴 흔적들이며 세상과 하나님으로부터 우리 마음이 남겨진 흔적이 바로 이 표상들이다. 그리고 이 표상을 이해하는 가장 기본적 단위가 바로 사랑과 미움이다. 핵심감정 시리즈를 보고 어렵게 생각할 것이 없다. 실은 현장에서 경험하면 매우 심플한 것인데 언어로 설명하려니 어려운 것 뿐이다.

인간은 태어나고 자라면서 무엇인가를 바라고 원한다. 이 생물학적이며 정서적인 반응들은 모든 유기체의 특징이기도 하다. 이 특징을 가장 간명하게 설명하면 그것이 바로 사랑과 미움이라고 할 수 있다. 이것을 바탕으로 하나님과 언약적인 관계도 맺어지고 자신의 존재론적인 본질과 자신의 정체성을 규정짓기도 하며, 이웃과 사랑하는 연인과 정서적 유대와 관계를 맺기도 하고 일과 사업에 매진할 수 있게 되기도 한다. 그리고 이 사실이 중요한 원리인 이유는 대체로 우리가 사랑의 감정은 받아들이기 쉬운 감정으로 여기는 반면, 미움의 감정은 받아들이기 어려운 감정으로 여기기 때문이다. 아이는 엄마의 모태에서 자신과 엄마를 둘로 인식하지 않고 하나로 느낀다. 이것은 출생 직후에도 계속되며 0-3세의 사랑과 미움의 힘은 주로 엄마와 자신을 동일시하는 형태로 드러나게 된다. 비슷한 예로, 아이가 어릴수록 엄마가 근심하여 표정이 안 좋을수록 엄마와 동일시 현상이 더 두드러지게 나타나고 자신 안에 마땅한 이유가 없이 울음을 터트리고 만다. 이런 동일시는 파편적인 자기 인식으로 인해서 한동안 계속되는데 아이가 아주 어릴 적에 어른들은 자신의 얼굴을 가리면서 "엄마 없다! 엄마 있네!"와 같은 놀이를 아이와 하는데 이는 자연스럽게 관찰되는 유아의 행동에서 유아의 인식의 연속성이 없음을 거울처럼 비춰 주는 양육행동이라 할 수 있다. 그러나 유아의 동일시는 "좋은 엄마"와 "나쁜 엄마"가 같은 존재라는 인식의 연속성이 생기면서부터 위기를 맞는다. 이런 상황에서 더는 동일시를 할 수 없기 때문에 "내가 좋아하는 존재"라는 인식으로 변화를 일으키는데 이것이 바로 아이에게서 최초로 "자기"가 출현하는 시점이라고 할 수 있다.

아이는 엄마와 자신의 동일시를 포기하고 자기가 좋아하는 존재로 이해하므로 인생의 첫 번째 과업인 좋은 엄마와 나쁜 엄마, 곧 사랑과 미움을 통합한 것이다. 우리 인격의 문제들은 이 두 가지를 통합하지 못하고 미움을 밀어낼 때 발생한다. 사랑과 미움의 언약을 듣고도 그 미움이 자기에게 적용되지 않을 것이라고 믿고 평안을 비는 데서 죄의 문제가 발생한다.[38] 율법주의와 율법폐기주의의 문제도 이것이었다. 우리 안의 비참과 죄를 인지하지 못하거나 인정하지 못하는 데서 출발했다. 정호승 시인의 시, "내가 사랑하는 사람"에 보면 이런 시구가 등장한다. "나는 그늘이 없는 사람을 사랑하지 않는다. 나는 그늘을 사랑하지 않는 사람을 사랑하지 않는다……햇빛도 그늘이 있어야 맑고 눈이 부시다……기쁨도 눈물이 없으면 기쁨이 아니다. 사랑도 눈물 없는 사랑이 어디 있는가."[39] 그늘은 우리 삶의 일부다. 어둠과 상처는 우리가 영화의 상태에서 다시는 죄를 짓지 않게 될 원동력이다. 인간의 영적 성장은 그저 순진무구한 순결이 아니다. 그 거룩함은 '선악을 알게 하는 나무' 그 너머에 있는 거룩함이다.

아이의 자람뿐만 아니라 영적성장은 이 추동의 힘들이 하나로 융합하는 과정이다. "내가 좋아하는"이라는 경험을 통해서, 자기와 좋아하는 것 사이의 동일시를 통해서 점점 자신과 세상의 전부인 엄마에 대해서 좋고 믿을만하다는 인식을 갖게 된다. 생후 6~18개월에 아이는 애착대상을 결정한다.[40] 애착은 특정 대상관계에서만 드는 '다른 어떤 것과도 바꿀 수 없는' 독특하고 강한 결속 혹은 친밀감을 뜻한다.[41] 이 애착이 믿을만한 것일수록 아이는 세상에 대해서 믿을만하게 느끼며 이 애착이 불안정할수록 제대로 된 관계를 맺을 수 없는데, 이는 자신에 대해 그리고 타인에 대해서 믿을 만하지 못하기 때문이다.[42] 이 관계성이 인간의 구성요소인 몸과 영혼의 본질적인 힘과 그 성질인 사랑과 미움이라는 추동에서 나오며, 그것으로 말미암아 우리의 관계성이 결정된다는 점을 기억해야 한다. 그렇게 그 힘들이 마음에 이미지들을 만들어 내고 그 이미지들은 적어도 세 가지 영역에서 응집이 일어난다. 그 응집된 이미지들의 가장 밑바닥의 원초적인 힘이 바로 사랑과 미움이다.

가장 거룩하신 하나님께서 가장 낮고 추한 마구간으로 오셨다. 그분은 죄인과 세리의 친구가 되셨다. 우리 안에 있는 이 어둠을 직면하지 않고 그 너머의 구원으로 가는 길은 없다. 그런데 율법주의나 율법폐기주의나 바리새주의는 모두 회칠을 통해서 우리 삶의 이 추함을 감추는 데서 발생한 영적 문제들이다. 병원이 병증의 환부를 드러내는 곳이듯이 교회는 죄인의 비참이 드러나는 곳이다. 강제로 드러내는 곳이 아니라 참된 긍휼과 사랑으로 드러내도록 하는 곳이다. 하나님은 억지로 폭력이나 강압으로 우리를 다루시지 않는다. 그랬다면 열두 영도 더 되는 천군을 보내어 그리스도를 핍박하는 무리들을 없이 하셨을 것이다. 주님은 자기제한의 십자가의 길을 통해서 우리 죄를 치료하셨다. 그 십자가는 정의와 자비가 만나는 곳이고 구원과 심판이 만나는 곳이며, 사랑과 미움이 핵융합을 일으키는 곳이다. 한 인간의 인격적 유연성도 이 융합의 정도에 의해서 드러난다.

그래서 우리 안의 미움이나 죄나 비참을 보기를 두려워할 필요가 없다. 이 원리가 정립되지 않으면 율법주의와 같은 무의식적 방어가 작동하게 된다. 그렇다고 우리 죄를 공동체에 다 까발려야 한다는 이야기가 아니다. 오히려 그렇게 영적노출증을 겪는 그룹들도 있다. 이 그룹들은 본질적으로 율법폐기주의와 맞닿아 있다. 이들이 하는 강력한 종교적 경험 때문에 그리스도의 객관적인 구속 사역이 자신들의 경험으로 치환된다. 공동체 앞에서 자기 죄를 고백하고 공동체로부터 수용을 경험하게 되면 마치 그것이 그가 저지른 죄의 모든 책임을 다한 것처럼 여기는 어리석음이 발생한다. 영화 '밀양'의 유괴범이 그 피해자인 신애 앞에서 아무런 죄의식이 없이 사죄의 은혜를 말하는 것처럼 말이다. 그러나 진정한 의미의 회개는 삭개오처럼 소유의 절반을 가난한 자를 위해 구제하고 속여 뺏은 것은 갑절로 갚음으로 자신의 삶을 돌이키는 데 있다.

역설적이게도 영적노출증은 사랑과 유사해 보이는 면이 있다. 예컨대, 1973년 8월 23일부터 28일까지 6일동안 스톡홀름의 크레디트반켄(Kreditbanken) 은행을 점거한 강도들에게 4명의 직원이 인질로 잡혔는데, 피해자들은 석방 후 범인들을 옹호하였다. 이를 스톡홀름 증후군(Stockholm Syndrome)이라고 한다. 이는 3단계로 진행되는데 불안과 공포, 동일시, 동화의 과정을 거친다.[43] 미국 연방수사국(FBI)에 의하면 피해자들 중 약 8%가 이런 증상을 보였다. 가정 폭력과 데이트 폭력 등도 이와 무관치 않은데 벗어날 수 있는 상황이 와도 그러지 못하고 계속 당하는 '트라우마적 유대(trauma bond)' 때문이다.[44] 인간의 죄와 비참을 영적 지도자에게 완전히 노출하게 되면 트라우마적 유대가 생겨 거기에 저항하지 못하게 된다. 사랑은 근본적으로 상대의 동의 없이 그를 발가벗겨 놓는 것이 아니다. 하나님께서 우리가 죄를 지을 때마다 벼락을 던지시지 않는 이유도 그렇게 해서는 건강한 인격적 관계가 불가능하기 때문이다. 거룩하신 하나님을 대면하는 죽게 되기에 하나님께서는 늘 커튼 뒤에서 은휘(隱諱)하시는 것이다. 그 자체가 자비이며 긍휼이다.

사랑과 미움의 융합으로서 우리 비참과 죄를 보는 과정은 학대나 폭행이 아니다. 그것을 우리 인격이 그리스도의 십자가의 사랑으로 감내하게 되는 것이다. 자기 내부의 인격을 구성하는 정서적 이미지들이 융합하는 과정이다. 하나님을 사랑하는 힘과 죄를 미워하는 힘만이 하나라는 의미가 아니라 우리 안의 긍정적 정서로서 사랑과 부정적 정서로서 미움이 하나의 근원에서 나왔으며 이를 잘 해석해서 하나님의 영광에 부합하도록 질서를 매겨야 할 책임이 우리에게 있다는 말이다. 예컨대, 사람은 만물에 충만한 신성을 보고도 금수와 버러지의 형상으로 바꾸고 서로 사랑하도록 지으셨음에도 남녀의 육체적 사랑의 순리를 거슬러 역리로 행하며 본성적인 사랑을 거슬러 행하는 일을 한다. 인간의 성적 사랑이 가학적이며 피학적인 성과 같이 변태적으로 나타나는 이유는 이 사랑과 미움이 본래 하나라는 점과 영혼과 육체에 그 힘의 기원이 있다는 점을 보여 주면서 동시에 이것이 질서 매겨진 융합이 아니면 이처럼 병적인 힘으로도 나타날 수 있다는 점을 보여 준다.

　　미움이 크다는 말은 의존해서 사랑받으려는 마음이 크다는 의미이기도 하다. 한국인이 화병이 많은 것은 어려서부터 의존을 많이 해 왔기 때문이다. 상대와 일정부분 책임을 공유하는 문화 속에서 산다. 예컨대, "차린 것이 없지만 많이 드세요"는 정말 차린 것이 없다는 의미가 아니라 "뭘 이렇게 많이 준비했어요"라는 응대를 기대하는 문화적 표현이다. 그래서 정말 거절인지 아닌지를 알기 위해서는 적어도 세 번 이상은 물어봐야 한다. 유비가 공명을 찾아가 삼고초려(三顧草廬)한 것과 같이 나는 겸양으로 낮추고 상대는 명분을 얻어서 관계가 맺어진다. 이런 구조에서는 당연히 상대에게 기대하는 것이 있고 그 기대가 무너지게 될 때, 미움과 분노가 커진다.

이는 양육방식에서도 드러난다. 아이가 자율적으로 해낼 수 있는 것을 간섭을 많이 하면 자연히 자신이 한 행동의 잘못의 책임이 자신이 아니라 그 일에 간섭을 한 사람에게로 향하게 된다. 한 사람의 탓을 많이 하는 성격은 간섭받으면서 자랐다는 의미이기도 하다.

간섭은 앞서 설명한 마음의 관계맺음과 관련이 많다. 가까운 사람에게 상처를 받는 것도 이 때문이다. 이것이 너무 적으면 관계가 형성되지 않고 이것이 너무 많으면 책임이 간섭하는 사람에게로 넘어간다. 그 일에 대한 자기 결정이 적어지기 때문이다. 간섭이 극단적으로 늘어난 형태가 스톡홀름 증후군과 같은 영적 학대의 상태이며 간섭이 너무 없는 상태는 징계가 없으면 사생자라는 성경의 말씀을 예시로 들 수 있다.[45] 건강한 관계는 상대의 동의를 얻어 맺는 관계다. 그것이 부부이든지, 부모와 자식이든지, 주인과 종이든지, 상사와 부하이든지, 지도자와 따르는 이든지, 하나님과 그 백성이든지 그 중심에는 이와 같은 동의된 개입이 존재한다. 이 개입의 깊이가 과하거나 부족할 때, 사랑과 미움이 균형을 잃어버린다. 그렇게 잃어버린 균형이더라도 그것을 질서 안에서 융합하는 힘이 진정한 의미의 영적 성장의 동력이 된다.

CHAPTER 03
핵심감정 공동체, 그 복음 이해

핵심감정 공동체가 제대로 이뤄지려면 복음에 대한 바른 이해가 그 중심에 자리하고 있어야 한다. 복음은 로마서 1장 2-4절에서 신약과 구약에 계시되신 그리스도 그 자신이다. 종교개혁자들은 칭의와 성화를 구분하고 그리스도와 그 사역을 칭의의 객관적 근거로 두고 초월의 영역에 계신 그리스도와 믿음을 통해 연결됨으로 주관적으로 구원의 은택을 누리는 성화의 구조를 만들었다. 종교개혁자들이 이렇게 한 이유는 아퀴나스(Aquinas)를 따라서 초월과 내재를 잇는 자연신학을 구성함에서 생긴 문제를 수정하기 위함이었다.[46] 이 경우, 하나님은 자연에 귀속되고 하나님의 의지는 자연적 의지가 되고 만다. 하나님의 자유로운 의지가 모두 자연으로 환원되고 만다. 이에 대한 반동으로 중세 후기 신학은 그리스도의 의가 믿는 자에게 주입되고 그로 인해 내가 순종을 행할 수 있고 이 순종을 근거로 종말에 심판대에서 의롭다고 칭함을 받는다고 설명했다. 그 결과, 처음에 의의 주입은 믿음과 은혜로 시작했지만 행위로 그 구원을 완성하는 어거스틴 시대에 정죄된 바 있는 행위로 구원을 얻는다는 펠라기우스(Pelagius)의 망령이 부활하고 만다. 이 때문에 종교개혁자들은 우리의 순종이 아니라 그리스도께서 이 땅에서의 전 생애 동안 율법의 모든 요구에 능동적으로 순종함으로 얻으신 의가 그리스도 안에 있다고 설명함으로 어거스틴처럼 초월주의로 회귀했다. 초월주의를 채택한 결과가 전가 교리다.

우리는 구원하는 의는 그리스도 안에만 있으며 우리는 믿음으로 이 의를 우리 것으로 간주받지 우리 안으로 주입되지 않는다. 아퀴나스 신학의 내재주의는 하나님의 자유를 훼손하는 것으로 보였다. 그래서 중세 후기 신학은 극단적인 주의주의(主意主義)로 흘렀고 이것이 행위 구원론의 여지를 남겼기 때문에 어거스틴 전통을 확대해서 우리 의지가 순종하기에 적합하지 않다고 가르쳤다. 이것이 루터의 노예 의지다.[47] 이것의 중요성에 대해 루터는 자신의 책이 다 없어져도 이것만 남는다면 기독교는 다시 살아난다고 할 정도였다.[48] 여기에 대한 의문은 항론파 파동과 도르트 신조를 통해서 공고해진다. 이는 중세 후기에 등장한 갈라디아주의 신학에서 빚어진 모든 오류를 청산한 가장 중심 키워드 중 하나였다. 이신칭의(以信稱義)의 신학은 이렇게 모든 의를 하늘에 계신 그리스도께로, 법정적인 영역으로 환원함으로 스스로의 힘으로 구원에 참여하는 것을 원천적으로 봉쇄했다.

그러나 여기서 발생하는 문제는 하늘의 법정적인 의가 우리에게 실제적인 것이 아닌 게 된다는 점이었다. 그 때문에 칭의와 성화를 구분한 것이다. 그리고 성화를 설명하면서 의가 아니라 은혜의 주입이라는 개념을 통해서 그 결과로 순종이 열매의 형태로 제시된다. 이 복음의 구조에서 성화는 교회론적 구조를 지닌다. 우리 삶의 순종의 열매는 교회로부터 베풀어지는 은혜의 방편을 통해서 주입된 은혜의 결과로 순종과 성화가 열매 맺는 구조를 하고 있다. 동시에 이 혜택의 전제 조건이 바로 그리스도 자신이다. 종교개혁 이후 이에 대한 이해의 부족으로 오류들이 발생했다. 예컨대, 그리스도 자신과 그가 십자가에 죽으신 일을 분리해서 전하는 오류, 곧 혜택과 혜택을 주시는 분을 분리하는 오류다.[49] 칼빈주의 신학의 핵심은 구원의 혜택이 그리스도를 "통해서"만이 아니라 "안에서" 우리의 것이 된다는 데 있다.[50]

구원의 혜택을 누리는 과정인 성화는 칭의된 법정적 의가 우리에게 경험적 형태를 띠는 과정이다. 믿음이 습관, 곧 덕의 형태를 띠며 사랑으로 역사하는 믿음으로 성장해가기 때문에 하늘의 그리스도의 의로부터 공급된 복음이 우리 안에 주입한 은혜로 우리 본성이 그리스도께로 기울어지는 습관이 강화되는 것이다. 이 습관의 성장은 내적 인식의 원리인 믿음과 외적 인식의 원리인 성경을 통해서 성령께서 우리에게 그 은혜를 적용하시므로, 은혜의 수단을 사용해서 은혜의 지배가 강화되고 죄의 지배가 약화되며 마침내 구원과 하나님 나라가 임하게 하셨다. 이 복음 체계의 첫 단추가 그리스도의 능동적 순종이며 이를 통해서 우리 구원의 의가 그리스도께만 머물게 하는 의의 전가이다.

율법의 용도[51]

율법은 "율법의 행위" 때문에 그 성경상의 위치가 항상 오해를 받는다. 예컨대, 구약은 율법이고 신약은 복음이라는 세대주의 유형의 이해다. 그러나 이미 설명한 것처럼 율법은 복음과의 관계에서 정의되어야 한다. 구약은 율법이 아니라 구약 안에도 율법과 복음이 함께 있다. 구약에서 특히 복음으로 드러나는 부분은 성전과 절기, 제사법 등이라 할 수 있다. 흔히 그리스도께서 오심으로 성취된 부분으로 율법이 우리를 성전과 절기로 인도한다. 그래서 구약이든지 신약이든지 율법과 성전의 관계로 정의된다.

율법과 성전이 지닌 구조가 복음이다. 율법은 본질적으로 복음을 드러내며 복음의 궁극적인 정신을 담고 있다. 그래서 종교개혁기에 이는 첨예한 논쟁의 대상이기도 했다. 특히 율법의 용도는 루터와 칼빈에게서 첨예한 주제였다. 성경상에 율법의 용법과 용도가 다양해서 이에 대한 명확한 이해가 없으면 율법과 복음의 관계를 오해할 수 있으며, 율법의 용도는 복음과의 관계를 결정짓는 중대한 요소다.

사도행전 7장에서 스데반이 고소된 이유가 율법과 성전인데 이 성전이 바로 그리스도이시며 구약은 율법으로 그림자인 성전으로 신약은 율법으로 참 성전이신 그리스도께 나오는 구조를 하고 있다. 이런 이해가 언약의 통일성이 있는 이해이며 그 과정에서 율법이 여러 기능을 하고 있다. 바로 이 때문에 칼빈파와 루터파 사이에서도 이에 대한 논쟁이 있었다. 율법의 용도에 대해 성경의 석의(釋義)를 통해 합의한 바는 4가지 정도며, 루터파와 칼빈파의 이해에는 서로 다른 구분으로 3가지 용도를 이해하고 전개했다.

첫째, 정치적 또는 시민법의 용도(*usus politicus sive civillis*)로 죄를 억제하는 용도로 세상에 죄가 관영해지는 것을 방지하는 용도라 할 수 있다. 죄를 지은 자에게 형벌을 줌으로 세상에 구현되는 세상 법 안에 내재되어 있는 하나님의 율법을 의미한다. 이는 죄에 대한 억지력인 동시에 하나님의 창조 질서의 반영이다. 예컨대, 창세기 2장 17절에 대한 칼빈의 주해를 보면, 이 시험에는 죽음에 대한 경고만 아니라 생명에 대한 약속이 포함되어 있다고 분명히 밝혔다. 만약 아담이 순종함으로 시험을 통과했다면, "죽지 않고 천국으로 갔을 것이다"(John Calvin, Comm. on Genesis, vol. 1, 127).[52] 또한 "불링거(Bullinger)는…이 동맹이 아브라함과 더불어 시작된 것이 아니라 하나님이 "아담과 가장 먼저 맺으신(Klempa, "Concept of the Covenant, 97)"[53] 것이라고 말하는데 이는 태초에 에덴에서의 언약에도 죄의 억지력이 반영되어 있음을 보여 준다. 동시에 선악을 알게 하는 나무의 과일을 먹었을 때 곧바로 생명나무의 길이 막히는데 이 생명나무는 그리스도와 그로 말미암는 영생을 상징한다.[54] 이로 보건대, 행위언약은 그리스도께로 인도하는 제2용도의 역할을 포함한다. 행위언약은 WCF 신학자들의 견해일 뿐만 아니라 어거스틴도 설명한 바 있다. "첫 번째 언약은 이것인데, 아담에게 이렇게 말씀하셨다. '네가 먹는 날에는 반드시 죽으리라.' 그리고 이것이 왜 아담의 모든 후손들이 하나님이 낙원에서 아담과 함께 맺은 언약을 어긴 자가 되었는가에 대한 이유를 설명해 준다."[55] 이 언약은 창조 시의 생명언약이라 불리며 이는 제3용도를 포함하는 자연언약으로 이해할 수 있다. 문화 명령은 이런 지점을 보여 준다.[56] 곧 행위언약은 율법의 제1용도와 제2용도 및 제3용도의 성격을 모두 지닌 생명나무를 지향하는 율법이다. 이 생명나무는 성전을 지향하고 에덴자체는 성전을 은유한다. 에덴을 묘사하는 두 가지 은유는 강[57]과 보석[58]인데, 이 둘은 성경에서 성전을 묘사하는 은유로 주로 사용된다. 성경은 창세기 1장부터 율법과 성전, 곧 율법과 복음의 구조로 되어 있는 것이다.

언약의 통일성의 이해에 대하여 율법과 성전이 가진 지위, 율법과 복음의 위치에 대한 이해가 개혁파 이해의 핵심이다. 그리고 이 핵심적 이해를 설명해 주는 가장 중요한 키워드가 바로 행위언약이다. 이 용어는 1597년에 스코틀랜드 신학자인 로버트 롤록(Robert Rollock)이 처음 사용하였지만 볼, 에임스, 우르시누스, 호라티우스, 굿윈, 무스쿨루스 등의 신학자들이 편찬한 『현대신학의 정수』는 행위언약을 당연하게 생각했고, 그에 대한 논고를 담고 있다. 이 책의 통용되는 분위기에서 웨스트민스터 신앙고백서는 "행위 언약"을 받아들였다. 소요리문답은 "생명의 언약"(12문)이란 용어를 썼는데 이 주장은 칼빈이 "첫 사람이 올바르게 있었다면, 진정으로 더 나은 삶을 누렸을 것이다"[59]라는 표현에 기원을 둔다. 튜레틴(Turretin) 역시 온전한 순종에 대한 요구를 생명 및 영원한 행복에 대한 약속과 연결하여 하나님을 묘사했다…튜레틴은 자연언약이라는 용어를 빈번하게 사용하는 것은 그것이 사람의 본질과 온전한 능력 위에 세워졌기 때문이라고 했다.[60]

물론 행위언약은 언약에서 독특한 지위를 지닌다. 그럼에도 아담의 죄를 억지하는 용도라는 점에서 범죄 이전에도 율법이 있었다는 것에 대한 반증이라고 할 수 있다. 제1용도는 택자와 불택자에게서 차이가 있다. 로마서 1장에서 보듯이 자연에서 신성과 영광이 드러나며 여기에 비추인 율법이며 택자나 불택자 모두 양심으로 반응하지만 불택자는 금수와 버러지 형상으로 바꾸고 그 마음에 하나님의 율법 두기를 싫어하게 된다. 하나님 두기를 싫어함이란 그의 통치 아래 살기를 싫어하는 것을 의미하며 자연히 이것은 율법을 전제하는 표현으로 석의된다.

둘째, 정죄의 용도(usus elenchticus)로 율법이 우리 죄를 정죄하고 깨닫게 하는 용도를 의미한다. 아담의 타락 이후 모세로 말미암아 율법이 개입하게 되었을 때, 이 율법이 바로 제2용도를 의미하는 율법을 말한다. 율법의 정죄를 받을 때, 불택자는 완고해지지만 택자의 경우 몽학선생의 용도로 이끌어 간다.

셋째, 몽학선생의 용도(usus paedagogicus)인데, 개혁파는 율법의 제2용도를 정죄와 몽학선생의 용도를 포함해서 이해했다. 구약의 백성들은 율법의 정죄의 용도를 따라 죄를 지적받고 이 몽학선생의 용도를 따라서 성전으로 나왔다. 이 몽학선생의 용도는 택자만 해당하며 그리스도에게 나아가도록 간접적으로 이끌어 가는 것(compulsus indirectus ad Christum)을 의미한다. 복음은 항상 율법과 함께 이해되었다. 그것이 바로 로마서 1장 2-4절에서 바울이 이해한 복음과 율법에 대한 이해였다. 율법과 복음을 서로 대비되게 놓고 다른 구원의 경륜으로 이해할 때, 성경의 메시지는 왜곡될 수밖에 없다.

넷째, 교훈적 규범적 용도(usus didacticus sive normativus)로 통상적인 개혁파가 말하는 율법의 제3용도이며 이 율법은 그 수준, 의도, 용도, 범위는 자연법의 규범성의 의미와는 차이가 많이 난다. 예컨대, 산상수훈에서 그리스도께서 해석하신 율법의 내면적 적용이 여기에 해당하며 이것의 실행은 중생자만 가능하다. 그러나 실행은 그리스도가 이루신 의 안에서만 가능하며 우리가 그리스도 안, 곧 참 성전 안으로 들어감으로 가능해진다.

칼빈파와 루터파는 율법의 제1용도과 제2용도에서 같은 입장을 취했다. 즉, 율법이 인간의 죄와 연약성을 드러내줌으로써 그리스도의 복음을 필요로 하고 믿음을 갖도록 예비시키는 기능(usus paedagogicus/elenchticus)과 또 율법이 세상에서 악을 억제하는데 사용된다고 보는 정치 사회적 용도(usus politicus)에서는 서로 같은 입장이다. 위의 4가지 용법으로 설명하자면, 루터파는 첫째부터 셋째를 강하게 인정했으며, 넷째는 약하게나마 동의했다. 이에 비해 개혁파는 모든 용도를 인정하고 강하게 동의했는데, 구체적인 차이점은 루터는 거듭난 신자가 율법에서 완전히 해방되었고 오직 은혜 아래에 있으며 율법은 폐기되었다고 보았지만, 칼빈은 신자에게 율법이 여전히 표준적 규범(usus didacticus/normaticus in renatis)이 된다고 보았다.[61] '율법의 제3용도(tertius usus legis)'의 문제에 있어서 학자들 중 루터와 칼빈 간에 본질적인 견해 차이가 없다고 보는 이들도 있다. 그러나 다수의 연구자들은 제3용도 문제에 있어서 두 종교개혁자 간에 근본적인 차이가 있음을 인

정한다.[62]

　개혁파는 첫째 용도를 율법의 제1용도로, 둘째와 셋째 용도를 율법의 제2용도로, 넷째 용도를 율법의 제3용도로 설명했다. 그에 비해 루터파는 첫째 용도를 율법의 제1용도로, 둘째 용도를 율법의 제2용도로, 셋째 용도를 제3용도로 설명하고 약하게나마 넷째 용도에 대해 동의했다. 루터가 네 번째 용도에 대해서 주저한 것은 복음 안에 행위가 들어올 것을 염려했기 때문이다.

　루터는 교리문답을 사도신경 해설(믿음), 십계명 해설(사랑-율법), 주기도문 해설(소망)을 통해서 설명했다. 이 부분은 하이델베르크 요리문답이나 웨스트민스터 문서도 마찬가지다. 다만 웨스트민스터 문서는 사도신경 대신 좀 더 어거스틴처럼 설명하는 방식으로 돌아갔다. 십계명은 우리가 온전히 순종할 수 없고 따라서 율법으로부터 정죄를 받는다. 제2용도로서 정죄 자체가 제2용도이지만 참신자는 이 정죄로부터 참복음이신 그리스도께로 인도함을 받으며 여기까지가 개혁파가 말하는 제2용도이다. 정죄의 기능을 하면서도 참신자를 그리스도께로 인도한다. 우리는 율법에서 실패할 수밖에 없으나 아담이 실패한 그 일을 참사람이신 그리스도께서 율법의 모든 계명에 온전히 순종하심으로 성취하신 의에 믿음과 은혜의 수단을 통해서 동참하게 하셨다. 그것이 율법의 제3용도이며 그리스도께서 성취하신 순종이 수동적 순종을 포함하는 능동적 순종이다. 믿음으로 이 의에 접붙여지고 은혜의 수단을 통해 그리스도 안으로 들어감으로 은혜가 주입되고 그 결과 율법의 요구에 응답할 수 있는 우리의 규범으로 주어진 것으로 흔히 성화의 준거(norm of sanctification)이며 이는 우리가 신자로서 율법을 따라 그렇게 자라가는 성화라 일컫는 것이다.

율법의 제3용도가 성화의 준거라는 것의 개혁파적인 함의는 첫째, 개혁파의 모든 신앙고백서가 말하는 것처럼 구원이 전적으로 그리스도의 공로에만 있다는 뜻이다. 둘째, 칭의는 법정적이며 하늘의 법정의 사건이라는 뜻이다. 셋째, 이 의는 믿음이란 수단을 통해서 그리스도 안에 있는 의에 접붙여지는 것이라는 뜻이다. 넷째, 하늘의 법정에서의 칭의를 향하도록 우리의 내적 습관이 강화되는 것을 함의한다. 다섯째, 따라서 그 원형신학이신 그리스도의 순종의 의에까지 자라는 것을 뜻한다. 결론적으로 그가 이루신 의가 단지 아담의 범죄로 말미암은 사망의 형벌에 대한 대속으로서 수동적 순종에만 있지 않고 범책의 대속으로서 아담이 선악과를 따 먹는 그릇된 행동에 대한 대속도 포함하는 것으로 이해되어야 한다. 그렇지 않다면 개혁파가 말하는 제3용도 자체를 부정하는 것이 된다. 신앙고백서들이 명시적으로 말하지 않았다고 해서 그리스도의 능동적 순종을 부정하는 것은 결국 제3용도를 부정하는 결과를 낳는다.

그리스도의 능동적 순종의 전가

중세 교회가 쓰던 라틴어 성경(불가타역)은 마태복음 4장 17절의 "회개하라"는 예수님의 말씀을 "고해성사하라"로 번역했다. 이런 번역 때문에 자연히 중세 기독교인들은 세례로부터 병자까지 이르는 성례와 연관을 지을 수밖에 없었다. 유아세례 때에 주입된 의가 점차 성장해서 로마 가톨릭교회의 7개의 성례들[63]을 통해서 그 의가 점점 발전하여서 칭의에 이르는 것으로 설명했다. 로마 가톨릭교회는 칭의와 성화를 구분하지 않았고 우리의 내적인 자질의 변화로서 성화와 법적 지위로서 칭의를 같은 범주로 설명했다. 그리고 이런 과정이 종교개혁자들의 눈에는 펠라기우스주의의 부활로 비쳤다. 은혜의 수혜자인 신자가 장기간 내적인 과정을 통해서 이 은혜 앞에 순종하는 행위를 통해서 비로소 칭의가 이뤄진다고 설명한 것이다. 그리고 이런 협력과정을 대죄와 소죄로 나누어서 소죄는 우리가 순종의 행위를 통해서 갚아야 한다고 가르쳤다.[64] 그 과정에서 발생하는 자범죄들은 우리를 은혜에서 떨어지게 하고 그 떨어진 은혜로부터 두 번째 기회를 얻게 되는 것이 바로 고해와 같은 성례로 이해되었다.[65]

이런 문제는 사실 원죄 개념의 시초가 되는 창세기 2장 17절의 석의 과정에서 출발했다. "선악을 알게 하는 나무의 열매는 먹지 말라. 네가 먹는 날에는 반드시 죽으리라 하시니라" 로마 가톨릭교회는 "선악을 알게 하는 나무의 열매를 먹지 말라"는 금령을 어긴 행위를 "죄의 허물이 있는 상태─범책─(reatus cupae)"으로 "반드시 죽으리라"는 "마땅히 벌을 받아야 할 상태─벌책─(reatus poenae)"으로 구분했다.[66] 이런 구분은 지상과 연옥에서 신자들을 위한 형벌을 통한 보속을 정당화하려는 의도를 명백히 드러내고 있다. 즉, 고해와 보속을 통해서 의를 얻도록 하는 행위구원론적인 의도인 셈이다.

아담이 율법의 요구에 불순종한 행위를 우리가 고해와 보속의 행위를 통해서 갚고 우리가 사망에 이르게 된 것을 그리스도가 십자가의 대속을 통해서 갚는다는 것이 로마 가톨릭교회의 오늘까지의 교리다. 20세기 들어서 제2바티칸공의회를 통해서 벌책의 대죄가 소죄로 바뀐다는 견해를 벌책의 대죄가 다 용서된다고 바꾼 것이 16세기와의 차이라면 차이점이다. 로마 가톨릭교회의 이런 교리는 앞서 설명한 것처럼 지상과 연옥에서 신자들을 위한 형벌을 통한 보속을 정당화하려는 의도를 명백히 하고 있다. 이는 라틴어 성경이 '회개'를 '고해'로 번역한 것과 무관하지 않다. 고해로 이해하니 자연히 회개가 필요치 않게 된다. 그러나 회개는 자신의 행동에 대한 반성이나 후회가 아니라 그리스도를 믿음으로 전적으로 삼위 하나님을 향해서 돌아서는 것이다. 루터의 95개조 반박문의 첫 문장도 이 문제를 다루고 있다. "우리 주 예수 그리스도가 '회개'하라고 말씀하신 것은 그리스도인의 삶 전체에서 회개해야 한다는 뜻이었다."[67] 죄와 회개에 대한 이런 이해의 차이는 그리스도의 구속 사역에 대한 이해의 차이를 불러온다.

예를 들어, 아담으로부터 모든 인류는 그리스도의 대속으로 구원을 받아야 하는데 아담이 선악을 알게 하는 나무의 열매를 따 먹는 행위는 로마 가톨릭 교회에서는 그리스도께서 속죄하시는 대상이 아니다. 속죄는 그 행위의 결과로 벌어지는 사망의 형벌에만 해당한다. 만약 오늘 아담이 살아 있다면, 그는 사제에게 나아가 고해를 하고 사제가 명하는 보속의 행위를 통해서 자신이 선악을 알게 하는 나무의 열매를 따 먹은 죄의 행위가 불러온 범책을 스스로의 행위로 갚아야 한다고 가르친다. 이것을 우리 자범죄로 확대해 보면, 어느 여 성도가 이웃을 험담하는 죄를 지었을 경우 이 험담을 한 행위는 그리스도께서 사해 주시지 않고 신자가 고해를 통해서 두 번째 기회를 얻어야 하고 사제가 명한 보속을 통해서 스스로 해결해야 하는 구조이다. 이 사례에서 본 선악을 알게 하는 열매를 따먹는 행위와 이웃을 험담하는 행위는 소죄에 해당하고 우리 자신의 몫이며, 그 죄로 말미암은 사망은 대죄에 해당하고 그리스도의 몫이 된다.

로마 가톨릭의 이 교리는 은혜로 시작했으나 최종적인 칭의는 결국 우리가 어떻게 보속의 행위를 했는가에 따라서 결정이 된다. 소죄에 해당해서 우리가 스스로 갚아야 한다고 말하는 부분을 그리스도가 율법의 모든 요구를 행하신 순종을 능동적이라고 하고 대죄에 해당해서 그리스도께서 십자가에서 우리 사망의 형벌을 대신 받으신 것을 수동적이라고 한다. 즉, 기독론의 입장에서 보면 그리스도가 율법에 모든 요구를 순종하신 것을 능동적 순종이라고 하고 십자가의 대속을 수동적 순종이라고 한다. 그런데 로마 가톨릭교회는 소죄는 우리가 갚아야 하는 것으로 규정함으로 당연히 능동적 순종의 의는 우리에게 '주입'되지 않는다고 말한다. 우리는 이 부분에서 두 가지를 주의해야 하는데, 로마 가톨릭은 첫째는 의가 '주입'되는 것으로 설명한다는 것이고 둘째는 능동적 순종의 의는 '주입'되지 않는다고 가르치고, 종교개혁자들은 첫째는 의가 '주입'되는 것이 아니라 '전가'되는 것으로 설명한 것이고 둘째는 수동적 순종의 의만 전가되지 않고 능동적 순종의 의도 전가된다고 가르친 것이다.

종교개혁자들의 의도는 명백하다. 행위구원론으로 기울어진 중세 교회의 신학을 교정하려는 것이다. 행위구원론의 발원은 주입되어 우리 안에 내재해 있으니 우리의 행위로 오해된다는 점이 그 첫 번째 발원지이며, 그렇게 그리스도의 능동적 순종의 주입을 부정하고 그것을 우리 스스로 갚아야 하는 것으로 설명한 것이 두 번째 원인이라 할 수 있다. 그래서 우리 안에 내재한다는 개념의 '주입'을 거부하고 그리스도 안에 있으며 우리의 것으로 간주된다는 개념인 '전가'를 선택했다. 동시에 소죄를 우리가 갚아야 할 것으로 설명하는 것에서 발생하는 구원의 공로를 그리스도께서 능동적인 순종을 하신 의도 그리스도 안에 있으며 그것이 우리가 믿을 때 전가된다고 가르침으로 근본적으로 행위구원론 생존환경 자체를 박멸했다.

그래서 종교개혁자들은 로마 가톨릭교회가 범책과 벌책을 구분해서 지상과 연옥에서 신자들을 위한 형벌을 통한 보속을 정당화하려는 의도를 부인하면서도 동시에 신자들이 스스로 드리는 용서를 위한 기도를 불필요한 것으로 여기는 반(反)율법주의적인 경향에 대항하기 위해서, 이 구분을 지속적으로 주장했고 죄의 허물이 있는 상태(reatus cupae)를 잠재적 죄과(reatus potenialis)로, 마땅히 벌을 받아야 할 상태(reatus poenae)를 실재적 죄과(reatus actualis)로 구별해서 설명했다(B. de Moor, Commentarius, III, 135).**68** 오늘날도 반(反)율법주의를 주장하는 자들은 신자가 죄 사함을 얻기 위해 기도할 필요가 없고 그리스도의 십자가를 선포하기만 하면 된다고 말한다. 이런 주장은 명백히 다른 복음이다.

복음 이해에 있어서 그리스도의 능동적 순종의 전가를 믿는 것이 왜 중요할까?

율법과 복음의 관계

에덴동산의 중앙에 있던 두 그루의 나무, 곧 선악을 알게 하는 나무와 생명나무는 율법과 복음의 관계를 보여 주는 은유라 할 수 있다. 많은 학자들의 선악과 열매의 금령은 율법으로 이해되고 생명나무는 그리스도와 그를 가리키는 성전으로 이해된다. 성경은 이 이야기의 수많은 변주와 확장이다. 칼빈은 『기독교 강요』에서 "아담과 노아는 생명나무와 무지개를 성례로 여겼다. 이 나무가 스스로 불멸하지 못하면서도 인간에게는 영생을 줄 수 있었기 때문이 아니다. 또한 무지개가 홍수를 막는 데 효과적이었기 때문도 아니다. 이는 바로 생명나무와 무지개 안에 하나님의 말씀이 새겨진 표시가 있어서 언약에 대한 증거와 인이 되었기 때문이다"**69**라고 말한다. 선악과가 금령과 관련해서 율법을 은유적으로 보여 준다면, 생명나무는 은유적이거나 혹은 직접적으로 성례를 보여 준다. 칼빈은 창세기 2장 9

절의 주석에서 이렇게 말한다. "하나님께서는 인간이 그 나무의 열매를 맛볼 때마다 자신의 생명이 하나님께로부터 비롯되었다는 사실을 기억하여 단순히 자기 힘으로 사는 것이 아니라 하나님의 사랑과 자비에 의해 살아가는 것이라는 점을 인정하려는 것이다."[70] 아담이 종종 이 생명나무의 열매를 먹었음을 시사하고 있다. 이런 점을 근거로 페스코(John V. Fesko)는 칼빈과 같이 생명나무를 성례로 보았다.[71]

이는 원래 아담이 처한 위치가 행위를 통해서 의를 성취해야 하는 행위언약의 위치에 있었음에도 그런 순종의 행위조차 은혜의 방편에 기대어 있는 은혜의 일부라는 점을 보여 주고 있다. 이런 이해는 어거스틴으로 거슬러 올라간다. 그는 낙원에서 아담이 순종하는 것 역시 하나님의 도움과 은혜라고 밝힌다. "처음 사람은 올바른, 선한 의지를 품도록 창조되었다……하나님의 도움을 믿고 의지하는 것도 하나님의 도움이 없이는 불가능했다……그와 같이 사람은 낙원에서 하나님의 도움 없이 살 능력은 없었지만 악한 생활은 그의 힘으로 할 수 있었다."[72]

우리는 창세기의 기사에서 아담이 에덴동산에 몇 년을 머물다가 죄에 빠지게 되었는지 알 수 없다. 그러나 그가 머무는 동안 그는 순종을 위해서 은혜의 수단에 기대어야 했다는 점을 보여 준다. 동시에 이 생명나무는 계시록에서 성부와 성자의 보좌로부터 나오는 생명수 강가에 있다. 이는 창세기의 에덴의 생명나무와 그 동산에서 발원하는 4개의 강이 보여 주는 은유의 변주며 동시에 이 생명나무와 그 강은 성부와 성자께 기원을 두고 있다는 사실을 알게 된다. 특히 "나로 말미암지 않고는 아버지께로 올 자가 없느니라"(요 14:6)는 예수님의 말씀처럼 계시록은 생명수와 생명나무를 통해서 성자와 성부께로 나아가는 길을 보여 준다. 그리고 이것은 구약의 지성소와 성소의 거울구조를 그대로 보여 준다. 구약에서 하늘은 휘장으로 자주 묘사되는데,[73] 지성소의 휘장은 하늘을 상징하고 휘장 너머의 언약궤, 만나 항아리, 싹 난 지팡이는 머리이신 그리스도와 그 하늘의 교회의 표지이며, 휘장 앞의 촛대, 분향단, 떡 상은 지상의 교회의 은혜의 수단의 표지이다.[74] 이 성전은 결국 하늘의 그리스도와 그의 몸인 교회와 거기로부터 베풀어지는 성례와 같은 은혜의 수단들의 은유인 셈이다.

동시에 계시록의 생명의 강물은 요한복음의 물이 성령의 상징으로 사용된 점을 떠올리게 한다.[75] 이는 교회에서 베풀어지는 은혜의 방편이 성령의 역할을 통해서 우리에게 적용된다고 본 칼빈의 설명과 같다. 즉, 말씀이 사람의 마음에 받아들여지려면 성령의 내적 증거를 통해 확증되어야 한다고 보았다.[76] 이는 개혁파가 말씀을 은혜의 방편으로 이해하고 이 적용에 성령의 역할을 강조한 것인데, 개혁파의 신조인 제2스위스 신앙고백서에도 반영되어 있다. 예컨대, "하나님께서 우리를 그의 말씀으로 가르치시며, 외적으로는 그의 사역자들을 통하여, 그리고 내적으로는 성령을 통하여 택하신 자의 마음을 믿도록 움직이시는 것을 믿어야 한다"고 했다.[77] 생명나무는 그리스도를 상징하고 거기에 이르는 강은 성령을 상징한다. 우리는 성자와 성령의 사역을 통해서 성부께 나아가게 된다. 개혁파의 이런 이해는 성령께서 은혜의 방편인 말씀과 함께(cum verbo) 일하심으로 우리에게 구원의 은혜를 베푸심을 말한다.[78]

성경은 앞서 말한 대로 두 가지로 요약된다. 선악과로 상징되는 율법과 생명나무로 상징되는 그리스도를 보여 주고 있다. 이는 복음이 어떤 형식과 구조를 갖추고 있는지를 우리에게 보여 준다. 아담이 에덴에서 하나님의 명령에 순종하는 일을 하나님의 은혜에 기대고 있으며 생명나무를 맛보면서 그리스도에 대한 믿음으로 순종할 수 있었다. 아담이 실패한 이 순종에 그리스도께서 순종하시고 우리에게 은혜의 수단으로 나아와 하늘에 계신 그리스도와 그 안에 있는 의에 믿음으로 우리가 접붙여지는 것이다. 복음은 이렇게 우리가 성취하지 않은 의를 얻게 하며 우리가 짓지 않은 천국을 소유하게 한다. 복음이신 그리스도 안으로 우리가 들어가는 것이다. 하늘의 성전에 계신 그리스도 안으로 우리가 들어가는 것이다. 은혜의 수단을 통해서 들어가는 것이다. 성령께서 우리를 그리스도 안으로 들어가도록 하시는 것이다. 성경은 처음부터 믿음에 의한 이 구원을 의도했고 그것을 드러내는 방식이 바로 율법과 성전이며, 이것이 복음이다.

복음 이해의 공동체성

이번 장은 신학적 내용을 앞서 다루었지만 사실 핵심은 이 장이다. 교회는 기본적으로 따뜻해야 한다. 특히나 개척교회일수록 더 그렇다. 복음을 교리적으로 이해하는 것만큼이나 그에 대한 정서적 기초가 중요하다. 우리 삶에 베여 있는 삶의 방식으로써 신학들은 복음이해를 근본적으로 왜곡할 수 있기 때문이다. 정수 논쟁에서 보스턴 목사는 이런 문제에 매우 예민하게 반응했는데, 퍼거슨(Ferguson)은 이것을 "이런 교리는 삼위일체 삶의 기능 장애를 암시할 뿐 아니라 특별히 그리스도인들의 마음속에서 성부의 성품을 왜곡한다"고 묘사했다.[79] 여기서 주목해야 할 표현은 두 가지다. 첫째 "삼위일체 삶의 기능 장애"와 "성부의 성품을 왜곡"이라는 표현이다. 『핵심감정 탐구』에서 인간의 삶에는 영과 육이라는 각기 다른 방향의 추동이 있고 이것이 우리 마음에 이미지 형태의 표상을 만든다고 설명했다. 그 표상은 모두 세 가지로 나타나는데 자기표상, 하나님표상, 타자표상이다.

자기표상과 하나님표상은 서로 거울처럼 마주보고 있고 이 하나님표상에 의해서 우리는 타자와 관계를 맺는다. 이것이 퍼거슨이 말한 "삼위일체 삶의 기능"이라 할 수 있다. 그리고 이 표상들이 얼마나 세상과 상호작용하면서 상호침투하느냐에 따라 우리의 심리적 건강을 가늠할 수 있다. 동시에 이런 경향이 하나님과의 관계에 반영된다. 그것이 바로 하나님의 성품의 왜곡이다.

예컨대, 엄마로부터 늘 무시를 당하던 딸은 "난 절대로 엄마처럼 하지 않을 거야"라고 다짐하지만 그렇게 그녀는 엄마를 무시한다. 그녀는 자상하고 사람들을 지나치게 배려하지만 그녀가 그렇게 하는 것은 그렇게 배려받고 싶었던 마음의 표현이다. 그녀의 배려만큼 사람들은 그녀에게 반응할 수 없고 배려받기를 원하는 그녀의 추동은 결국 배려받지 못함으로 그녀의 삶에 되돌아와 그런 일이 있을 때마다 그녀는 그녀의 엄마가 그녀를 무시했던 것과 같은 냉정과 무시를 보인다. 그녀의 결핍과 거기서 비롯된 배려받기를 원하는 욕망은 그의 하나님 인식에도 그대로 투영이 된다. 그렇게 배려하는 것을 사랑이라고 생각하는 그녀의 교회 생활은 타인에 대한 과한 배려로 결국 자기 무시라는 결과를 낳는다. 그녀의 배려만큼 자신을 돌봐주지 않는 공동체에서 그녀의 엄마가 그녀를 무시했을 때 느꼈던 감정을 반복해서 느끼게 된다. 그렇게 그녀는 공동체에서 배려와 무시를 오가면서 공동체적 삶에 혼란을 겪는다. 흔히 담임으로 부임하는 목사에게 전해진다는 "버선발로 나와서 환영하는 권사를 조심하라"는 말은 이런 정서를 가진 성도들에 대한 교회의 경험칙이었을 것이다. 그녀의 이런 행동은 그녀와 어머니의 관계가 바로 거울처럼 맞보고 있는 자기상과 모상의 관계, 곧 자기표상과 하나님표상의 관계에 그대로 투영된다.

심리학적인 관점에서 이 모상으로부터 비롯된 하나님표상은 중간대상이다. 중간대상이란 유아가 엄마를 대신해서 애착하는 이불이나 인형 등이며 이는 유아의 상징세계와 심리적 표상들과 거기서 비롯된 심리적 과정을 보여 준다. 대체로 이 중간대상은 성인이 되면서 대부분 사라지지 항구적으로 사라지지 않은 채 남는 중간대상이 바로 하나님표상이며 자기를 돌봐주는 전능자에 대한 상상과 이미지들을 담는다. 동시에 이 중간대상은 인간의 발달 과정에서 자기동일성을 지닌 엄마로부터 생긴 자기 화해적인 표상이기도 하다. 그러나 신학적 관점에서 보면 중간대상은 칼빈이 말하는 종교의 씨이다. 사실 인간 존재만이 상징체계를 통해서 종교를 향유하고 그 상징들로 외부적 대상의 부재에 대한 내적 애착의 대상을 만든다. 바울이 로마서에서 말한 우상은 하나님의 부재의 공간에 인간이 만들어 넣은 내적 애착 대상으로 상징들의 조합이다.

이렇기 때문에 우리가 건강한 메시지를 들었음에도 미묘한 지점 때문에 우리가 지닌 상징체계로 인해서 하나님과 그분의 사랑이 왜곡된다. 보스톤 목사는 구속언약이라는 개념을 거부했는데, 그 이유는 "죄인들을 향한 성부의 사람에 대한 약속이 성자의 순종이라는 '배경' 속에서 이루어진 것이 아니라 그 순종이 '조건'으로 이루어졌다는 뉘앙스를 풍겼기 때문"이다.[80] 순종이 배경이라는 것과 순종이 조건이라는 것은 정말 미묘한 차이다. 마치 사격에서 총열과 가늠쇠의 미묘한 차이가 탄착점을 달리 하는 것과 유사하다. 복음은 세상의 논리나 가치체계가 아니라 계시에 의한 은혜와 사랑을 우리에게 드러낸다. 때론 강단에서 분명한 복음이해가 선포되었음에도 우리가 가진 정서적 왜곡, 곧 우리 내면의 자기표상과 하나님표상의 왜곡이 복음을 왜곡하기도 하는 것이다. 그 대표적인 왜곡이 "율법주

의"이며 그와 쌍둥이인 "율법폐기주의"인 것이다.[81]

그러나 이런 전형 외에도 각자 개인에게 다양한 형태의 우상이 있고 그들의 복음을 듣는 동안에도 이 우상들은 우리 안에서 작동한다. 모세가 시내산에 오른 40일 동안 이스라엘이 시내산 아래에서 금송아지를 만들어 내고 그것을 그들을 애굽에서 인도하여 낸 '여호와'라고 한 것을 기억할 필요가 있다. 말씀의 조명이 없으면 우리는 언제나 비뚤어질 수 있으며, 조명 중에서 우리 자신의 모습이 드러나지 않을 때 역시 비뚤어질 수 있다. 복음이해의 공동체성이란 바로 이런 지점의 구체적 교정을 가능하게 해주는 공동체의 교정적인 기능을 일컫는 것이다. 『핵심감정 탐구』를 통해서 살폈다시피 우리가 부여받고 주입받은 믿음은 그 성격이 습관이다. 원래 자연 상태에서 습관이란 외부 대상과 상호작용 속에서 획득되는 것이다. 날 때 가지고 태어나는 타고난 습성과도 다르며, 가지고 있으나 외적 자극으로 발현되는 것과도 다르다. 믿음은 우리에게 주입된 것이다. 주입되었지만 아이가 태어나 자라는 과정에서 습관을 획득하는 것과 마찬가지로 어머니인 교회로 말미암아 이 믿음이라는 습관이 강화되고 온전해지는 것이다. 이 습관이 바로 믿음과 소망과 사랑이다. 이에 대한 더 자세한 설명은 『핵심감정 성화』를 참조해서 보기를 바란다. 우리 안에 이 건덕들을 통해서 우리는 하나님과의 관계 그리고 자신과의 관계, 이웃과의 관계에 대한 습관이 자라서 삼위일체적인 삶이 강화된다. 삼위일체적인 삶이란 다름이 아니라 하나님을 사랑하고 이웃을 내 몸과 같이 사랑하는 과정을 통해서 드러난다.

그럼 복음이해가 공동체적으로 드러나는 장면이란 도대체 어떤 상황을 두고 하는 말일까? 성경은 성화를 공동체적으로 설명한다. 거룩한 사람이라는 의미의 성인(聖人)을 단수로 사용하지 않고 '거룩한 무리'라는 의미로 사용한다. 성화의 삶이 개인이 경건하게 생활하는 것에 의해서 좌우되는 삶이 아니라 공동체 안에서 이뤄지는 삶이라는 점을 보여 준다. 신앙생활은 삼위일체 하나님을 사랑하고 이웃을 내 몸과 같이 사랑하는 삶이다. 하나님과의 관계, 이웃과의 관계, 자신과의 관계가 사람 편에서 삼위일체적인 구조다. 성부와 성자와 성령께서 사랑의 교제를 나누시는 삶에 성자 예수를 인해서 우리가 초대받은 삶이다. 성부와 성자의 사랑의 교제와 사랑의 교제를 중재하시는 성령의 연합하게 하심을 따라 우리도 성자 예수와 연합하고 성자 안으로 들어감으로 성부와의 사랑의 교제에 초대를 받았다.

그렇게 사랑의 교제를 나누는 교제는 위로부터의 교제이며 이렇게 위로부터의 교제는 아래로부터의 교제인 성도간의 교제에도 그대로 반영이 된다. 우리 주님께서 마태복음의 종말강화(25장)을 통해서 "내 형제 중에 지극히 작은 자 하나에게 한 것이 곧 내게 한 것"[82]이라고 하신 말씀에서 확인할수 있듯이 성도의 삶은 곧 교회의 머리이신 그리스도와 연합된 삶이며 몸이 된 교회에 대한 돌봄과 섬김은 머리이신 그리스도가 누리는 성부와의 교제에의 참여로 귀결된다. 한 성도의 공동체적 경험은 그가 만나는 하나님에 대한 심상을 새로 형성한다. 이것이 어머니인 교회가 그를 양육하는 과정에서 우리 심령에 배인 정서로서의 신학이다. 대부분의 신학생들이 자신이 속한 교회가 지녔던 이런 분위기를 벗어나서 신학교에서 배운 것을 따라서 신학을 구성하지 못하고 원래 교회에서 배웠던 것을 그대로 가지고 졸업하는 것이 대부분이다. 이는 어머니인 교회의 돌봄과 거기서 몸으로 배운 것들의 중요성을 보여 주며 동시에 교회가 거짓된 가르침에 노출될 때 신학 교육만으로 그것을 바꾸는 것이 얼마나 어려운지도 보여 준다.

이처럼 삼위일체적인 삶은 이렇게 공동체의 교제 속에서 습관과 덕으로 자신도 모르게 삶의 양식으로 몸에 베이게 된다. 프로이트는 건강을 "사랑하고 일하고, 일하고 사랑하라, 그게 삶의 전부다."[83]이라고 말한 바가 있는데, 삼위일체적인 공동체의 교제도 이와 크게 다르지 않다. 제대로 일하기 위해서, 그리고 제대로 사랑하기 위해서는 우선은 잘 알려진 자존감과 비슷한 개념인 자기표상이 건강해야 한다. 양육자와 애착을 잘 형성한 아이들은 자신에 대해서 긍정적이고 사람들과 좋은 관계를 맺는다. 그러나 애착이 불안정할 경우, 건강한 사회적 관계를 만들기 어렵다.[84] 애착이 불안정적일 때, 아이들은 세상이 믿을 만하다고 느끼지 못하며 자신에 대해서도 긍정적인 감정을 가지기 어렵고 그래서 사회적 관계가 불안정해진다. EBS 특별기획, 아기 성장 보고서 제3부, "애착, 행복한 아이를 만드는 조건"(2006. 5. 3.)에서 불안정 애착을 가진 아이는 어떤 친구에게도 초대받지 못했다. 이는 아이들의 관계가 애착에 의해서 상당히 결정된다는 사실을 보여 준다. 애착에 의해서 형성된 자기표상은 모상인 어머니표상으로부터 분리된 것이다.

예컨대, 지윤 씨는 남자친구가 자기를 배려하지 않고 무시하는 것 같은 태도에 늘 분노의 감정을 느낀다. 그녀는 교회에서 남자 형제들과 교제를 하러 간 남자 친구가 자신에게 문자를 하지 않은 것에서 배려받지 못한다고 느끼며 무시당한다고 느낀다. 그녀의 엄마가 알코올에 의존해서 폭력적인 행동을 보일 때마다 엄마를 이해해 보려는 노력과 배려가 몸에 베여 있기 때문에 생긴 현상이다. 지배적인 그녀의 엄마는 술을 먹을 때마다 그녀를 붙들고 같이 죽자며 자신의 심적 고통들을 딸에게 쏟아 놓았고, 그런 엄마가 측은했던 지윤 씨는 엄마를 보살폈다. 그렇게 보살핌과 배려가 사라지면 엄마가 죽을지도 모른다는 두려움에서 비롯된 행동이었으며 그녀는 평소에 매우 사려 깊고 배려 깊은 행동을 보인다. 그런 그녀가 남자 친구와의 관계에서만큼은 주로 분노하게 되는데 그 분노의 지점이 배려받지 못한다고 느끼는 상황과 무시당한다고 느끼는 상황일 때이다. 그녀의 이런 상황이해는 자신이 엄마와 맺은 관계의 반복이다. 남자 친구의 행동이 자신을 배려하기 위해 노력하지 않는 것으로 이해되고 엄마를 배려하지만 엄마가 함부로 하는 것에 대한 분노이기도 하다. 그녀의 이런 감정은 하나님에 대한 감정에도 그대로 투영되었다. 자신 안에서 평안을 경험하는 날보다 그렇지 못한 날들이 더 많고 그런 때마다 이런 내가 복음을 제대로 알고 있는 것인지를 의심한다. 그녀는 건강한 교회에서 건강한 복음을 듣지만 그녀의 원가정의 왜곡이 그녀가 들었던 복음을 왜곡한다.

칼빈은 교회를 어머니에 비유해서 "그들이 유아와 어린아이 시절 동안만 교회의 도움과 봉사로 양육받을 뿐 아니라 어머니와 같은 교회의 보호와 지도를 받아 어른이 되고 드디어는 믿음의 목적지에 도달하게 하시려는 것"[85]이라고 설명했으며, 키프리아누스는 "너는 교회를 너의 어머니로 가지지 않는다면 하나님을 너의 아버지로 가질 수 없다"[86]고 했다. 교회가 어머니라는 말은 아이가 엄마와 애착을 하면서 세상과 자신에 대해서 긍정적인 인식을 갖고 사회적 자원을 얻는 것처럼 들었던 복음에 대해서 긍정적 인상을 마음에 가지므로 자기표상과 하나님표상이 성경의 메시지를 듣고 받아들이기에 적합한 상태가 되도록 하는 과정이라고 할 수 있다. 앞서 지윤 씨의 모습에서 볼 수 있듯이 일상에서 두려움과 분노로 고통을 받는 그녀는 교회로부터 엄마가 그녀의 삶에 드리웠던 인상들을 지우고 건강하고 긍정적인 정서를 가질 수 있어야 한다. 믿음이 건강하게 그녀의 삶에 침투되어서 하나님표상의 기초가 형성되었더라도 율법주의와 율법폐기주의와 같은 문제가 생기는 이유는 우리 심령에 생긴 하나님표상의 왜곡, 곧 우상화된 심상과 거기에 결탁된 자기표상이 문제를 일으키기 때문이다. 그리고 이 왜곡은 바로 바른 복음을 듣는 일뿐만 아니라 우리 심상에 남은 자기표상과 하나님표상의 수정을 통해서만 가능한 일이다.

그리고 이 일은 공동체 안에서만 가능하다. 믿음이라는 것이 기본적으로 그 속성이 주입된 습관의 속성을 지니지만 그 주입된 잠재적 형태의 우리의 자질은 은혜의 수단과 공동체의 사랑의 경험들 속에서 현실태의 모습을 띠게 되기 때문이다. 아이가 엄마의 뱃속에 잉태되었다고 제대로된 사람 구실을 하는 것이 아니라 가정에서 돌봄과 양육을 통해서 사람으로서 사회적 역할을 하고 사랑하며 일할 수 있게 되는 것처럼 한 사람의 영적인 출생도 같은 방식으로 교회 공동체 안에서 비로소 성화되어 가는 사람으로서 제대로 구실을 할 수 있게 된다. 이런 일은 공동체의 돌봄을 받을 때, 제대로 기능적으로 나타난다. 이 책의 목적은 이런 공동체적 기능이 거의 상실되어진 현대 교회에 다시 이 생명력을 불어넣으려는 데 있다.

CHAPTER 04
핵심감정 공동체, 그 인간 이해

성경이 말하는 인간은 기본적으로 관계적 존재다. 하나님은 사람을 지으실 때, 관계를 목적으로 지으셨다. "만물을 다스리라"는 명령은 자연만물과의 관계를 반영하며 그 다스림은 하나님과 무관한 다스림이 아니라 하나님의 창조의 목적을 반영하는 것이므로 역시 하나님과의 관계의 반영이며 하나님의 다스림을 실천하는 대리인이라 할 수 있다. 아담이 동물들의 이름을 짓는 것은 그들에 대한 사람의 지배력을 보여 준다. 피조물이 하나님의 아들의 구속을 탄식하며 기다리는 데서 이 관계의 깊이를 엿볼 수 있다.[87] 피조물뿐만 아니라 창조주이신 삼위 하나님께서도 관계적 존재이시다. 성부는 성자를 사랑하셨다.[88] 성자도 성부를 사랑하셨다.[89] 그렇게 영원 전부터 성부와 성자는 사랑의 관계에 계셨고 우리를 그 관계로 초대하셨다.[90] 성부와 성자의 이런 사랑의 관계는 성령의 중재를 통해서 드러난다.[91] 성령은 우리를 그리스도와 성부께서 나누시는 사랑의 관계로 초대하신다. 우리가 축도마다 듣는 성령의 교통하심이란 바로 이 사랑의 중재로 우리를 이끄심을 말한다.

하나의 동일본질이면서도 세 개의 다른 위격(인격)으로 영원 전부터 교제하시는 삼위 하나님의 교제와 경륜처럼 사람도 그렇게 하나님과 교제하도록 지어졌고 이웃과 교제하도록 지어졌다. 한 사람이 하나님과 이웃과 교제할 수 있는 것은 핵심감정 공동체의 세 가지 원리에서 설명한 사랑과 미움의 추동 때문에 가능하다. 이는 관계를 맺는 힘이며, 인터넷 서핑을 할 때 만나는 웹페이지가 내 컴퓨터에 남긴 쿠키파일과 흡사한 면이 있다. 우리가 어떤 웹페이지에 방문하면 그 페이지를 빨리 찾을 수 있도록 내 컴퓨터에는 그 페이지의 흔적이 남는다. 이것을 쿠키파일이라고 한다. 이 쿠키파일 때문에 수없이 많은 인터넷 주소들 중에서 내가 방문해야 할 주소를 틀림없이 빠른 시간에 접속할 수 있게 된다. 비슷한 방식으로 우리 안에 사랑과 미움의 추동은 하나님과 이웃, 그리고 자신에 대한 이미지 파일을 남겼다. 우리가 타인의 행동을 쉽게 이해할 수 있고 그들을 쉽게 알아차릴 수 있는 것은 쿠키파일처럼 우리 안에 생긴 자기표상, 타자표상, 하나님표상 때문이다. 우리는 이 표상들을 통해서 한 개인이 믿음, 의도, 욕구, 거짓, 지식 등의 정신 상태를 자기와 타자에게 적용해 믿음, 욕구, 의도와 관점이 서로 다르다는 것을 이해할 수 있게 된다. 하나님과 이웃에 대해서도 그와 같은 이해가 가능해진다. 이것을 마음이론(Theory of Mind)이라고 한다.[92] 율법의 근본정신도 "무엇이든지 남에게 대접을 받고자 하는 대로 너희도 남을 대접하라. 이것이 율법이요 선지자니라(마 7:12)"[93]라는 말씀, 곧 황금률에 의해 이런 원리를 보여 준다. 자신의 마음을 이해하고 그것을 근거로 다른 사람을 이해하게 되는 것이다. 인간의 발달과정에서 자기표상과 어머니와 주요 양육자를 원형으로 하는 중간대상은 같이 발달한다.[94] 처음에는 양육자와 자신을 동일시하다가 좋음과 나쁨이 하나의 대상을 인지하게 되면서 양육자와의 관계가 is 관계에서 like 관계로 변하게 되는데 이 과정에서 발달하는 전능한 환상과 거기서 비롯된 중간대상이 하나님표상이다.[95]

물론 하나님표상은 신학적 관점에서는 종교의 씨이며[96] 하나님으로부터 비롯된다. 그러나 아담의 최초의 죄로 말미암아 우리 안에 획득된 죄의 내적인 자질로 인해서 우리 안의 하나님표상은 우상으로 왜곡된다. 이 표상의 왜곡은 결국 타인에 대한 사랑의 관계의 왜곡을 부른다.

인간은 서로에게 구분되는 타인이다. 마음이론이 발달해 있을수록 사태를 더 사실적으로 파악할 수 있다. 알코올 중독자나 자폐증 계열의 장애를 가진 사람들은 이 능력이 현저히 낮아서 타인의 마음을 제대로 이해하지 못한다. 핵심감정의 지배를 강하게 받는 경우도 마찬가지다. 의처증은 사실관계들로 남편과 아내를 이해하는 것이 아니라 자기 마음의 왜곡으로 현실을 왜곡해서 이해한다. 어떤 점에서 핵심감정은 자기 마음의 생김새를 세상과 타인, 하나님께로부터 확인하는 것이라 할 수 있다. 사랑과 미움은 타락한 우리 몸과 영혼에서는 자기 욕구를 중심으로 작동한다. 같은 방식으로 하나님께서 넣어주신 믿음 역시 사랑과 미움이 움직이는 방식으로 움직이며, 믿음이 움직이는 방식을 성경이 '영'이라고 표현하고 우리 부패한 본성이 움직이는 방식을 '육'이라고 표현했다. 그리고 영과 육이 각축을 벌이는 전장이 바로 우리의 마음이다.

그런 점에서 대화란 이렇게 서로 다른 존재로서 서로를 배워가는 것이며, 하나님을 알아가는 과정이라 할 수 있다. 그것이 신적 대화가 될 때는 기도라 할 수 있고 이웃과의 관계에서는 대화라 할 수 있을 것이다. 진정한 의미의 구원은 이런 소통이 가능하게 되는 것을 말한다. 핵심감정이란 플라톤의 동굴의 비유[97]에 나온, 묶인 채 동굴 벽을 보고 있는 사람처럼 현실로서 하나님과 이웃을 보지 않고 동굴에 비친 그림자로서 하나님과 이웃을 바라보는 태도를 말한다. 핵심감정은 그런 점에서 마치 자기복제를 하지만 스스로는 생명을 유지할 수 없어 다른 유기체에 기생하면서 유기체의 생명을 위협하는 바이러스와 같다. 거기에 다름이란 들어설 여지가 없다. 하나님께서 삼위로 계시는 것은 성부의 무한 증식을 위한 자기 복제가 아니다. 오히려 자기 제한과 위탁을 통한 진정한 의미의 대화의 상대로서 성자와 성령과 동거하는 분이시다. 우리는 삼위 하나님과 같은 형상으로 창조함을 입었다. 우리가 다르다는 것을 서로 인정하는 것이 건강한 관계맺음의 출발점이다.

그것은 우리 역시 대화가 가능한 존재라는 의미이며, 그 대화의 단초가 우리 안에 있다는 의미다. 우리 생명의 근원으로부터 자기상, 하나님표상, 타자상이 관계맺음을 통해서 형성된다. 우리 안에는 자기와 타인, 그리고 하나님의 이미지가 있다. 정서의 형태로서 있는 이 이미지는 인간의 가장 근원적인 사고의 형태이기도 하다. 우리가 꾸는 꿈은 이런 근원적 형태의 사고의 방식을 보여 준다. 돼지꿈이 한국인에게 돈을 의미하는 꿈인 까닭은 돈에 대한 이미지와 은유가 한자로 '돈(豚)'의 음을 가진 돼지로 응축되고 대치되기 때문이다. 이런 이미지들의 집합으로서 자기상, 타자상, 하나님 표상이 우리 안에 있고 이것을 통해서 우리는 하나님과 이웃, 그리고 자신과 소통할 수 있게 된다. 이 신화적 상징들은 인간의 특징이기도 하며 종교성의 기원이기도 하다. 모든 우상은 이 압축된 이미지들의 조합에 의해서 생성되었다. 종교적 상징물들은 우리가 삼위 하나님을 버린 자리를 대체하게 되었다. 이 책은 진정으로 거듭난 그리스도인의 삶에서 이런 우상의 흔적들을 찾아내고 우리가 서로 교제하지 못하도록 하는 진정한 소통을 방해하는 요인들을 밝히고 진정한 의미의 소통과 교제적인 인간을 구현하는 데 그 목적이 있다.

성경이 말하는 사람

성경이 말하는 사람은 기본적으로 두 가지로 구성되었다. 하나님은 흙으로 사람을 빚으셨고 생기를 불어넣으셨다. 그리고 흙으로 빚었으나 사람은 하나님의 형상으로 지으셨다고 말한다. 아마도 인간이 다른 동물들과 달리 수많은 이미지들을 표상할 수 있고 그 이미지들을 통해서 세상에 존재하지 않는 존재를 상상할 수 있는 것도 이런 데에 기원을 두고 있을 것이다. 흔히 고대적 우상으로 표상된 존재들은 모두 다양한 이미지들의 복합체이며 이 복합적 이미지들, 예를 들어 소의 머리를 하고 사람의 몸을 한 신농(神農), 사람의 상체를 하고 뱀의 하체를 한 여와(女媧)와 같은 우상을 들 수 있다. 성경에서 가장 대표적인 우상은 소를 숭배하는 신앙이다. 이것은 애굽에서 시작되었는데, 소의 머리를 한 사람의 형상을 '아피스(Apis)'라고 부르며 태양신의 성육신으로 숭배했다. 이 신앙은 지중해 전역으로 확산되었다. 특히, 블레셋과 두로의 신인 '바알(Baal)'은 황소신으로 '호통치고 고함을 지르는 자'란 뜻이며, 황소신은 폭풍의 신이자 다산의 신이었다. 지중해의 황소신은 암소 여신 아스다롯(Astarte)를 동반했는데, 그들은 온갖 창조활동을 지배했다. 해양 무역을 주로 하던 두로와 블레셋을 통해서 지중해 전역으로 퍼져 나갔다. 미노아의 소 숭배 신앙을 그리스인들이 나름 해석한 것이 미노타우로스 신화이기도 하며, 출애굽했던 이스라엘이 금송아지를 만든 것도 이런 맥락과 관련이 있다. 인도-오리엔트 문명에 등장하는 광명신 미트라(Mithras)는 신성한 황소를 희생제물로 죽임으로써 우주가 창조되었다고 말한다. 인도의 힌두교는 여전히 소를 신성시하는데 이는 이런 역사적 흔적들이다. 우리나라도 크게 다르지 않았다. 조선은 선비 다음으로 농민을 두었고 조상신을 뜻하는 종묘(宗廟)와 토지신을 뜻하는 사직

(社稷)을 나라의 근간으로 두었는데 시경에 등장하는 백성에게 농사를 가르쳤던 후직(后稷)을 태(邰)에 봉했는데 이를 기려 그를 곡식과 농사의 신으로 삼았다.[98] 곡식의 신인 직(稷)과 토지의 신인 사(社)를 합쳐서 사직이라 칭했으며, 종묘사직은 그래서 나라의 근간을 뜻했다.

바울은 "썩어지지 아니하는 하나님의 영광을 썩어질 사람과 새와 짐승과 기어다니는 동물 모양의 우상으로 바꾸었느니라"라고 말한다(롬 1:23). 이 구절이 함축하는 바는 이 우상의 이미지들은 하나님의 영광의 대용품이라는 점, 우상이 종교적 기능을 가졌듯이 원래 하나님의 영광을 반영하는 상태는 종교적 기능을 하는 영역이라는 점, 우상의 형성 방식 곧 각양의 이미지의 융합과 복합은 창조 질서의 혼돈이라는 점, 동시에 이 융합은 하나님의 창조적 능력의 반영이라는 점 등이다. 뿐만 아니라 이 이미지들은 자연 상태의 식물군락이나 동물 집단 이상의 공동체를 형성하는 데 역할을 한다. 예컨대, 아브라함을 종교적 조상으로 둔 그룹은 개신교, 가톨릭, 정교회들, 이슬람에 이르기까지 세계 인구의 절반에 이른다. 이는 단지 혈통 이상의 군집과 공동체를 만드는 인간이 지닌 종교적 힘이다. 현대 사회는 이 심볼들을 사용해서 국가나 기업 등을 이루며, 이들 역시 종교적 기능을 한다. 빌립보 간수에게 국가주의는 종교적 기능을 했다. 오늘날 가장 강력한 우상 중 하나인 정치도 이와 같은 국면을 지닌다. 그리고 여기에 사용된 이미지들은 인간이 발달 단계상 가장 시초에 형성되는 사고의 단면을 보여 준다. 인간이 종교적이며 영적이라고 불리는 이유이기도 하다. 동시에 성경이 하나님을 어떤 형상으로도 묘사하기를 금하는 이유이기도 하다. 이는 인간의 부패한 상황을 보여 주는 것이다. 창조라는 질서 매김을 다시 혼돈과 공허로 되돌리는 오류이기도 하다. 실제로 바울은 로마서 1장에서 이 우상숭배를 논하면서, 남녀의 정상적인 생육법의 혼란으로서 변태적 성애와 동성애를 언급하고 있다(롬 1:24-27).

이는 인간의 창조 과정의 독특성에서 그 기원을 둔다. 하나님께서는 모든 동물을 암수로 지으셨지만 사람만은 아담을 지으시고 그의 갈비뼈를 취하여서 하와를 지으셨다. 그리고 하와를 지으시기 전에 동물들을 불러서 그 이름을 짓게 하시는데, 마치 동물 중에 그 배필을 찾다가 없어서 하와를 창조하시는 뉘앙스를 풍긴다. 특히 창세기 2장 20절은 그런 느낌을 준다. 뿐만 아니라 말라기 2장 15절은 "그에게는 영이 충만하였으나 오직 하나를 만들지 아니하셨느냐. 어찌하여 하나만 만드셨느냐. 이는 경건한 자손을 얻고자 하심이라 그러므로 네 심령을 삼가 지켜 어려서 맞이한 아내에게 거짓을 행하지 말지니라"라면서 이런 창조의 과정이 경건한 자손을 얻기 위함이라고 말씀하신다. 자연계의 모든 동식물은 그 번식의 시기가 정해져 있다. 그에 비해 사람은 성이 단지 번식의 수단으로만 사용되지 않고 서로의 사랑을 확인하고 신뢰하는 일종의 의례(ceremony)처럼 사용된다. 뿐만 아니라 로마서는 우상숭배의 결과로써 남녀의 성적 혼란을 설명한다(롬 1:26-28). 그리고 앞에서 설명한 대부분의 우상적 제의(祭儀)들이 성적 난잡함과 연결되어 있다. 예컨대, 바알 숭배는 황소신은 바알과 암소신은 아세라가 성적인 교합으로 비가 내린다고 생각했다. 호세아서에 나오는 음행들은 이런 내용을 배경으로 한다. 동시에 이런 성적 타락은 아담과 하와가 한 몸을 이루는 관계로 창조되어 있음을 오히려 드러내 주고 있다. 말라기가 말한 것처럼 사람은 다른 피조물과 달리 영이 충만함에도 하나를 지으심으로 경건한 자손을 얻고자 하는 하나님의 디자인의 반영이며, 타락은 이것의 왜곡과 붕괴를 의미한다.

이는 하나님의 존재의 반영이기도 하다. 동일본질이시면서 각기 다른 세 위격으로 계시며 상호침투(Perichoresis)하심으로 세 위격으로 계시나 하나이신 것처럼 남녀의 창조 역시 이런 존재적 특성의 반영이라고 할 수 있다. 상호침투를 의미하는 페리코레시스는 갑바도기아 교부들이 사용한 용어로 원래 윤무(輪舞)를 의미한다. 원을 그리며 춤추는 사람들이 안으로 들어가고 밖으로 나오는 과정을 유비로 사용해서 삼위 하나님을 설명했다. 그래서 이 용어를 번역할 때, 상호내주 혹은 상호내재 등으로도 번역한다. 남녀의 성적 교감은 단지 육체적인 관계만을 담지 않고 한 인격 내에 타인을 이해하는 상호내재의 인격적 특질을 반영한다. 자기이해가 타인에게 반영되며 그 차이점을 인식할 수 있게 된다. 그렇게 몸과 영혼이 지닌 추동이 산출해 내는 이미지들의 집합이 자기상, 타자상, 하나님표상이다. 이 구조 자체가 하나의 본질을 지닌 채 자기 안에 타인과 하나님을 이해할 수 있는 틀을 지니고 있으며, 동시에 상호내재가 가능한 형태다. 이는 프로이트가 "자아는 나뉠 수 있고 여러 기능에 따라 적어도 일시적으로 분열한다. 이렇게 쪼개진 자아는 나중에 다시 통합될 수 있다"[99]라고 말한 실제적 의미다. 실제로 신약은 성령의 내주가 그리스도의 십자가 대속과 부활의 목적이라는 점을 분명하게 한다. 그런 점에서 사람의 존재는 삼위일체적인 구조로 이루어져 있고 동시에 관계적이고 대화를 위한 체계라 할 수 있을 것이다.

그리고 이런 심상의 사회적 관계성은 우리 몸과 밀접하게 연관되어 있다. 핵심감정이란 용어를 처음 사용한 이동식은 임상 경험을 통해서 궤양성 대장염 환자가 정신치료를 통해서 회복되는 여러 사례를 보고한다.[100] 최근 허준렬 박사가 이끄는 하버드 면역학팀은 임신한 생쥐가 특정 세균에 감염되면 어미 생쥐에게 Th17이라는 면역세포가 만들어지고 이 때문에 새끼 쥐는 자폐 증상이 생기는데 이를 이용해서 연구팀은 Th17 세포를 생성하는 절편섬유상세균(SFB)을 장에서 제거하자 새끼 쥐의 자폐 증상이 사라지는 것을 확인했다.[101] 이는 장이 제2의 뇌로서 기능할 가능성을 열어 놓은 연구로 인간의 뇌와 마음, 그리고 장이 서로 연계되어 있음을 보여 주는 지식의 관문 역할을 할 것으로 전망된다. 이미 비만과 장내 세균과의 연관성은 여러 경로로 확인되고 있다.[102] 이처럼 우리 몸은 뇌에 신호를 주고 뇌는 몸의 변화를 불러온다.

뿐만 아니라 성경은 인간의 주요 장기를 인간의 마음과 밀접하게 연관 짓는다. 몸과 영혼의 추동은 우리 마음에 표상을 일으키고 그 표상을 통해서 우리는 세상과 소통하며 세상의 존재들이 우리 마음에 내주하게 된다. 성경에서 몸은 영혼의 좌소로 묘사되었다. 실제로 구약에서 감정은 신체의 장기로 묘사된다. 예컨대, 콩팥은 비유적으로 인간성의 가장 깊숙한 내면을 가리킨다(시 7:9_양심, 욥 19:27_마음, 시 26:2_뜻). 신약도 크게 다르지 않아서 사람의 의지나 감정을 가리킬 때 콩팥이란 단어를 사용했다(계 2:23). 사람의 마음과 지성을 가리킬 때 심장이란 표현을 썼다(창 6:5-6).[103] 인간의 몸과 영혼, 그리고 마음은 서로 밀접한 연관을 맺고 있으며 이렇게 인간은 이것이 우리 마음에 표상하는 세 가지 표상, 곧 자기상, 하나님표상, 타자상을 통해서 세상과 소통하는 존재다.

하나님의 형상으로서 사람과 그 의미

조직신학자들은 하나님의 형상을 넓은 의미와 좁은 의미로 설명한다. 넓은 의미는 인간의 영혼, 도덕성, 몸 등을 포함하며 타락 후에도 완전히 제거되지 않고 여전히 남아 있는 것으로 묘사한다. 그에 비해 좁은 의미의 하나님의 형상은 참지식, 의, 거룩함(엡 4:24, 골 3: 10)으로 그리스도께서 회복하신 하나님의 형상으로 묘사되며 아담이 타락하기 전에 부여받았던 은사로 타락과 함께 상실한 것으로 묘사했다. 중세 신학은 타락을 단지 이 형상의 상실로만 해석함으로 인간이 스스로 구원 얻을 가능성을 열어 두었고, 이 때문에 종교개혁자들은 타락이 단지 이 좁은 의미의 하나님의 형상의 상실뿐만 아니라 우리 본성이 죄로 기울어진 것을 더 강조해서 설명했다. 이 좁은 의미의 하나님의 형상을 다른 표현으로 원죄와 반대되는 개념으로 '원의'라고 표현한다.

　무엇보다도 하나님의 형상은 인간의 존엄성을 드러내주는 핵심적 개념 중 하나다. 성경은 인간 존재를 천사와 비교할 수 없는 존재로 묘사한다. 하나님은 천사의 타락을 위해서 십자가를 지시지 않으셨으나 사람의 타락을 위해서는 자기를 제한하시며 가장 사랑하는 성부와 성자의 사랑의 관계를 저버릴 만큼 인간을 사랑하셨다. 인간이 그럴만한 능력이 있어서가 아니라 무엇보다 하나님의 크신 자비와 사랑에 그 근거를 두지만 그렇게 사랑받는 존재인 이유는 무엇보다 사람이 하나님의 형상으로 지음을 받은 존재라는 사실이 그 근거 중 하나일 것이다. 하나님의 형상이 인간이 지닌 관계성의 핵심이며, 이 핵심은 인간의 원의에 그대로 담겨 있다. 인간이 타락함으로 원의를 상실함으로 하나님과의 관계성에 훼손이 생긴 것도 이런 점을 방증해 준다. 참지식은 믿음을 통해서 회복된다. 칼빈은 믿음을 하나님을 아는 지식이라고 했고 이는 하나님표상과 밀접하게 관련이 있다. 의는 자기표상과 관련이 깊고 소망의 덕을 통해서 회복된다. 거룩은 타자표상과 관련이 깊고 주로 사랑의 덕을 통해서 회복된다.[104] 이와 관련한 더 자세한 논의는 『핵심감정 성화』를 참고하기 바란다.[105]

인간이해 모델의 3가지 요소

인간이해 모델은 중생자와 구도자를 함께 설명하는 모델이다. 더 자세한 내용은『핵심감정 탐구』를 참고하기를 바란다. 사실 알고 보면 그렇게 어렵지 않은데 경험이 없어서 어렵다고 느끼는 내용을 가능한 쉽게 풀어내고자 했다.

내가 진정으로 원하고 바라는 것은?

욕동이란 표현은 몸에 초점을 둔 우리의 동기를 의미하며, 욕동이 우리 마음에 영사기가 스크린에 영상을 비춰 그 이미지를 드러내는 것처럼 우리 몸과 영혼은 그 힘이 우리 마음에 이미지 형태로 표상된다. 몸이 마음에 표상하는 것을 추동이라는 표현을 썼고 영혼이 마음에 표상하는 것 역시 추동이라는 표현을 썼다. 욕동은 몸과 연관할 때만 사용했다. 몸과 마음의 추동이 마음에 이미지를 표상하고 이 왜곡된 이미지는 우리로 죄로 기울어지게 하는데 이것을 성경은 "육" 혹은 "육체", "육체의 소욕" 등으로 묘사했다. 이렇게 죄로 기울어지는 추동으로서 몸과 영혼은 우리 마음에 이미지를 투사하는데 세 가지 방식으로 이미지가 응집된다. 그것이 바로 자기상, 하나님표상, 타자상이다. 이 표상들은 내면에서 서로 상호침투하며 영향을 주고받는 감정세력으로써 서로 묶여 있다.

한편 신학에서는 또 다른 형태의 추동을 말하는데 그것이 바로 믿음의 추동이며 믿음 역시 우리 마음에 이미지를 표상하는데 하나님표상의 왜곡된 이미지 위에 새롭게 성경과 계시를 통해서 드러난 하나님표상이 우리 마음에 새겨지도록 하는 역할을 한다. 이 믿음이 몸과 마음의 추동을 하나님께로 돌려놓은 것을 성경은 "영" 혹은 "성령의 소욕"과 같은 표현을 사용했다. 건강한 사람은 실제 외부의 대상과 직접적인 관계를 맺고 거기서부터 정보를 지속적으로 받으며 내부의 상을 수정해 간다. 물론 우리 내면의 욕망 때문에 이 수정이 영적인 방향으로 수정되는 것은 아니지만 현실적응에 유리하도록 수정해 간다. 그런데 문제가 있을수록 내부와 외부 사이에 단절이 심하고 상호침투가 일어나지 않으면서 내적인 표상들의 관계도 특정한 방식으로 구조화되어 있고 외부적인 힘의 내적인 표상을 이용해 내면의 욕망이 밖으로 표현되는 것을 억압하고 있다.

예를 들어, 불안으로 인해 강박을 증상으로 형성한 사람은 내부적인 불안이 밖으로 분출하는 것을 막기 위해서 하나의 의식(liturgy)을 형성한다. 집에 사고가 날 것 같은 불안감을 통제하기 위해서 문을 여닫는 행위를 수없이 반복하면서 자신의 내면적 불안을 통제하는데 문을 열고 닫는 행위는 외적 행위이지만 이 행위가 문제가 아니라 내면의 불안이 밖으로 분출하는 것을 막기 위해서 이처럼 의식이 발달한 것이 바로 강박이다. 이렇게 외적 대상이 없는 것처럼 보이는 증상이지만 이런 불안은 외적 대상에 대한 미움이 밖으로 표출될 것 같음에 대한 불안이며, 이 불안은 자신의 행동을 통제하던 중요인물의 억압적 양육태도와 관련이 있다. 자신의 실수가 큰일로 번질 것 같은 불안이다.

의존적인 사랑의 욕구가 좌절되고 그것이 미움으로 나타나는 일은 몸을 가진 인간의 자연스런 정서이다. 그런 정서가 외적 환경에 의해서 통제하고 조절할 수 있도록 하는 것이 교육이라고 할 수 있는데 이 과정이 아이가 감당할 수 없는 범위를 넘어설 때, 자기의 자아보다 큰 미움을 통제하기 위해서 외부적인 증상과 문제행동을 동원하는 것이다. 이렇게 엄격하게 자동화된 내적인 태도와 습관을 핵심감정이라고 하고 이 일은 모두 원하고 바라는 것으로 드러난다. 추동이든지 욕동이든지 그것이 무엇으로 우리 마음에 표상되든지 결국 모든 것은 그가 무엇을 원하고 바랐는지 하는 데서 다 드러나게 되고 사람들이 직접적으로 느끼는 실제적인 부분이라고 할 수 있다. 『핵심감정』 시리즈를 읽을 때, 추동, 욕동, 표상은 모두 우리가 원하고 바라는 것을 우리 마음이 어떤 식으로 취급해 왔는가 하는 것으로 드러난다는 의미다. 그래서 굳이 이론적 설명과 공부가 필요 하지 않은 사람들은 추동이나 욕동 같은 다소 섬세한 용어들에 마음을 빼앗기기보다 '내가 정말 원하고 바라는 것이 무엇인가?' 하는 문제에 집중해야 한다. 결국 이 질문은 "내가 누구인가?"라는 질문이기도 하지만 내가 누구냐는 질문은 다소 철학적이며 인문학의 요소를 지니고 있어서 이것도 현학적으로 흐를 수 있다. 그러나 이 질문을 "내가 정말 원하고 바라는 것이 무엇인가?"로 치환해서 묻게 되면 자신만의 매우 특이한 지점이 드러나게 된다.

원하고 바라는 것은 바로 다음에 다루게 될 좌절로서 감정과 대상과 밀접한 관련이 있다. 마치 닭이 먼저냐 알이 먼저냐 같은데 사람은 자기가 만족을 누리는 것을 원하고 바라지 않는다. 예컨대, 건강한 사람은 건강이 소원일 수 없는 것이다. 그들에게는 그것이 당연한 것이지만 한 며칠 병원에 입원하게 되면 곧바로 이전에 당연하다고 생각했던 건강이 얼마나 소중한가를 느끼게 된다. 그럼 다시 내가 무엇인가를 간절히 원하고 바란다는 것은 그 부분의 좌절이 있다는 것을 의미한다는 점을 알 수 있다. 그래서 이 원하고 바라는 것이 결국 그의 사명이 된다. 예컨대, 가정이 매우 건강하고 의사소통도 잘되고 문제가 없는 집에서 가정사역자나 상담사역자가 나오지 않는다. 상담사역자는 항상 역기능적 가정이나 그와 같은 내면적 문제로 고통받으면서 그것을 해결하려는 사람들 중에서 나온다. 역설적이게도 그래서 상담자가 더 건강하지 못한 경우가 있을 수 있다. 가부장적 권위에 대한 반감이 큰 사람들이 사회운동에 투신하게 되는 경우가 많은 것도 이런 이유다. 이처럼 내가 원하고 바라는 것은 내가 겪은 좌절과 서로 맞붙어 있으면서 그것을 극복해 가는 과정이 일종에 사명을 위한 수련의 과정처럼 된다. 마치 요셉이 애굽의 총리가 되기 위해서 바로의 집에 있던 왕의 신하들을 가두는 감옥의 경험을 통해 왕궁의 일과 정치를 듣고 배워서 국난의 위기를 만난 바로에게 곧바로 충고할 수 있었던 것과 같다.

원하고 바라는 것은 한마디로 하면 사랑과 인정이다. 이 사랑과 인정은 항상 대상을 함의한다. 대상으로부터 받아야 하는 것이다. 이 부분은 "자기에게 충실하기"에서 자세히 다룬 바 있다. 참고하기를 바란다.

원하는 것의 좌절로서 감정과 대상들

역설적이게도 심리적 좌절은 정신 건강과 영적 건강에 예방주사가 된다. 이스라엘의 40년 동안의 광야 경험은 죄로 인한 좌절의 경험이면서 동시에 구원의 경험이다. 성경은 항상 구원과 죄를 함께 다룬다. 죄로부터의 구원이기 때문이기도 하지만 구원이란 죄를 잊는 것이 아니라 죄에 다시 빠지지 않는 것이어야 하며, 따라서 죄를 잘 모르고는 구원을 알 수가 없다. 알코올 중독자가 알코올이 가져다주는 만족감을 여전히 크게 생각하고 그것이 자신에게 남긴 피폐함을 잊는다면 결코 알코올에서 자유로워질 수 없다. 알코올에서 해방되려면 그것이 자신에게 남긴 달콤함보다 그 피폐함이 훨씬 크게 느껴져야 하며 알코올의 달콤함을 대신할 새로운 욕구가 필요하다. 없애는 것만으로는 벗어날 수 없다. 실연의 아픔을 잊는 가장 좋은 방법이 새로운 사랑을 만나는 것인 것도 같은 이유다.

죄에서 벗어나는 길은 죄를 싫어하는 것과 동시에 하나님과 그 영광에 대한 기쁨이 있어야만 가능하다. 인간의 심리적 좌절은 구원을 바라보게 한다. 역설적이게도 절망을 모르는 자는 구원을 모르며 고통을 지워 버린 자는 복음에서 멀어진다. 고통은 형벌이기도 하지만 동시에 하나님의 긍휼과 구원의 손길인 이유도 이 때문이다. 이 좌절의 암초가 미움이지만 가인이 자신의 이러한 적개의 소원을 다스려야 했던 것처럼 오늘 우리도 이런 다스림을 요청받는다. 그러나 이것을 너무 쉽게 생각한 나머지 그저 억압하는 것으로 이 문제를 해결하려고 들면 무의식으로 숨어든 이 힘은 우리의 의지와 관계없이 우리를 지배하는 힘이 된다. 루터의 표현을 빌리면 이것이 바로 노예 의지이며 핵심감정이 지닌 함의도 여기에 있다.[106]

동시에 미움은 아담이 창조될 때 받은 지배력과 관련이 있다. 만물을 다스림은 이 미움의 힘 속에 잠겨 있다. 우리가 이 힘을 두려움으로 덮어버릴 때, 다스림의 권능도 함께 잠들었다. 인간의 타락으로 인해 하나님과 단절된 채로 자기 임의로 해 버리려는 힘이 미움이며 가인이 아벨의 제사에 대해 가졌던 마음이다. 가인에게 명하신 죄의 소원을 다스리라는 말은 그것을 억압하고 덮어버리라는 말이 아니라 그 근원을 드러내고 돌이켜 하나님께로 돌아서게 하라는 의미로 읽는 게 마땅하다. 당연히 신학적 과정뿐만 아니라 심리학적인 과정도 그 의미를 드러내는 작업이어야 하며 사랑으로 통섭될 수 있도록 해야 한다. 사랑의 좌절이 큰 만큼 쓰라림도 크다. 조금 만나다 만 연인은 쉽게 이별할 수 있지만 오랜 세월 깊이 사귄 연인이 헤어질 때, 그것도 부정이나 배신을 통해서 헤어지게 될 때 그 상대가 겪는 아픔과 상처와 미움은 클 수밖에 없다. 동시에 이게 어려운 이유는 그가 사랑했던 사람이라는 점에서 제대로 미움을 드러낼 수도 없다는 점이다. 윤종신의 노래 "좋니"의 가사를 보면, "니가 조금 더 힘들면 좋겠어. 진짜 조금. 내 십 분의 일 만이라도 아프다 행복해 줘"라는 가사가 나오는데 양가적 감정을 읽을 수 있다. 그런데 이런 감정은 비단 연애관계에서만 아니라 사랑하는 부모와의 관계에서도 마찬가지며 같은 방식으로 우리 자신이 힘든데 연애관계는 판단능력과 자신의 신체와 삶에 대한 자기결정권이 확보된 상태에서 벌어지는 일이라면 아이가 자라면서 엄마와의 관계에서 겪는 이 감정은 자기결정권을 확보할 수 없는 무기력한 상태에서 겪는 일이라는 점이다. 자아도 미숙한 상태에서 이것을 처리하는 내적 과정에서 발달하는 것이 바로 핵심감정인 셈이다.

그 억압으로서 문제행동과 증상의 의미들

증상이나 문제행동의 의미를 잘 이해하는 것의 중요성은 아무리 강조해도 지나치지 않다. 인생의 8할은 해석이다. 이 부분은 "증상은 살기 위한 몸부림이다"라는 부분에서 자세히 설명했다. 그곳을 참고하기를 바란다.

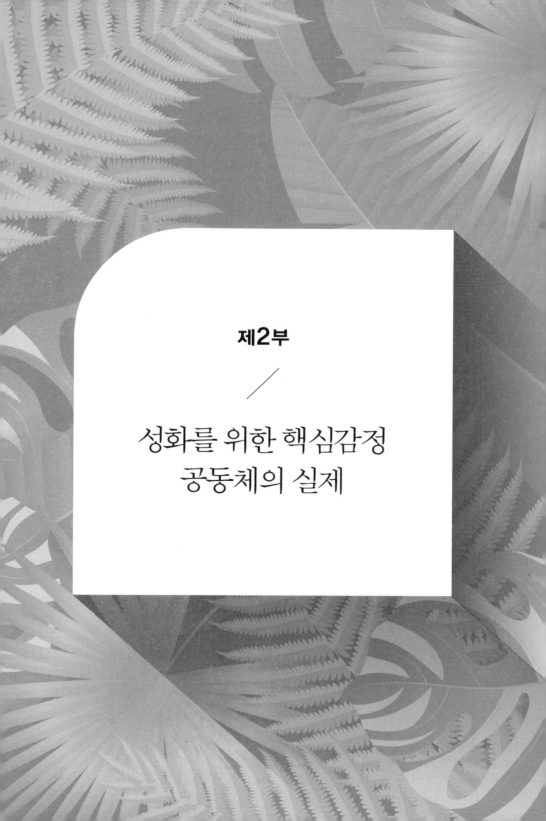

제2부

성화를 위한 핵심감정
공동체의 실제

CHAPTER 01
성화를 위한 공동체의 언어

바벨탑 사건 이후 인류는 소통의 제약을 갖게 되었다. 성령께서 오셔서 오순절의 놀라운 이적을 통해서 성령이 임하신 하나님 나라와 그리스도의 교회는 성령을 통해서 전 인류적인 소통을 꿈꾸게 되었다. 그러나 우리는 여전히 동일 언어를 사용함에도 언어적인 장벽을 경험한다. 예를 들어, 특정한 단어나 말에 걸리는 것이다. "아, 소녀 같으세요"라는 표현에 여리고 나약하다는 인상을 받을 수도 있고, 예쁘고 사랑스럽다는 인상을 받을 수도 있다. 이런 말에 대해서 내가 받는 인상은 내 경험에 그 원천이 있다. 이런 경우, 상대에게 정확한 표현의 의도를 확인하면 되지만 언어에 미숙한 우리는 그만 오해라는 것을 해 버리고 만다. 이솝 우화에 나오는 두루미와 여우의 저녁 식사 초대 같은 것이다. 고양이는 기분이 좋으면 꼬리가 내려가고 개는 기분이 나쁘면 꼬리가 내려간다. 고양이가 꼬리를 쳐드는 것은 경계와 가까이 오지 말라는 표시고 개가 꼬리를 쳐드는 것은 반가움의 표시다. 그러나 서로의 언어를 이해하지 못하고 자기 입장만 생각해 버리면 결국 소통이 일어나지 않는다. 그래서 제대로 된 대화의 모드를 습득하기까지 우리는 우리 판단에 대해서 유보할 필요가 있다.

바벨탑은 이처럼 언어의 장벽만을 만든 것이 아니다. 바벨탑의 언어의 장벽의 본질은 같이 공생적인 일을 하는 데 있어서 서로 간에 의사소통의 장벽이 생긴 것이다. 이런 일들은 우리 주변에 비일비재하다. 그리고 이런 일의 대부분은 논리적인 문제나 사건의 시시비비 문제가 아니라 우리 정서의 문제인 경우가 많다. 자신의 핵심감정을 기초해서 상대를 판단해 버리는 것이다. 이런 판단은 거의 무의식적이어서 자신이 그렇게 생각하는 것이 자신만의 특별한 일이라고 생각하지 않고 사람들이 보편적으로 자기처럼 생각할 것이라고 믿는다. 이것은 이 일이 단지 개인의 감정적인 문제가 아니라 그가 지닌 세계관과 직결되어 있다는 사실을 우리에게 보여준다. 뿐만 아니라 이것은 무의식적인 반응이며, 동시에 전제적인 가정이라는 사실을 보여 준다. 실제로 세계관은 이런 가정적 성격을 지닌다. 사이어(James Sire)는 이것을 의식적으로든 무의식적으로든 견지하고 있는 일련의 전제 혹은 가정이라는 표현을 쓰는데[107] 이는 일종의 한 개인이 자신을 둘러싼 주변인과 상황에 대해서 갖는 일종의 형이상학적인 가정이란 말이다. 이것은 검토되지 않고 반성되지 않으며, 그냥 전제되고 타인도 당연히 그렇게 생각할 것이라고 믿는 그런 내적인 태도를 일컫는다.

물론 세계관을 책상에 앉아서 공부하듯이 배우던 시도들은 늘 있어 왔다. 그러나 자신의 삶과 인생에 대해서 자신이 맞닥뜨린 삶의 정황을 통합적으로 해석해내는 기초는[108] 무의식적이며 전제적이다. 마치 스트레스 상황에서 그 상황을 어떻게 받아들이느냐에 따라서 스트레스를 더 받고 덜받는 일이 일어나고 이런 일은 그가 지닌 정서적 태도뿐만 아니라 몸이 해온 습관과 밀접하게 관련이 있다. 정서란, 그 자체가 몸과 떼려야 뗄 수 없는 관계에 놓여 있다. 폴 히버트(Paul G. Hiebert)는 그리스도인의 회심에 있어서 믿음과 행위, 그리고 그 밑에 깔린 이 세계관이 변하지 않는다면 결국

복음이 뒤집히고 그리스도인 흉내는 내지만 알맹이가 없는 혼합주의 종교를 초래할 것이라고 예측했다.[109] 이처럼 세계관은 사실상 습관을 바탕으로 형성되어야 한다. 특히 그것이 기독교적인 세계관이라면 자연 상태에서 습득하고 가지고 있을 리가 만무하다. 마치 출애굽한 이스라엘 백성을 자연스럽게 모세가 없는 시간을 통해서 떠올린 습관은 애굽에서 행하던 우상숭배였기 때문에 여호와를 금송아지로 둔갑시키고 만 것과 같다.

그러면 세계관이 습관으로 형성된다는 말은 무슨 의미일까? 그것이 바로 대화를 통해서 우리 세계관의 수정을 가하는 훈련을 하는 것이라 할 수 있다. 특히 한국적인 문화는 대화를 좋아하고 사랑방 같은 곳에서 삼삼오오 모여서 자신의 이야기를 늘어놓지만 정작 제대로 된 소통을 이루지 못한다. 이는 우리 문화가 고맥락 문화여서 에둘러 말하는 습관이 있기 때문이다. 삼고초려와 같이 명분이 충분치 않은 일에 나서지 않고 그의 의중을 확인하기 위해서는 적어도 세 번 이상을 권해야만 진의를 파악할 수 있다. "차린 것 없지만 많이 드세요"라든지 "맛은 없지만 드셔보셔요" 등의 표현은 이런 자신을 은휘하면서 타인의 의중을 확인하려는 고맥락 문화의 경향에서 나타나는 현상이다. 과거 단일 경전을 배우던 유교 사회에서는 이 맥락이 대체로 유사하고 사회에서 통용되는 관습이 비슷해서 이런 고맥락 의사소통이 원활했다.

이런 고맥락 의사소통이 꼭 나쁘거나 답답한 일은 아니다. 특히 고대로 갈수록, 폭력과 전쟁이 난무하던 시절일수록 이런 자신의 의중을 낮추어 감추고 상대를 후대하는 관습은 전쟁을 예방하는 효과를 낸다. 그래서 조선에서의 사대는 단지 비굴함이라기보다 명분과 실리는 모두 챙길 수 있는 일종의 약자의 생존방식이라 할 수 있다. 그러나 비교적 법률에 의해 안

정화된 사회 구조를 가지고 다양한 가치로 교육을 받으며 복잡하고 다양한 층위를 가진 사람들의 평등한 사회인 오늘날에는 이런 고맥락 의사소통은 오해를 불러온다. 예컨대, 신대원 시절 헌법을 가르치신 교수님이 이런 이야기를 해 주었다. 어느 젊은 목사가 연세가 많은 선배 목사님에게 명절에 세배를 하러 갔다. 세배를 드리려고 하자 무슨 같은 목사끼리 세배를 하냐면서 극구 말려서 세 번의 만류 끝에 방에 털썩 앉았는데 선배 목사가 젊은 목사에게 "왜 앉느냐"고 되물었다고 한다. 어리둥절해진 젊은 목사는 "앉으시래서……"라며 얼버무렸는데 선배 목사가 뒤이어 한 말은 "그건 내 할 도리고 자네는 자네 하실 도리를 하셔야지"라고 하더란 것이다. 물론 오늘날 이렇게 의사소통을 하는 경우는 드물 것이다. 그러나 이렇게 고맥락으로 인해서 상대의 의중을 알기 어렵고 그 의중에 대해서 오해하게 되고 따르는 사람의 과잉충성과 같은 오해들은 다 이런 데서 비롯된다.

이런 고맥락의 대화 속에는 다양한 층위의 문화적인 관습과 세계관이 함축되어 있다. 어른이 "찾아오고 인사치레하는 거, 저는 별로 안 좋아합니다"라고 말할 때, 1차적 의미는 그런 것을 별로 안 좋아한다는 의미이면서도 동시에 그런 일을 자주 겪어서 번거롭다는 의미며 동시에 그것이 번거롭기는 하지만 그렇다고 기본적인 것도 하지 말라는 의미는 아니라는 의미가 담긴 셈이다. 그 속에는 귀찮다는 의미의 감정도 담겼으며 또 타인을 번거롭게 하고 싶지 않다는 배려도 담겨 있을 수 있다. 그러나 인사를 할지 말지는 인사하는 사람의 몫이고 인사를 받을지 말지는 인사 받는 사람이 결정해야 할 몫이다. 이런 고맥락 문화에는 상대를 배려하는 것 같지만 정작 상대의 행동이나 태도를 예측해서 거기에 걸맞게 반응하려는 심사와 함께 자신이 원하는 반응을 얻기 위해서 상대의 의사를 캐내려는 심사와 그것을 조정해서 자신의 목적을 취하려는 태도를 함축하고 있다.

그래서 자신을 이렇게 은밀하게 은휘하는 경향은 결국 타인의 얼굴에 비친 자기 모습을 확인하는 행위로서 타인을 대하는 태도를 형성한다. 이런 세계관은 지배적이고 조정하려는 경향이 강하며 이는 자기를 확장하는 성격을 나타내게 된다. 이것이 오늘 사회에서 종종 문제로 떠오르는 갑을 문화다. 갑과 을은 계약상 평등한 계약이다. 예컨대, 갑은 비용을 지불하고 을은 용역을 제공한다. 이 둘을 조건으로 맺어진 평등한 관계다. 그럼에도 우리 문화에서 마치 고용주는 그보다 더 많은 권리를 가진 듯이 정해진 노동 계약 외의 다른 것들을 요구하고, 고용인은 정당하게 자신의 권리를 주장하지 못한다. 그것이 도를 넘어서 백화점 같은 곳에서 무릎을 꿇리고 용서를 빌게 만드는 등 모욕적인 언사로 상대의 인격권을 짓밟는다. 이런 모욕적인 언사의 배후에는 이런 고맥락 문화가 자리하고 있고 고맥락 문화에서 알맞게 길들여진 언어습관이 자리하고 있다.

예컨대, "커피 나오셨습니다" "자리 거기 비셨습니다"와 같은 언어 습관이 나온다. 이는 상대를 높임으로 불필요한 화를 피하려던 우리 조상들의 습관이다. 이처럼 사물을 높여 부르는 것이 잘못된 일임에도 일상에서 어렵지 않게 접하게 된다. 또 다른 예로는 요즘 사회적 관계로 타인을 만나면 "사장님"으로 호칭이 시작된다. 이런 현상은 조선시대에도 있었다. 원래 "선생"이란 표현은 퇴계(退溪)나 율곡(栗谷), 우암(尤庵) 같이 공자(孔子)나 맹자(孟子)처럼 이자(李子), 송자(宋子)로 칭했던 큰 문인들을 높여 부르던 표현이 "선생"이었다. 그에 비해 교수는 종6품 문관의 직책 이름으로, 사극에 자주 등장하는 무관인 종사관(從事官)과 같은 등급의 직책이며 오늘로 치면 5급 사무관 정도 되는 직급이었다. 이처럼 자신을 낮추고 타인을 높임으로 갈등을 줄이고 위기를 타개하려던 노력의 결과로 높이는 현상이 지나치게 되고 그 결과 자기 확장의 과잉이 사회적 지위가 높아질수록 혹은 돈이나 명예를 많이 가질수록 만연하게 된다. 이런 현상 때문에 부정부패가 심해지고 뇌물이 횡행한다. 이런 경향은 "정승이 죽으면 문상을 안 가도 정승집의 개가 죽으면 문상을 간다요"는 속담에도 드러난다.

그냥 단지 문화적인 습관이라고 치부할 수도 있지만 이런 왜곡은 결국 오늘날의 교회 세습, 목사들의 성적 탈선 등에도 이런 세계관으로서 우리 언어생활에 다 반영되어 있다고 할 수 있다. 이런 고맥락적인 요인에 의한 방해, 그 구조로부터 발생하는 강요와 요구 같은 것이 이상적이고 자유로운 대화를 방해한다.[110] 앞서도 살폈지만 세계관은 논리보다 체험이나 직관적 관조에 더 가깝다.[111] 그래서 결국 세계관이 변하려면 우리 습관이 변해야 하며 그중에서도 가장 먼저 언어의 습관 대화의 습관이 변해야 한다. 야고보 사도가 혀를 재갈 물리지 않는 경건이 헛것이라고 말한 것도 이런 맥락이다. 가치관이라기에는 사실은 더 정서적이다. 틀이나 패턴을 가진 것[112]이 꼭 가치체계로 이해될 필요는 없다. 핵심감정과 같은 아동기 감정 양식 역시 하나의 틀이며 패턴이기 때문이다. 이처럼 세계관이 습관으로서 이해되어야 할 더 중요한 이유이며 동시에 그렇게 대화의 방식을 훈련하고 바꾸지 않는 한 그리스도인의 삶은 어떤 혼합종교적인 모습으로 전락할 수도 있다. 예컨대, 투사적 동일시는 자신의 일부를 자기와 관계하는 사람에게 투사하고 그렇게 투사된 판타지처럼 행동하도록 투사받는 사람에게 압력을 가하고 투사받는 사람은 투사하는 사람의 판타지 속에 묘사된 것을 부분적으로 경험한다. 물론, 투사받는 사람의 경험은 사실상 전혀 다른 새로운 감정이지만 그 부분적 경험이 투사자로 하여금 세계를 자기 판타지로 지속적으로 지각하게 만든다.[113] 그러면 정말 어떻게 대화하여야 하는지를 통해 핵심감정 공동체의 모습을 살펴보기로 하자.

대화란 무엇인가?

내가 전달하고자 하는 정보와 감정을 나 외의 다른 사람에게 말이나 몸 짓과 눈빛을 통해서 전달하고 전달받는 인간관계나 그 외의 양자 간의 관계에서 이것을 위해서 수행되는 일련의 행위를 대화라고 말한다. 조금 낯설지만 대화는 철학과 신학에서 매우 중요한 주제 중 하나다. 예컨대, 슐라이어마허(Schleiermacher)는 대화를 인생에서 제일 중요한 보편적인 교제의 방법으로 보고 인간은 자유로운 대화로 공통의 삶에 대해 개인의 의사를 서로 교환하고 그로써 긍정적인 관계와 만족감을 얻을 수 있다고 보았다.[114] 해석학의 권위자인 가다머(Hans-Georg Gadamer)는 '대화'(dialogue)를, 프랑크프루트학파의 비판철학자 하버마스(Jürgen Habermas)는 '의사소통'(communication)을 중요하게 봤다.[115] 물론 질문과 대답이라는 고전 방식이든지 혹은 주장하는 바에 대한 논쟁의 방식이든지 모두 이들의 관점은 이성과 합리성의 범주에서의 설명들이다. 이런 석학들의 합리성과 이성적 논쟁들은 이 책의 주요한 관심사가 아니다. 단지 이 문제가 중대한 주제라는 점을 이들의 권위를 빌어서 설명했을 뿐이다. 가다머는 본문에 대한 독자의 이해와 인간 상호간의 직접적인 소통을 모두 대화라고 언급했지만[116] 우리 관심사는 후자에 더 있다. 특히 이들이 설명하지 않는 특히 이 대화는 상호주관성에 바탕을 둔 대화 그러니까 주관적인 경험에 근거를 두되 서로가 상호적인 요인을 말한다. 서로 말이 통하려면 이 부분이 사실 제일 중요한 포인트다.

근대의 가장 큰 맹점은 인식 주체의 주관성의 함정에 빠져버린 것이다. 같은 이유로 고맥락 문화에 빠져 있는 우리에게는 이 문화적 맥락에서 작동하는 암시적 요구와 강요들이 존재한다. 선배 목사에게 세배를 해야만 하는 암시와 강요가 이들의 대화를 암묵적으로 불평등하게 만든다. 핵심 감정의 공부는 이런 요인들을 밝혀내는 것이다. 사회적 요인이 아니라 우리 내적인 요인들을 밝혀내는 것이다. 이것을 위해서 1부에서 핵심감정 공동체의 세 가지 규칙을 밝힌 바 있다. 그 세 가지는 1. 자기에게 충실하기, 2. 자유하기, 3. 충고나 권면하지 않기로 우리가 응집력 있는 대화를 통해서 서로에게 접근해 갈 수 있는 가장 기본적인 조건이 된다.

언어적 대화와 비언어적 대화

대화의 많은 부분은 사실상 언어로 이뤄진다. 대화는 사실 상대가 하는 말을 기본적으로 이해하는 데서 출발해야 한다. 언어로 우리가 대화할 때, 사실상 두 가지 방식의 의사소통이 이뤄진다. 언어는 대체로 내용과 형식으로 구분되어지는데 내용을 통해서는 생각을 전달하고 형식을 통해서는 감정을 전달하는 경향이 있다. 예컨대, 아이랑 이야기하고 싶은 마음을 가진 엄마가 아이를 불러서 자리에 앉게 할 목적으로 정보를 아이에게 전달할 수 있다. "이리 와 앉아 보렴!"이란 언사는 아이에게 내용상 엄마 옆에 와서 앉으라는 정보를 전달한다. 그러나 이 내용으로 전달되는 생각은 여러 다른 감정적인 형식으로 전달이 가능하다. "잠시 시간 낼 수 있어 이리 와서 앉아 볼래?" "부탁인데 이리 와 앉아 보렴" "이리 와 앉을래?" "이리 와 앉아!" "이리 와앉으라잖아!" "야, 이리 와 앉아!" "앉아." 이 표현들은 모두 자녀에게 앉으라는 메시지를 전달하고 있지만 그 안에 담긴 감정들은 전부 다르다. 언어는 이처럼 형식을 통해서 다른 감정을 전달할 수 있다. 내용은 동일한 메시지라고 하더라도 다른 감정이 전달되는 것이다. 다른 예로 부부가 서로 다투고 아내가 사과를 요구할 때, 남편이 "아 그래 미안해"라고 하면 아내들은 금방 "뭐가 미안한데"라는 반응을 보인다. 화가 나 있기 때문이기도 하지만 미안하다는 언사에서 미안한 분위기가 느껴지지 않기 때문이기도 하다. 우스갯소리처럼 떠도는 남녀 대화의 무한루프가 있다. "여자가 화가 남 → 미안해 → 뭐가 미안한데 → 몰라 → 모르면서 미안해 → 잘못했어 → 뭘 잘못했는데" 이런 무한루프는 감정적인 소통이 되지 않는 데서 발생한다. 사실은 내용보다 형식상 감정이 더 중요하다.

그 외에 몸짓, 눈빛, 어조, 태도, 음성의 톤 등의 여러 요인들이 의사소통을 결정한다. 이처럼 내용과 형식 혹은 언어적 대화와 비언어적 대화에 의해서 적어도 세 가지 다른 관계를 생각해 볼 수 있다. 예컨대, 언어적 메시지와 비언어적 메시지를 함께 사용하는 경우와 언어적 메시지 없이 비언어적 메시지만 사용하는 경우다. ─그 역은 성립하지 않는다. 어떤 언어적 표현도 감정을 배제한 채로 말할 수 없기 때문이다.─다시 언어적 메시지와 비언어적 메시지를 함께 사용하는 경우는 전자와 후자의 의미가 일치하는 경우, 즉 보완의 목적으로 사용된 비언어적 메시지와 전자와 후자의 의미가 불일치하는 경우, 즉 모순된 상황을 드러내는 경우가 있다. 이 경우의 예를 들자면, 아이가 밥을 먹지 않아서 속상해하는 엄마가 "먹기 싫으면 먹지 마"라며 소리를 치는 경우는 먹지 말라는 언어적 메시지와 먹으라는 강요성 비언어적 메시지가 함께 주어진다. 이런 모순적 상황은 다양한 의미를 드러낼 수 있다. 또 언어적 메시지 없이 비언어적 메시지만을 사용해서 언어적 메시지를 대체하는 경우도 존재한다. 대표적으로는 교통순경의 수 신호가 이런 형태에 속하고 연인 간의 매력 발산을 목적으로 하는 경우, 언어적 메시지보다 비언어적 메시지가 훨씬 더 강력한 메시지를 전달하기도 한다.

아리스토텔레스(Aristole)는 설득의 3요소로써 로고스(logos), 에토스(ethos), 파토스(pathos)를 들었는데[117] 그중에서도 가장 믿을 만한 설득 수단이 에토스라고 했다.[118] 에토스는 흔히 신뢰 혹은 신뢰성을 의미하지만 아리스토텔레스적인 문맥에서는 성격에 더 가깝다. 에토스의 3요소 중 덕을 언급하는데 지적인 덕과 도덕적인 덕을 언급한다.[119] 이 중 특히 도덕적인 덕은 성격을 의미한다. 아퀴나스(Aquinas)에게서 덕은 습관(habitus)을 의미하는데[120] 습관의 집합으로서 성격, 곧 에토스를 이해할 수 있다. 아리스토텔레스가 에토스를 으뜸으로 둔 것은 이런 점에서 이해할 만하다. 흔히 정서나 감정으로 번역되는 파토스는 일정한 감정 상태에 이르게 하는 설득방법을 의미하는데,[121] 일정한 감정을 갖게 하는 것을 감정에 호소하는 것으로 오해되기도 한다. 이것은 오히려 습관으로서 믿음이 지닌 성격과 유사한데, 칼빈은 믿음을 하나님과 그리스도를 아는 지식이면서[122] 그 지식으로부터 드러나는 경건한 정서(pius affectus)를[123] 지닌 성향(disposition)을[124] 의미하고 이 지식은 이해보다는 마음의 확신에 더 가깝다고 했다.[125] 즉, 아리스토텔레스의 파토스를 기독교의 방식으로 재해석하자면 믿음을 일으키는 방식의 언사라고 할 수 있다. 물론, 믿음을 일으키시는 분은 성령이시지만 그 도구로서 우리의 언어표현과 설득을 생각할 때, 그런 방식을 생각해 볼 수 있다. 오히려 아리스토텔레스는 파토스를 감정에 호소하는 것으로 잘못 사용하는 오류를 지적한다.[126] 에토스와 파토스가 상대방의 주관적 감정에 의지하는 경향성을 지닌 방식이라면[127] 로고스는 귀납적인 것과 추론에 근거한 논리적인 방식의 설득의 방식으로 언사를 가리킨다. 대화에서 에토스가 60%, 파토스가 30%, 로고스가 10% 정도 영향을 미친다는 속설이 있다. 이는 아마도 1970년에 메라비언(Albert Mehrabian)이 발표한 연구에서 기인한 것으로 보인다. 흔히 7–38–55법칙(The Law of Mehrabian)으로 많이 알려져 있다. 비언어적 의사소통의 중요성을 설명한 것으로 7%가 말의 내용(Words), 38%가 청각적 내용(Tone of Voice), 55%가 시각적 요소(Body Language)에 의해서 의사소통이 이뤄진다고 본 연구다.[128] 아리스토텔레스의 에토스는 시각적 요소에 대응하고 파토스는 청각적 내용에 대응하며, 로고스는 말의 내용과 정보에 대응한다. 시각적 요소는 신뢰도를 좌우하고 청각적 내용은 정서를 좌우하는 경우가 많다.

인간은 몸을 지닌 존재라서 정서에 의해 영향을 받지 않을 수 없다. 영혼을 지닌 존재라서 신뢰관계와 논리적인 이해에 영향을 받지 않을 수 없다. 공동체가 참되고 바르게 의사소통을 하려면 인간에 대한 전인적인 이해가 있어야 한다. 우리의 대화는 언어적이면서 동시에 비언어적이고 논리적이면서 동시에 정서적이다. 어느 한 면만 고려해서는 진정한 만남을 이룰 수 없다.

이상적 대화

참 만남이 일어나는 대화는 문화사회적인 요인 때문에 방해받지 않아야 한다. 또한 대화의 구조로부터 발생하는 어떤 요구나 강요로도 방해받지 않아야 한다. 철학자 하버마스(Habermas)는 이상적인 대화를 서로가 이성적 논의를 통해 합의에 도달하고 서로 간에 상호작용을 통해 완전한 상호이해를 이루며, 상대를 자유롭고 대등한 대상으로 대함으로써 그들의 진정한 권리를 인정하는 것에 두었다.[129] 그러나 상대가 너무나 권리를 인정해 준다고 하더라도 이미 우리 스스로가 얽매여 있는 핵심감정이라는 요인 때문에 많은 사람이 진정으로 자유로운 대화와 만남으로 나오지 못한다. 교회 공동체들의 이야기를 들어보면 이 바쁜 시대를 살면서 교회 공동체가 점차 형식적으로 변해간다는 하소연이 많다. 그런데 사람은 자기 마음을 나누려면 자동차의 엔진처럼 일종의 예열이 필요하다. 만나자마자 자기 속마음을 털어놓을 수 있는 사람은 없다. 속마음을 털어놓기 위해서는 진정한 만남을 위한 일종의 예전(liturgy)과 같은 의식이 필요하다. 마치 남녀가 서로를 알아가고 신뢰를 쌓아가는 과정처럼 그렇게 추억이 쌓여야 비로소 자기 마음을 열어놓게 되는 것과 같다. 서로가 마음을 열기 위해서는 충분한 시간이 필요하다. 교회의 이런저런 일정들로 바쁘다보니 나눔을 하지만 시간이 충분치 않아 예열을 하다가 마치는 공동체가 많다. 그래서 성도들은 거기서 나누기를 원치 않는다. 자기 이야기를 꺼내고서는 충분하게 마무리 하지도 못한 채 마치면 차라리 안 하느니만 못하기 때문이다. 공동체가 마음을 나누는 대화를 하려면 그래서 충분한 시간이 필요하다. 얼마나 시간이 필요할까? 최소 3시간은 필요하다. 왜냐하면 전문가 집단이 아니라면 충분히 예열하고 성경 말씀의 나눔과 적용의 과정에서 자기 삶을 나누는 것은 그 정도의 시간을 필요로 한다. 그룹의 크기는 어느 정도가 적당할까? 집단상담의 경우 한 연구 조사에 의하면 가장 이상적인 숫자는 7-8명이며, 5-15명까지 탄력적으로 운영이 가능하다.[130] 내 다양한 경험 속에서도 8명 정도의 그룹이 가장 적절한 크기의 그룹이다.

이 그룹이 효과적이고 응집력이 있게 운영되려면 1부 핵심감정 공동체의 원칙에서도 밝혔지만 세가지 원칙에 충실해야 한다. 거기에 더해서 공동체가 공유한 개인정보에 대한 비밀보장이 가능해야 한다. 이것은 인도자가 모임을 열면서 매번 주지시킬 필요가 있다. 이런 원칙을 제시하고 모임을 시작하는 것과 그렇지 않은 것에는 큰 차이가 발생한다. 뿐만 아니라 서로의 이야기에 대해서 충분한 관심을 주고 긍휼의 마음을 가지고 경청하되 판단은 유보해야 한다. 교회에서 율법적인 말씀을 많이 듣고 있는 공동체일수록 이것이 어려울 수 있다. 그럼에도 불구하고 모든 종류의 판단을 유보해야 한다. 그룹의 세가지 원칙 중 마지막 원칙인 조언이나 권면하지 않기는 바로 이런 판단을 유보하는 태도를 요구하는 것이다. 동시에 첫 번째 원칙이었던 자기에게 충실하기란 자신이 필요하고 원하는 것은 공동체 안에서 말할 수 있어야 한다는 것이다. 계속되는 충고를 거절할 권리가 너무나 있으며 불편한 감정을 말할 권리가 그들에게 너무나 있다. 그리고 그렇게 요구받은 것은 가능하다면 허락되어야 한다. 이렇게 공동체를 통해 대화를 이어가다가 우리 집중력이 흐트러졌을 때 잠시 모임을 정회할 수 있다. 중간에 잠시 간식 시간을 가져도 좋고 화장실을 다녀오도록 시간을 가져도 좋다. 그렇게 다시 서로에게 집중할 수 있도록 긴장을 풀어주는 것으로서 쉬는 시간을 잘 활용할 필요가 있다.

쉬는 시간이 끝나면 다시 인도자는 회원 중 한 사람에게 말할 기회를 주고 원칙들을 주지시킴으로 공동체의 일원이 집중할 수 있도록 한다. 그리고 인도자는 대화를 나눌 때, 알아야 할 주의 사항을 다시 고지한다. 예컨대, 자신의 의도는 감춘 채 상대에게 질문하는 것을 삼가야 한다. 먼저 내가 원하는 바를 이야기하고 그에게 알고 싶은 것을 질문할 수 있다. 자신의 의도를 감춘 채 하는 질문은 상대에 대한 결례일 수 있다. 진정으로 상대를 존중하는 태도는, 먼저 내가 원하는 것 혹은 의도가 무엇인지 질문하기 전에 말해 주는 것이다. 그렇게 대답하는 사람으로 하여금 불필요한 긴장을 갖지 않도록 배려한다. 또한 가급적 생각만 하고 말하지 않고 넘어가는 일이 없도록 자기 생각을 말할 수 있도록 격려한다. 침묵을 통해서 많은 것을 배우기도 하지만 침묵은 다양한 형태의 과거 감정의 얽매임, 곧 핵심감정의 출현일 수 있다. 예컨대, "여러분이 내 곁에 다가올 수 있도록 개구멍을 열어 두겠습니다"라는 표현을 자유롭게 다가올 수 있도록 기회를 주겠다는 의미로도 이해할 수 있지만 갈등 경험이 많거나 시기와 질투의 정서가 많은 사람은 '왜 내가 너에게 다가갈 때 그렇게 비굴하게 다가가야 하지?'라고 생각하면서 자신의 입을 닫을 수도 있다. 이렇게 입을 닫는 것 자체가 신호일 수 있지만 그렇게 닫으면 아무도 그것으로부터 배움을 얻지 못한다. 오히려 공동체의 회원에게 이런 상황에서 자신이 입을 닫고 싶어진 이유를 설명하도록 격려하는 것이다. 그것이 자유하기의 4가지 기술 중 "지각 확인"이나 "의사 확인"을 통해서 드러낼 수도 있고 그렇게 확인 후 자신이 어떤 감정을 가졌었는지 "느낌 보고"를 할 수도 있다. 그리고 이 모든 과정은 온정과 따뜻함을 가지고 "관심 기울이기"를 하면서 진행하도록 격려한다.

이런 과정은 신앙을 단지 이론이 아니라 몸에 배인 실천적 행위가 되도록 격려해 준다. 하버마스의 의사소통은 실천적 가설로 일상적인 언어를 통해 서로 간에 소통하는 구조를 만드는데 계속되었던 고립적인 의식주체가 아니라 서로 포스트모던의 객관이라 불리는 상호주관적인 가치와 의미에 이르게 된다. 하버마스는 단지 가정이나 개념을 말하려는 것이 아니라 화자가 글로 진술하거나 말로 표현한 것을 통해 고립되었던 의식주체 간의 상호적인 관계를 만드는데 후기근대성의 상호주관성이라 할 수 있다.[131]

이것을 기독교적 체계로 재해석하자면, 성경이란 본문을 중심으로 한 일종의 공공신학을 구성하는 것이라 할 수 있다. 우리가 성경을 읽거나 성도 간의 교제를 할 때도 고립적인 의식주체가 지닌 핵심감정과 같은 선 이해 때문에 타인과 성경을 오해할 수도 있다. 가다머(Gadamer)는 이런 대화를 이해의 고유성을 침해한 것이라고 말한다.[132]

후기근대성은 기독교 신앙과 멀기도 하고 가깝기도 하다. 실제로 후기근대성의 영미 계통의 언어 이론은 종교언어를 유의미하게 받아들인다. 그 이유는 종교언어는 그 언어를 사용하는 자의 삶의 형식과 깊게 연관을 맺고 있다고 보면서 이것을 신앙주의(fideism)라고 불렀다.[133] 비트겐슈타인(Ludwig Wittgenstein)의 이 통찰은 일상 언어학파(Ordinary Language School)의 오스틴(John L. Austin)에 의해 처음으로 "언어의 사용법" 이론으로 체계화되고, 벤후저(Kevin Vanhoozer)는 이 해석으로 포스트모던적인 해석들에 대항해 성경을 옹호한다.[134] 이것은 기독교 믿음이 이성적 사고를 위한 유일한 기초라고 믿는 반틸(Cornelius Van Til)의 전제주의를 역설적이게도 정당화해 줄 수 있다. 예컨대, 가다머는 본문을 이해하고자 하면 본문 자체가 말하도록 하려는 마음을 지녀야 한다고 말한다. 이로써 독자는 본문을 열린 마음으로 받아들일 수 있다고 한다. 직접 인용해 보면, 아래와 같다.

"생소한 본문을 수용한다 해서 엄밀한 '중립적 태도'만 고수한다거나 내 생각은 포기해야 한다는 의미가 아니며, 오히려 내 선입견과 편견조차도 명백한 태도로 고수할 수 있다. 다만 본문 자체가 나와 다른 뜻을 드러내고, 본문의 객관적 진실이 내 견해를 설득할 가능성을 열어놓으려면 나 자신이 선입견이 있다는 사실 자체를 깨닫고 있어야만 한다."[135]

대화란 이처럼 이웃뿐만 아니라 성경 본문과도 서로 다름을 확인하고 거기서 우리의 공통점을 발견하는 과정일 수 있고 성경 자체가 가진 진리에 따르는 사람들의 공통을 묶어낼 수 있다. 기독교의 독자적인 신앙주의 언어로 1세기 로마의 다양한 문화와 민족적 배경 속에서 복음을 전했던 바울처럼 오늘 다원주의 사회에서 공공신학으로서 복음을 전할 수 있는 근거를 마련해 준다. 단지 권위 없는 자처럼 그들과 같은 눈높이에서 대등한 위치에서 대화함으로 진정으로 이해하며 반응할 수 있도록 하는 것이다.

예컨대, 상호주관성이란 내가 주관적으로 이해하는 것을 타인도 동의하고 이해하게 되는 과정을 말한다. 그리고 이 일은 언어를 매개로 일어날 수밖에 없다. 당연히 기독교는 계시의 말씀을 배경으로 한다. 신앙주의 (fideism)란 그런 것이다. 서로를 이해하는 과정이 역설적이게도 우리의 전제를 제대로 이해시킬 계기이며 동시에 이방인들의 고민을 들을 수 있는 계기가 된다. 이런 소통은 교회와 그 밖의 소통이기도 하면서 동시에 교회 내부에서 성도 간에 일어나야 할 소통이기도 하다. 그렇게 선교적인 교회로서 세상을 알아가고 세상의 눈높이에 맞게 우리 복음을 설명하며, 교회 내부적으로도 진리를 계시를 매개로 해서 상호주의적인 이해 속에서 확인하며 묻고 답하는 과정에서 계시의 의미를 이해하는 자리로 나아가게 한다. 그리고 이것을 방해하는 핵심감정과 사회문화적 배경들을 제거하고 새로운 시대의 도래를 준비하는 과정이 바로 이상적인 대화의 의미다.

CHAPTER 02
성화를 위한 대화를 방해하는 요소들

근대의 함정은 의식주체로 스스로 고립시킨 데 있다. 기독교 지성 역시 오래도록 이 함정에 빠져 있었다. 근대성의 세례를 받은 기독교는 자유주의의 거센 폭풍우 앞에서 진리를 풍부하고 여유 있게 변호하지 못했다. 그러나 근대는 비트겐슈타인이 들었던 통에 빠진 파리 비유처럼 그렇게 침몰해 갔고 언어를 공유한 인간은 언어로 돌아올 수밖에 없었다. 계시를 매개로 진리의 체계를 구성한 오랜 기독교의 전통이 지닌 구조로 되돌아온 것이다. 그러나 여전히 우리 삶에는 서로의 삶을 이해하는 것을 방해하는 바벨탑이 존재한다. 가장 대표적으로는 핵심감정이고 우리의 세계관과 가치와 의미들에는 말이나 글의 사용 방식의 미묘한 차이들, 가정의 양육환경의 차이들이 존재한다. 각자의 세계가 차이가 있고 그 세계를 구성한 언어들이 다르다. 이번 장은 이 차이에 대한 구체적인 예시들을 다루었다.

핵심감정

핵심감정은 대표적인 대화를 방해하는 요소라 할 수 있다. 주로 원하고 바라는 것이 좌절되었을 때 일어나는 감정으로 나의 부적응 행동과 내적인 미움의 억압이 감정세력으로서 균형을 이루고 있는 상태를 일컫는다. 예컨대, 억울함을 핵심감정으로 가진 사람은 자신을 나무라던 내적 대상이 있어서 정작 상대에게 자신의 원하는 바를 제대로 표현하지 못한다. 자신의 필요를 말하지 못하고 머뭇거리게 된다. 그런 시간이 누적되고 상대는 내 필요를 챙겨 주는 시간보다 자기 필요를 말하거나 요구하는 횟수가 더 잦아진다. 그렇게 끌려다니다가 어렵게 꺼낸 자신의 필요나 이야기는 제대로 존중을 받지 못한다는 생각을 하게 된다. 그의 이런 태도는 어느 하나가 그의 억울함을 빚어내는 것이 아니라 적당히 자신의 필요를 말하지 못했던 순간부터 일이 터지고 나서 과도한 요구를 하는 상황에 이르기까지 그의 삶 전체를 이 억울한 감정이 지배한다. 억울함은 상대하는 타자의 마음에도 억울함의 상흔을 남긴다.

마음의 상처

언어폭력으로 인한 마음의 상처를 입은 사람의 행동은 한 연구에 의하면 두 가지 측면이 고려되는데 '일단 참음'과 '불편한 상황을 피함'이라고 한다.[136] 이들의 이런 패턴은 불필요한 갈등을 줄이려는 일종의 적응이라고 할 수 있다. 그러나 이런 상황에 대한 잦은 노출은 결국 유사한 상황에서도 같은 행동을 반복하게 한다. 지금 현재 그가 처한 상황은 과거의 부모나 가족에게 겪었던 언어폭력과 같은 상황이 아님에도 갈등의 조짐과 증후만 보여도 회피하거나 상황에 대해서 자기주장을 제대로 하지 못하고 머리가 하얘진다. 이것이 엄격한 하나의 자동화된 패턴이 되어서 제대로 자기 의사를 전달할 수 없게 된다. 라희 씨는 직장을 구하는 면접에서 머릿속이 자꾸만 하얘져서 면접에서 실패하고 만다. 그의 첫 기억은 5세 경 마당에서 놀고 있다가 출산을 앞둔 엄마가 빨리 할머니를 불러오라고 한 기억이다. 어른이 왜 아프냐는 물음에 엄마는 할머니를 모셔오라고 재촉하는 기억이다. 그녀는 늘 불화하는 가정에서 어떻게든 붙어서 살아야 했고 자신의 감정을 제대로 표현해 본 경우가 적다. 표현을 했을 때, 자신을 없는 사람 취급하는 경험이 돌아올 뿐이었다. 그녀는 모든 사람과의 관계에서 불화에 대한 긴장을 가지고 있다. 불편한 상황을 피하기 위해서 그녀의 무의식은 아무런 불만을 느끼지 못하도록 한다. 그녀의 상담 시간의 호소는 의사와 감정 표현을 잘할 수 있게 되는 것이다. 이처럼 마음의 상처는 기본적인 의사소통이 힘들게 만든다. 해야 할 말이 잘 생각나지 않고 집으로 돌아와서 생각하면 생각이 나는 경우나 갈등 상황에서 내가 해야 할 말을 제대로 할 수 없는 경우도 마찬가지다. 이런 상처들은 권위자를 대하는 방식이나, 남자나 여자를 대하는 방식을 방해한다. 하버마스는 대화가 온전하려면 말하는 사람은 참된 것을 말하여서 듣는 사람이 받아들일 수 있도록 하고 그것이 믿어지도록 생각, 의도, 감정, 소망 등을 진실히 표현해야 한다고 했다.[137]

그러나 우리 마음의 상처들은 이런 주체적인 행동과 태도와 그 반응이 불가능하게 한다. 역설적이게도 이런 부류의 사람들이 이단에 포로가 되는 안타까운 상황도 자주 발생한다. 이단에 빠지는 사람들은 정서적으로 취약한 경우가 많고, 그런 외로움과 정서적 문제를 돌봄으로 포교전략을 삼는 경우가 많다. 정서적 욕구 때문에 이단 집단에 끌리며(Ronald Enroth), 심리적 어려움과 위기에 처한 사람들에게 접근해서 그들을 악용한다(Jim Roche).[138] 이런 이유들 때문이라도 마음의 상처를 받은 사람들이 제대로 된 의사소통을 할 수 있는 방편이 교회 내부에 마련되어야 한다. 그런 점에서 핵심감정 공동체의 유익은 적지 않을 것이다.

경청하지 않는 태도

우리는 상대의 말을 듣는 것 같지만 사실은 그렇지 못한 경우가 많다. 예컨대, 상대가 말하는 동안 내가 할 말을 생각하거나 반론을 미리 머릿속으로 준비하는 것이다. 이런 행동은 겉으로는 드러나지 않지만 우리 생각의 회로는 다른 데 가 있어서 상대의 말이 제대로 들리지 않는다.

또 다른 요인은 말하는 사람의 말의 속도인데, 일반적으로 사람은 1분 동안 대략 125단어 정도를 말하지만 뇌는 1분에 대략 600-800단어를 처리할 수 있다. 상대의 말을 듣는 동안에 다른 생각을 할 수 있는 여유가 생긴다. 그래서 너무 느린 속도의 말은 사람들이 딴생각을 하게 하는 효과가 있다. 이런 사고의 속도와 말의 속도가 관찰되는 장면이 있다. 지금이라도 커피숍에서 30분 정도 앉아 있으면 금방 관찰할 수 있다. 삼삼오오 모인 사람들이 저마다 자기 이야기를 한다. A가 아이 학원 고민 이야기를 한다. B가 그 이야기를 듣다가 그 학원 선생이 Z연예인을 닮지 않았냐고 한다. 그 이야기를 듣던 C가 조인성의 요즘 근황을 이야기한다. 그것을 듣던 D는 Z가 구매한 부동산 값이 올랐다는 이야기를 꺼낸다. 그 얘기를 듣던 A는 자신이 사는 아파트 값이 올랐다고 좋아한다. 이렇게 2시간을 넘게 떠들다가 집으로 돌아갈 때 헛헛한 마음을 느껴볼 경험이 한두 번 있을 것이다. 말하는 사람은 있지만 듣는 사람은 없는 상황이 빚은 일이다. 실은 교회에서의 교제도 이것과 크게 다르지 않다. 그날의 말씀이나 신앙에 대한 이야기보다 정치 이야기, 부동산 이야기, 자녀 이야기, 전도사나 기타 교회 식구의 험담들이 오간다. 이런 모든 현상은 말하는 속도와 듣는 속도의 차이에서 비롯된다.

우리 마음의 정서적 동요 때문에 듣기 힘들다. 예컨대, 요즘 사는 게 힘들고 죽고 싶다는 말을 들으면 불안하고 걱정스런 마음이 앞서게 된다. 그럴 때 우리의 반응은 그를 격려하기 바쁘다. 자기 외모 때문에 고통스런 감정을 호소하는 친구에게 "예쁘다"는 말이 진실하게 전해지지 않는 것과 비슷한 상황이다. 옷의 기름때를 빼려면 물로는 서로 성질이 달라서 빠지지 않는다. 기름을 녹이려면 기름이 필요하듯이, 우리가 정서적 동요를 하고 상대와 다른 결의 마음을 전할 때 사실상 상대의 마음은 제대로 들리지 않는다.

우리의 욕구 때문에도 잘 들리지 않는다. 배고픈 남편이 자신이 배가 고프면 아내에게 배가 고프니 식사 좀 할 수 있도록 도와달라고 청하면 될 텐데, 이렇게 말하기는 싫고 바쁜 일 중인 아내에게 "배 안 고프냐?"고 묻는다. 이미 내 욕심이 앞서서 타인의 상황을 이해하려고 하기보다 그것을 조정하고 내 뜻대로 바꾸고 조정하려는 의도가 많다. 이런 일은 주로 부모와 자녀 간의 대화에서 반복된다. 하고 싶은 거 이야기해 보라고 하고는 의도와 다를 때 다른 것으로 유도하는 엄마의 태도에서 흔하게 관찰이 된다.

상대의 대답을 충분히 듣기 전에 섣불리 판단할 때 상대의 말을 제대로 들을 수 없다. 잠언은 사연을 듣기 전에 대답하는 자는 미련하여 욕을 당한다고 했다(잠 18:13). 이렇게 서둘러 대답하는 태도는 자기 욕망이 기저에 깔려 있기 때문이다. 상대를 존중하려는 마음의 결여일 수도 있고 자기 안의 스트레스와 갈등을 가까운 가족들을 대상으로 배설하는 모자람일 수도 있다.

2차 사고 과정을 지나치게 지향하는 태도

욕동은 우리 의식에 응집된 이미지 같은 것이다. 마치 영화관에 가면 프로젝트가 스크린에 영상을 투사하는 것처럼 우리 몸과 영혼은 우리 마음에 이와 같은 에너지들을 투사하는데 이 이미지의 응집체가 자기표상, 하나님표상, 타자표상이다. 이때 처음 발달하는 사고는 꿈의 형태처럼 이해할 수 없는 체계를 하고 있다. 요즘 아이들의 표현으로는 '괴랄한' 모양새를 하고 있다. 프로이트(Freud)는 욕동이 지각조직-기억조직-무의식(1차 사고 과정, 압축과 전치)-2차 과정-의식-운동으로 전개되는 것으로 이해했는데[139] 여기서 1차 사고 과정이 바로 이 과정이다. 이 과정의 주요한 두 가지 특징은 압축과 전치다. 압축이란, 인간이 지닌 정서를 특정한 이미지에 압축하는 것을 말한다. 전래 동화에서 무서움의 대상은 주로 호랑이였다. 1960-70년대 아이들에게는 '망태 할아버지'나 화장실이었다. 아래에 변 무더기가 가득한 화장실은 "파란 종이줄까, 흰 종이 줄까?" 하는 귀신 이야기로 극대화된다. 그런데 요즘 아이들은 공포를 호랑이나 귀신으로 떠올리지 않는다. 이렇게 특정 이미지로 우리 자신의 공포가 표상되는 것을 응축이라고 한다. 그러면 여기서 정말 호랑이와 귀신이 무서운 걸까? 실제로 우리 삶에서 이런 경우를 만날 확률은 거의 없다. 그런데 왜 꿈은 공포를 이런 것으로 떠올릴까? 이것을 전치라고 한다. 공포의 대상이 중요한 대상이거나 사랑의 대상이어서 마음에서 그렇게 표상할 수 없을 때, 우리 마음은 전혀 다른 것을 표상하게 된다. 전래 동화 "떡 하나 주면 안 잡아먹지"에서는 이 호랑이가 엄마 옷을 입고 나타난다. 이것은 호랑이가 엄마의 다른 이미지라는 사실을 보여 준다. 왜 돼지꿈이 돈이 들어오는 꿈일까? 돼지가 한자로 돈이기 때문이다. 돈을 추구하는 것이 마음에 부담스런 일로 여겨지고 그래서 전혀 논리적 연관이 없이 그저 연상에 의해서 같은 발음을 지닌 돈으로 돈을 연상하는 것이다. 이런 것을 전치라고 한다. 이런 1차 사고 과정은 우리 욕구가 무엇인지를 정직하게 보여준다.

그런데, 자라면서 그때그때 이런 욕망을 방출할 수 없는 상황을 계속 맞게 되고 그런 이유로 2차 사고 과정이 발달하는데 이것은 "학습, 경험, 시행착오, 환경에 의한 교육을 통해 획득되는 후기 사고방식"[140]이며 "논리, 이치, 인과관계, 모순, 부정의 개념"[141]이 포함된다. 2차 사고 과정 역시 우리 마음에 이미지들을 표상하는데 이렇게 우리 마음에 표상된 이미지는 "부착이 안정되어 있고 정신 에너지의 투여가 안정된 틀 속에서 유지"[142]된다. 현실원칙의 목적은 정신적 에너지로 표상되고 부착된 욕동을 만족시켜 줄 실제 대상을 발견하거나 만들어질 때까지 정신 에너지의 방출을 미루는 것이다. 이것은 쾌락원칙의 포기를 의미하는 것이 아니라 잠시 보류하고 어느 정도의 불쾌를 감수하는 것을 뜻한다.[143] 욕동은 우리 사고를 정서로부터 논리적 과정으로 인도한다.

문제는 이런 논리와 현실원칙은 편견과 선입견으로 오히려 현실을 왜곡하는데 사용되는 경우가 많다는 것이다. 자신의 감정과 욕구를 무시한 채, 대화하는 사람들을 자주 본다. 이런 사람들의 특징은 설명이 많다. 많은 설명은 상대를 이해시키는 것이 아니라 오히려 상대의 말에 집중하지 못하게 한다. 이런 사람들은 상대의 말의 긍정적 요인들에는 반응하지 않고 자신 안에 반대해야 할 것에만 집중한다. 그래서 제대로 토론을 할 수 없다. 토론이란 상대의 말을 듣고 거기에 반론이 이뤄져야 하는데, 상대의 말을 자기 방식으로 왜곡해 버리거나 아예 무시하고 자기 논리만 펴기 바쁘기 때문이다. 역설적이게도 자신의 정서적 상태에 대한 자각이 없는 사람은 논리적일 수 없게 된다. 학창 시절 그런 경우를 경험한 적이 있다. 동기 전도사와 토론을 하는데 옆에서 듣고 있던 다른 전도사가 두 사람이 하는 이야기가 같은 이야기라는 것이었다. 서로 같은 이야기를 하면서도 상대의 말에서 반대해야 할 것에 집중하거나 자신의 견해에 대해서 지나치게 방어적이 되거나 할 때, 상대의 말을 제대로 받아주지 않고 내 의견만을 개진하게되는데 이럴 때, 같은 의견임에도 불구하고 서로가 서로에게 반대라고 느끼게 만든다. 결국 우리의 이성과 논리는 정서를 제대로 지각하지 못함으로 제대로 기능할 수 없게 된 것이다.

감정의 표출과 표현

우리 문화에서는 좋은 게 좋다는 경향이 있고 그것이 사실이라고 하더라도 이야기가 반복될 때 피곤함을 느끼고 우리 관심사에서 밀어내는 경향이 있다. 그래서 사회나 조직에서 스캔들이 될 만한 일들은 덮으려는 경향이 강하게 나타난다. 이는 핵심감정 치유에서 살폈던 동아시아적인 현상과 관련이 깊다.[144] 수치심을 기초하는 도덕은 타인의 시선을 지나치게 의식하고 자기 욕구나 감정을 억압하는 경향을 강하게 했다. 그래서 우리 문화의 독특한 지점으로 화병도 생겼다.[145] 그래서 '버럭'이나 '욱' 같은 용어가 생겼다. '버럭'과 '욱'은 평소에 감추었던 감정이 통제되지 않고 조절되지 못한 방식으로 겉으로 드러나는 현상이다. 억제가 의식적 통제를 통해서 눌러두는 것이라면, 억압은 무의식적 방식으로 우리 정서를 눌러둔 것을 말한다. 어떤 감정이 표출된다는 것은 이처럼 억압된 무의식에 의해서 자신이 통제할 수 없는 방식으로 우리 의식의 표면에 드러나는 현상이다.

이렇게라도 표현되면 자신의 정신건강에 문제를 덜 만들지만 그것이 억압되어 제대로 표현될 수 없을 때, 문제행동과 증상을 만들게 된다. 문제행동과 증상의 의미는 그렇게도 살기 위한 적응이라는 점이다. 증상이 우리가 아는 대로 우울증, 불안증, 신경증, 정신증 같은 정신과적인 증상을 의미한다면, 문제행동은 가정폭력이나 학교폭력, 왕따와 같은 행동상의 문제를 포함한다. 그런데 이런 부적응 행동 외에도 관계를 망치는 문제행동들도 많다. 대표적인 것이 앞서 언급한 '버럭'과 '욱'이며, 대화에서 항상 원망과 불평과 짜증으로 같이 지내는 사람들을 불편하게 만드는 문제행동도 있다. 문제는 증상이나 심각한 문제행동은 문제라고 생각하면서 우리 자신의 성장을 위해서 관계를 망치는 문제행동이 제거되어야 함에도 불구하고 이런 것은 문제로 생각하지 않거나 그런 문제로 자신이 고통당할 때 이 문제의 원인이 상대방에게 있다고 생각하는 경향이 강하다.

예를 들어, 남편이 매일 집에서 제대로 옷을 갖춰 입지도 않고 팬티 바람으로 돌아다니며 하루 종일 TV나 보고 무기력하게 지내는 것을 보면서 짜증이 난 아내는 남편에게 인신공격을 하면서 시댁의 욕을 늘어놓는다. 남편은 자신은 다른 사람이 자기를 좋게 대할 때 자신은 남을 해롭게 대하는 사람이 아니라며 이 모든 문제는 자신을 비난하는 아내의 탓이라고 한다. 이 부부의 진짜 문제는 두 사람이 지닌 문제행동과 다른 데 있다. 문제에 대한 진단이 정확하다면 처방도 정확해야 한다. 그런데 자기 문제는 보지 않으려 하고 타인의 문제만 진단하고 타인의 삶만을 고치려 드는 게 이 부부의 가장 큰 문제다. 이것은 마치 여름의 더운 날씨에 짜증난 사람이 날씨 탓만 하고 자신이 옷을 날씨에 전혀 맞지 않게 껴입었다는 사실을 인정하지 않는 모양새다. 날씨를 바꿀 수 없다면 가장 경제적이고 바꾸기 쉬운 자기 복장부터 바꾸는 것이 순서다. 만약 남편의 그런 행동이 정말 바뀌기를 바란다면, 비난하고 욕 해대는 자신의 태도부터 바꾸는 것이 순서다. 남편의 행동을 바꾸는 것이 쉽겠는가 아니면 내 마음을 고쳐먹는 것이 쉽겠는가? 남편 역시 마찬가지다. 자신은 사람들과 사이가 좋다고 하면서 자기에게 잘 대해 주는 사람에게 나쁘게 한 적이 없고 이런 문제의 원인은 아내의 지나친 말 때문이라고 한다. 그녀가 말을 과하게 한 것은 사실이지만 같이 살면서 자기 편한 대로만 한 자신의 삶의 방식을 고수할 거라면 사실 결혼을 하지 말았어야 하지 않았을까? 자기에게 독한 말을 해대는 아내의 행동을 바꾸려면 자신이 그런 말을 들을 만한 상황을 줄이면 된다. 그런데 두 사람은 자신을 바꾸려는 노력 없이 상대만 바꾸라고 하는 것이다. 상담에서도 이처럼 남의 탓을 많이 하고 자기 문제를 자기 자신의 일부144

로 받아들이는 사람들은 치료의 경과가 좋을 수 없다.[146]

그런데 이런 현상은 왜 생길까? 이는 감정을 억압하는 결과다. 억압이 원래 자연스런 상태는 아니다. 아이는 태어나서 우렁차게 울면서 자기감정을 표현하지 태어나자마자 울음을 억압하는 아이는 없다. 억압은 그렇게 하도록 하는 상대나 상황을 전제하는 개념이다. 그냥 억압하는 것이 아니라 오랜 세월 반복된 자기를 표현할 수 없는 상황이 억압을 만든다는 것이다. 이처럼 억압은 상대를 포함하는 개념이다. 혼자서 무엇인가를 하고 그 결과를 받을 때, 우리는 그것을 내 책임으로 느끼게 된다. 그런데 내가 뭔가를 하는 상황에서 계속되는 방해나 간섭을 받으면 이것을 누구의 책임이라고 느끼게 될까? 이것 때문에 상대의 책임이라고 느끼게 되는 것이다. 동시에 그런 상황을 표현할 수 없어서 억압하게 되는 것이다. 억압이란 그것을 표현하지 못하게 하는 대상과 책임전가를 일정부분 포함하는 개념이다. 간섭이 많을 때 아이들이 짜증을 내면서 엄마 탓을 하는 것도 다 이 때문이다. 그래서 평소에는 눈치를 보면서 가급적 부딪히지 않기 위해서 자기감정을 억압하는 이런 패턴은 통제되지 않는 상황에서 폭발적으로 감정이 표출되는 경험이 반복되면서 표출과 억압을 주기적으로 반복하는 성격이 '버럭'이며 '욱'인 것이다.

그래서 정말 관계를 잘하기 위해서라도 우리 감정은 지성으로 통합되어야 하는데 자기감정을 잘 살펴보고 표출하는 것이 아니라 표현할 수 있어야 한다. 표현이란 앞서도 말한 것처럼 자기 통제 속에서 드러내는 감정이다. 예컨대, 압력밥솥에 압이 가득한 채로 폭발하는 것이 표출이라면 압력을 살살 빼서 조절 가능한 상태로 그 뚜껑을 여는 것이 표현이다. 예를 들어, 억울함을 가진 사람은 상대가 자신에게 10을 잘못해도 100을 요구한다. 왜냐하면 억울함이 크기 때문이다. 당연히 보통의 감정을 가진 사람은 상대가 말하는 90의 정도를 부당하고 억울하다고 느낀다. 이것이 억울함을 핵심감정으로 가진 사람이 보통의 사람들의 마음에 보내는 그의 마음의 신호다. 우리는 이런 신호들을 통해서 사실은 타인의 마음을 짐작할 수 있다. 어쨌든 90을 들어줄 수는 없는 노릇이다. 이렇게 100을 주장하는 이유는 평소에 자기를 잘 표현했더라면 이렇게까지는 요구하지 않았을 텐데, 눌려 있던 것이 명분을 얻으면서 정당성이 생겨 자기 안의 감정 전체가 한꺼번에 쏟아져 나온 까닭이다. 그래서 억울한 사람은 평소에 자기표현을 제대로 하지 못한다. 꼭 억울함만이 아니더라도 백화점이나 마트에서 진상 짓을 하는 사람들의 심리가 이런 심리다. 자기감정과 불평에 대해서 명분이 생겼고 그것이 제대로 받아들여지지 않는 경험이 반복되면서 나타나는 현상이다. 만약 내가 피해를 봤다면 상대가 납득할 만한 수준보다 약간 높거나 같아야 협상이 가능하지 않겠는가? 거기서 한몫 챙기려 들고 욕심을 드러내니 제대로 소통될 리가 없다.

제대로 된 대화는 이처럼 억압과 표출이 아니라 억제와 표현을 통해서 상대가 받아줄 수 있을 만큼을 표현하는 것이다. 내가 대접 받고 싶은대로 상대를 그렇게 대접하는 것이다.

가정환경과 교육의 차이

가정환경은 자녀가 지각한 부모의 양육방식에 따라 충동적 가정, 무질서한 가정, 폐쇄적인 가정, 문제부모 가정, 역기능 가정 등으로 나눠 볼 수 있다.[147] 충동적인 가정은 급한 성격에 신경질적이며 사소한 스트레스에도 자녀와 가족에게 화풀이하는 특징이 있어서 부부 갈등이 있으며, 부모로서 자신의 정서통제가 비효율적이며 자녀들에게 일방적으로 명령하는 특징을 보인다. 무질서한 부모는 가족 간 신뢰가 낮고 가족 위계가 불투명하고 이기적 성향에 부모가 자기 권리만 주장해서 논쟁이 많고 가정 규범이 없어서 자유분방한 분위기를 특징으로 한다. 폐쇄적 가정은 친척 간 왕래가 적고 누가 집에 찾아오는 것을 싫어하고 타인에 대해 경계하는 분위기의 가정이며, 부모가 자녀들의 대인관계에 간섭이 심하고 가족 간 감정표현이 거의 없고 대인관계도 거의 안하는 편이다. 문제부모 가정은 자녀의 불행의 원인이 부모의 결혼에 있다고 지각하고 부부불화가 잦고 부모가 권위적이며 양육에서 체벌과 폭행이 잦고 자녀에게 냉정하고 무관심하며 자녀에 대한 사랑의 표현은 거의 찾을 수 없다. 역기능 가정은 문제 해결이나 과업 수행의 능력이 거의 없고 가족 간 대화가 없으며 가정을 이끌 가장의 존재가 없다. 존경받지 못하는 부모와 자율성이 없고 낮은 자존감의 자녀, 가족 갈등을 극단적으로 많거나 적으며 의사소통 능력이 없는 것을 특징으

로 한다.[148]

이런 가정환경의 차이는 결국 양육자의 양육태도의 차이며 이런 차이들이 서로 제대로 소통할 수 없게 한다. 지금은 치약이 모두 튜브가 플라스틱 재질로 바뀌었지만 20여 년 전만 해도 알루미늄 재질의 튜브가 있었는데 아래서부터 짜는 사람과 위에서부터 아무렇게나 짜는 사람이 있었다. 이게 한 번이면 스트레스가 안 되지만 가정에서 늘 사생활 없이 피부를 맞대며 살아야 할 부부와 자녀들은 스트레스가 이런 사소한 생활태도의 차이에서부터 비롯되기도 했다. 가정환경과 교육의 차이는 우리가 서로 다르다는 점을 드러내 준다. 그러나 어떤 사람은 나와 다른 사람을 자기 취향에 따라 바꾸려고 든다. 물론 서로가 합의를 통해서 성장과 건강을 지향한다면 문제가 없지만 그저 취향의 차이조차 서로 인정하거나 용납할 수 없는 경우도 많다. 그럴 때 흔히 성격차이 때문에 이혼하는 커플이 발생한다.

이처럼 가정환경의 차이는 우리가 대화를 하는 데 큰 방해요인일 수 있다. 우리가 일하며 사랑하는 데 있어서 차이가 없을 수 없다. 차이를 인정하고 상대를 존중하며, 내가 원하고 바라는 것에 대해서 상대의 도움이 필요하고 그것을 선택할지 말지에 대한 권리를 상대방에게 주며, 내 사랑과 인정의 욕구를 표현하는 것이 서로 다른 배경을 가진 두 사람이 사랑의 관계를 쌓아가는 기초적인 단계다. 이렇게 우리는 서로를 닮아가며 알아가며 인내하고 용서하며 사랑하게 된다.

문화의 차이

동아시아인들은 공개된 자리에서 다른 의견을 말하는 것을 무례하고 상대를 무시하며, 지나치게 공격적인 행위로 느낀다. 그런가 하면, 태국인들은 실수를 금기로 여기고 의사결정을 집단을 통해서 내리는 경향이 있으며, 미국인들은 대등적 인간관계(Symmetrical Relationship)에 가치를 부여하고 불평등을 최소화하려는 경향이 있다.[149] 『핵심감정 탐구』의 서문에서도 밝힌 적이 있지만 동아시아문화는 대체로 고맥락 문화이고 유럽과 영미문화는 저맥락 문화에 속한다. 고맥락 문화는 감정적 상처를 피하기 위해서 은유적이고 간접적으로 표현하는 경향이 강하며, 저맥락 문화는 직접적으로 의사소통을 분명하게 한다. 동아시아인들은 화자가 말하는 바와 청자가 받아들인 의미 사이의 다의성(ambiguity)을 인정하는 경향이 강하고, 저맥락 문화일수록 이런 다의성을 없애 버리는 경향이 강하다. 다의성이 건강하게 발휘될 때는 개인이 가진 다양성이 발휘되는 수단으로 사용될 수 있다. 다의성을 제거하면 효율적이고 분명한 의사소통을 할 수 있지만 갈등이 증가할 수도 있다. 유럽이 전쟁이 많았던 이유일 수도 있다. 그러나 그렇기 때문에 사생활을 존중하는 것이 더 발달하는 배경이 되기도 한다. 그런 이유로 미국인은 개인주의 성향이 강하며 간섭받기를 싫어하고 사생활을 존중하는 반면, 이런 개인주의를 한국인은 부정적으로 바라보며 집단의 가치를 우선하고 자기정체성에 의존하기보다는 집단의 정체성에 의지하는 경향이 크다.[150] 동아시아가 오랜 기간 평화로웠던 것은 집단적 경향과 사대라는 외교 방식이 담은 다의성에 대한 인정과 암묵적인 존중이었다. 자기가 생각하고 싶은 대로 생각하도록 내버려 두는 것이다.

문제는 이런 것이 개인이나 사회가 건강할 때는 문제가 되지 않는다. 앞서 경청하지 않는 태도에서 설명했듯이 지금 설명한 다의성은 불통의 이유가 될 수도 있다. 꼭 명백히하는 것이 좋은 것은 아니지만 기본적인 소통을 전제로 해서 우리 마음을 나눌 수 있는 다양한 방법을 고려해야 한다. 다의성의 발달은 위계질서와 밀접한 관계를 배경으로 하고 일의성의 발달은 평등과 효율성을 그 배경으로 한다. 이런 차이를 인정할 때 진정한 의미의 대화와 이해를 이룰 수 있다. 대화란 서로가 같아질 것을 목적으로 하는 것이 아니라 서로가 이해하는 것을 목적으로 한다. 그리고 이 이해는 가다머가 말했던 것처럼 내가 선입견과 편견에 빠져 있을 수 있다는 사실을 깨달을 때 비로소 시작된다.

언어개념의 차이

언어적 차이가 사고의 차이를 불러오기도 한다. 한 연구에 따르면 언어에 따른 사고 유형의 차이를 아래의 표와 같이 설명했다.[151]

한국인	미국인
(1) 집단주의: We-feeling 　　이름: 성+이름, 　　부정의문문에 대한 대답(상대방 위주)	(1) 개인주의: I-feeling 　　이름: 이름+성, 　　부정의문문에 대한 대답(화자 중심)
(2) 계층주의: 직함사용, 나이에 대한 존경	(2) 평등주의: 이름사용, 남녀평등 표현
(3) 간접성: 우회적인 표현	(3) 직접성: Yes/No의 사용
(4) 형식주의: 직책사용	(4) 실용주의: 인칭대명사
(5) 감정주의: 정의적 표현	(5) 이성주의: 합리적 표현

이런 차이는 동일 언어 안에서도 일어난다. 예를 들어서, 교회에서 "형제님 사랑합니다"라는 말은 그리스도의 사랑 안에서 느끼는 형제애를 의미하는 반면, 세속적 관계에서 사랑은 남녀의 사랑이나 혈육 간의 사랑으로 이해되기도 한다. 심지어 세간에 유행하는 사랑에 대해서 "가족끼리 그러는 거 아니야" 혹은 "현실 남매"와 같은 용어들은 가족 간의 현실적 관계

를 보여 주며 사랑이라는 단어가 사회에서 사용되는 용례가 더 좁혀지는 상황을 우리에게 보여 준다. 어느 청년부에 "사랑합니다"라고 말해 주는 자매 때문에 계속 출석하는 불신 형제가 있었다. 이런 장면은 교회에서 흔히 볼 수 있는 장면이다.

이와 유사한 장면은 집단 상담 중에도 목격할 수 있다. 한 사람이 다른 여성에서 "소녀같아요"라고 한 말에 서로 다른 개념을 가진 두 사람은 의사소통에 어려움을 겪었다. 화자는 이 말을 "사랑스럽다"는 의미에서 했고 청자는 가정에서 가장 역할을 해야 하고 엄마에게 남편 역할을 해야 하며 작고 여린 자신을 함부로 대하던 학창시절의 여러 경험이 부정적으로 이 단어를 연상하게 했고 그리 좋지 않은 감정을 갖게 했다. 앞서 문화에서 언급한 다의성은 이럴 때, 다양한 관계를 연출한다. 과거 단일민족에 유교라는 단일 문화 정치체제를 가진 사회에서는 이런 일이 큰 문제가 되지 않았지만 이제 다양한 문화와 성장 배경, 교육 배경 등의 차이로 인해서 이런 다의성은 소통의 장애와 정서적 별거를 부르기도 한다. 이런 것들을 확인하는 것은 대화에 있어서 이제는 필수적이다. 다만 문화적인 특성을 고려해서 다의성을 존중해 주어야 할 때, 그렇지 않고 의사를 분명히 확인해야 할 때를 구분하는 지혜가 필요하며 이것은 현장에서 부단히 연습되고 체득되어야 한다.

방어기제들

안나(Anna Freud)는 10가지를 방어기제로 제시했는데, 억압(repression), 반동형성(reaction formation), 퇴행(regression), 취소(undoing), 내사(introjection), 동일시(identification), 투사(projection), 자기로의 전향(turning against the self), 전도

(reversal), 승화(sublimation)가 있다.[152] 그녀에 의하면 치료 목표는 성충동과 공격충동을 전체 인격의 한 부분으로 통합하는 것이 병리를 줄이는 핵심이라고 보았다.[153] 방어기제는 여러 위계가 있다. 임상 정신분석은 미숙한 방어로부터 성숙한 방어까지, 병리적 방어로부터 건강한 방어까지 방어기전을 세분화하고 내담자가 보이는 방어 양식에 따라서 발병의 원인 지점을 평가하는 기준으로 사용했다.[154] 예컨대, 부정, 투사, 함입은 원초적 방어기전으로 설명했고 취소, 반동형성 등은 2-3세경의 전-오이디푸스기의 방어로 보았다. 이보다 진전된 방어로 이지화, 퇴행을 소개했고 오이디푸스기의 방어로 억압, 억제, 전치, 합리화, 동일시 회피 등을 들고 있다. 이보다 후기에 발달하는 기전으로 승화 등을 제시한다.[155]

이런 방어기제들은 특히 심리적 위협을 느낄 때 대화를 어렵게 하는 방식으로 작용한다. 통찰과 해석을 통해서 혹은 공감을 통해서 이런 방어를 성숙한 방어로 대체할 수 있다. 방어가 없는 사람은 없으며 방어기제 자체가 병리는 아니다.

CHAPTER 03
성화를 위한 대화의 원리와 태도들

진정한 대화는 내가 원하고 바라는 것이 무엇인지를 분명히 하고 내가 원하는 사랑과 인정에 대해서 상대에게 선택권과 자기 결정권을 주는 행동이다. 그리고 이런 사랑의 원리는 계시를 대면해서 내게 선입견이 있다는 사실을 깨닫고 본문의 객관적 진실이 내 견해를 설득할 가능성을 열어 놓는 태도가 바로 대화가 이해의 고유성이 드러나는 대화다. 그런 만남이야말로 참 만남이며 진리와의 만남 사건이다. 대화를 통해서 타자에게 다가서고 대화를 통해서 계시적 진리에 다가선다.

감정과 느낌의 차이에 대해 이해하기

이상적 대화는 내 편견과 선입견을 걷어내는 과정이다. 그런 점에서 감정과 느낌을 구분하는 일은 중요하다. 감정은 흥분할 만한 사태를 지각하면 신체적인 변화가 따르는데, 그 신체 변화에 대한 느낌이다. 즉, 한 감정이 다른 지각에 의해 직접 유도되는 것이 아니라 신체적 표현이 이 지각과 감정 사이에 삽입되어야 한다.[156] 감정은 그것을 유발하는 핵심주제를 마음에 표상하는데 이것은 신빙성 있는 핵심주제를 재현하고 신체적 변화를 보이는 내적으로 체현된 상태다.[157] 그런 점에서 감정은 느낌을 신체적인 감각을 통해 마음에 표상한 것에 기원을 두며 뇌의 변연계(limbic system)의 작용이다. 느낌은 외적인 자극에 대한 영혼이 마음에 표상한 결과며, 전두엽의 작용이자 추상적 사고에서 비롯된다. 즉, 감정은 몸의 추동의 결과며 느낌은 영혼의 추동의 결과다. 느낌은 사건과 감각에 대한 해석에서 비롯되지만, 감정은 교감신경과 부교감신경의 긴장과 이완에서 체화된 해석이다. 이처럼 감정은 몸의 반응이며 그 때문에 매우 즉각적인 반응으로 나타난다. 무슨 사태가 벌어졌는지 어떤 식으로 느끼는지를 이해하는 것을 느낌이라고 한다. 이에 비해 감정은 이 느낌이 신체적 반응을 통과하면서 체화되어 위험을 알리는 시스템이 된다. 그러나 발생과정은 이렇지만 그것을 추적할 때는 역으로 자극에 대한 몸의 반응인 감정을 떠올린 후 그것이 어떤 지각에서 비롯되었는지를 살필 수밖에 없다. 그래서 감정은 강렬한 것이 있지만 느낌은 강렬한 반응이 없다. 감정은 사람이 가지고 태어난 위기 신호와 동기부여 체계이기 때문에 매우 강렬하고 강력하다. 감정이 신체 변화를 부르는 것이 아니라 몸의 변화를 통과해 의식의 표면에 지각된 것이 감정인 셈이다. 즉, 감정은 몸-추동에 결부되어 있고 느낌은 영혼-추동에 결부되어 있다.

에크만(Paul Ekman) 박사가 문화와 관계없이 사람의 표정을 분석해서 얻은 6가지 감정을 기본감정 혹은 일차감정이라고 한다. 그것은 기쁨, 슬픔, 분노, 공포, 혐오, 놀람이다. 이 감정을 통칭하여 BIG SIX라고 부른다.[158] 핵심감정 공동체의 세 가지 규칙 중에서 "자유하기"의 4가지 기술 중 하나인 "느낌 보고"는 바로 이런 사실을 공동체 안에 언사를 통해서 드러내는 과정을 일컫는다. 느낌이 영혼의 추동이라면, 감정은 영혼의 추동이 몸의 추동을 통해 체화한 해석의 체계라 할 수 있다. 그런 점에서 감정은 경험자로서 자기경험이라면 느낌은 관찰자로서 자기경험이다. 감정을 표현하고 다루되 느낌으로 이해된 표현을 하는 것이 대화를 위한 하나의 선택이다.

자기 직면하기

느낌에 대해 좀 더 설명하자면 그것은 자기 직면하기라 할 수 있다. 몸으로 체현된 자기감정을 영혼으로 성찰하고 경험하는 자로만 있지 않고 관찰하는 자로서 자기경험을 관찰자의 입장에서 표현하는 것을 말한다. 그러나 이것은 자기 내면을 성찰하는 것만을 말하지 않고 타인의 반응을 살피고 자신이 지각한 것이 사실과 같은지 그렇지 않은지를 확인하는 과정을 포함한다. 핵심감정 공동체의 세 가지 원칙 중 "자유하기"를 위한 기술 중 하나인 "지각 확인"을 포함하는 것이다. 나 자신에 대한 여러 내적 심상들을 보고하고 타인에 대한 여러 지각들을 확인하는 과정을 포함한다. 성령의 조명과 도우심으로 자기를 정직하게 대면하고 "지금 여기"에서의 상태를 진술하게 나눈다. 그렇게 나누는 과정에서 상대의 의사를 들은 대로 자기 방식으로 넘겨버림으로 오해를 만들지 않고 자기가 이해한 것이 사실과 같은지를 확인한다. 이것을 "의사 확인"이라 한다. 이 공동체적 과정 전체를 '자기 직면하기'라고 한다.

신뢰는 모험을 부른다

온갖 아름다운 말로 상대를 칭찬하고 있다면 나는 그 사람과 얼마나 가까운 사이일까? 사실은 이런 관계는 아주 먼 사이이거나 뭔가 이득을 보기 위해서 접근한 이해타산적인 관계일 것이다. 우리는 신뢰가 높을수록 더 자유롭게 내 생각을 표현할 수 있게 된다. 가까운 친구라서 "애랑 별로 안 친해요"라며 농담을 건넬 수 있고 집에서 자고 가려는 친구에게 "빨리 가라"고 투정을 부릴 수 있다. 이런 태도들은 이런 말도 괜찮은 신뢰관계의 반증이다. 시외버스를 타서 남녀가 같이 앉아 아무 말이 없으면 부부이거나 모르는 사이, 다정다감하면 불륜이라는 말이 있다. 서로 알아야 할 것이 많은 사이는 긴장을 줄이고 친밀감을 높이기 위해서 치러야 할 의식들이 많고 서로 친밀한 관계는 그런 의식들을 이미 치러서 굳이 그런 시간에 체력을 낭비하며 피곤하게 굴 것이 없어서 조용히 여행을 한다. 물론, 항상 말이 없는 것은 아닐 것이다. 때에 따라 밀도 깊은 대화와 삶에 대한 진정한 나눔이 있다. 그러나 정당하지 못한 친밀함을 나누는 관계들은 서로의 삶을 깊이 모르며 좋은 것만 보려 하고 보여 주려 한다. 그런 노력들이 시외버스 안에서도 계속된다. 겉보기에는 친밀감이 넘치지만 그들의 삶에는 서로를 욕망할 뿐 진정한 삶을 공유함이 없다.

가까운 사이란 삶을 공유하고 나누는 사이며 내 말이 그에게 상처가 될까 걱정하지 않는 사이다. 그 말이 상처가 되지 않는 말이라서가 아니라 그를 신뢰하기에 그것을 받아줄 수 있다. 우리 상처의 대부분은 감춰져 있는 높아진 마음이 드러나는 상황에서 발생한다. 달리 표현하자면, 의존해서 사랑받으려는 마음의 좌절에서 비롯된다. 사랑은 받아야겠고 상처는 받기 싫고 그래서 자신을 한껏 부풀려서 관계를 어렵게 만들었다가 상처를 입는다. 자기 욕구를 채워 줄 그 무엇으로 상대의 인격은 순식간에 물화되고 대상화된다. 그런 마음이 누군가를 상처받게 만들고 스스로도 상처를 받고 만다.

그러나 참된 신뢰는 모험을 부른다. 가까운 친구가 내미는 더 원색적인 말들은 관계를 더 긴장으로 몰아넣는다. 그러나 둘 사이의 신뢰는 이런 모험적인 상황을 더 가까운 사이로 만드는 상승의 힘을 만들어낸다. 철이 철을 날카롭게 하듯이 친구가 친구의 얼굴을 빛나게 한다.[159] 이런 관계는 가족관계도 마찬가지다. 진정한 가족은 위기의 순간에도 내 편이다. 진정한 지지자요 우주며 세계다. 우리 주님은 하늘에 계신 내 아버지의 뜻대로 하는 자가 내 형제요 자매요 어머니라고 하셨다.[160] 삼위 하나님과 그 말씀을 향해 돌아선 사람은 그렇게 권징의 관계로 스스로 들어선 자다. 권징은 교회가 하는 것이 아니라 그리스도의 제자가 스스로 받는 것이다. 오늘 권징이 없다고 한탄하지만 이렇게 신뢰관계가 없어 그런 모험으로 자신을 드리지 못하는 것이다. 사랑의 잔고가 넉넉하면 권징의 모험을 견딜 수 있다. 그러나 그 잔고가 넉넉지 못하면 그 관계는 신뢰관계일 수 없고 불륜처럼 보이는 임시 동거에 불과할지 모른다.

자기를 던지지 않는 관계는 신뢰가 쌓일 수 없다. 흩어 구제하여도 더욱 부하게 되고 과도히 아껴도 가난하게 되는 이유도 이 때문이다.[161] 역설이지만 우리 삶을 나누고 내어줄 때 신뢰는 두터워지고, 인색하게 굴 때 관계의 힘은 옅어진다. 그렇게 모험을 나눌 수 없는 관계는 다 가짜다. 돈 있을 때 들끓던 사람은 흔적도 없이 사라진다. 사람은 돈으로 모으는 게 아니다. 그렇게 모인 공동체는 하나님 나라의 공동체일 수 없다. 사람은 사랑으로 모여야 한다. 그리고 그 사랑은 신뢰를 바탕으로 한 모험적인 관계여야만 가능하다.

책임은 내게 있다

관계의 갈등이 생기면 대다수의 사람들은 그것의 책임을 지려고 하지 않는다. 나는 여태껏 상처받은 피해자라는 사람은 봤어도 자신이 상처를 입힌 가해자라는 경우를 들어보지 못했다. 물론 가해자들은 잘 안 나설 테고 피해자들은 자신의 감정을 호소할 것이기 때문에 가해자가 눈에 띄지 않을 수도 있다. 그럼에도 특히 동아시아 문화권에 속한 우리는 수치심과 책임 전가에 익숙하고 신앙의 동기도 이런 책임전가할 대상으로서 그리스도를 생각하는 경향이 강하다. 그래서 한국 교회 전반에 퍼져 있는 구원파적인 요소는 단지 이단 안에서만 나도는 보세물품이 아니라 정통 교회 안에서도 희귀한 진품처럼 나돈다. 마치 우리 신앙은, 영화 밀양에서 신애가 자신의 아이를 유괴한 유괴범을 용서하러 교도소에 방문했지만 이미 그는 피해자인 신애에게 용서를 구하지도 않은 상태에서 용서받음으로 내적 평화를 누리고 있는 가해자의 모습을 닮았다. 그리고 그의 그런 모습은 마치 그가 신앙을 선택한 이유처럼도 보였다. 지금 당장의 고통을 피하기 위해서 신앙에 귀의한 그녀는 그 유괴범을 만난 후부터 하나님의 은밀한 빛을 만난다. 약국의 장로님을 유혹하는 장면에서 가장 강력하게 하나님의 존재를 느낀다. 맑은 하늘을 앵글로 시작한 이 영화는 신애가 종찬(송강호 분)이 든 거울에 비친 자신의 모습을 비춰 보다가 그 앵글이 시궁창으로 내려가면서 영화가 끝이 난다. 오늘 우리 신앙은 어쩌면 이 유괴범을 닮아 있을지도 모른다. 책임이 전혀 없는 신앙은 우리에게 질문을 하게 만든다. 죄의 책임은 내게 있다. 관계를 망친 책임도 내게 있다. 행위구원론을 주장하려는 게 아니다. 책임이 내게 있다는 사실을 깊이 인정하고 그 책임을 통감하는 것과 책임을 질 수 있다는 것은 전혀 다른 문제다. 죄의 책임이 내게 있다는 사실을 깊이 인식할 때, 그리스도께로 갈 수 있다. 하나님의 부르심이란 이렇게 우리를 찾아오는 것이지 막연한 내 고통의 회피가 아니다.

특히 관계에서의 책임회피는 정말 좋지 않다. 갈등 상황에서 자기를 돌아보지 않고 타인과 상황에 대해서 원망하고 책임을 전가하는 것은 더욱 그렇다. 예를 들어, 무더운 날씨에게 책임을 전가한다고 해서 그 날씨가 내 더위를 책임져 주지 않는다. 날씨와 같은 환경을 바꾸려는 시도보다 내 태도를 바꾸는 것이 훨씬 현명한 일이다. 내 주변의 사람들을 바꾸려는 일보다 나 자신의 태도나 결정, 선택을 달리 하는 것이 더 경제적인 일이다. 우리 속담에 "손바닥이 마주쳐야 소리가 난다"고 했다. 관계 갈등은 어느 한쪽이 일방적으로 잘못하는 일은 거의 없다. 그런데도 자기 잘못을 반성하지 않고 상대방만 탓하면 거기서 은혜를 찾을 수 있겠는가? 변명하지 않으면 오롯이 내가 책임져야 하는 무게가 남는다. 한국 사람들은 다른 사람의 평판을 중시하기 때문에 이런 일을 잘하지 못한다. 그러나 진정한 평판은 하나님께 듣는 법이다. 물론 상대가 음해를 하거나 거짓으로 모함을 한다면 잠자코 있어서는 안 된다. 나도 몇 번의 경험이 있다. 지속적으로 음해를 해대는 사람을 방치했다가 오명만 쓰게 된 경험이 있다. 그저 참는 것이 능사가 아니다. 송사에서 먼저 말하는 사람의 말이 바른 것 같지만 그의 상대자가 와서 전모를 밝히는 법이다.[162]

문제 해결의 열쇠는 우리 자신이다. 원망이나 불평이 세상이나 자신의 환경을 바꾸지 않는다. 스토아 철학자 에픽테토스(Epiktetos)는 자신의 다리를 부러뜨린 자신의 주인에 대해서 화도 내지 않고 원망도 하지 않았다. 그런다고 자신의 부러진 다리가 낫지도 않으며 오히려 몸의 상처에 더해 자신의 마음의 상처까지 남기는 어리석은 일이라고 보았다. 원래 스토아 철학은 섭리에 대한 신앙을 가지고 있다. 자연을 신으로 삼은 이들이 이 정도의 삶에 대한 사랑의 태도를 보인다면 상천하지의 크신 하나님, 사시는 하나님, 그 사랑하는 자들을 위해서 오래 참지 않으시는 하나님을 섬기는 우리는 얼마나 더 섭리하시는 하나님을 신뢰하면서 우리 삶에 대해 책임을 다해야 할까?

많은 사람들이 오해하는 것이 있다. 장로교 신앙이 예정 교리를 가르치고 모든 것이 하나님의 주권 아래 있다고 가르치니 신자들은 아무것도 할 것이 없다고 생각하는 경향이 있으나 우리 믿음의 선진들은 그렇게 생각하지 않았다. WCF 5.2.은 섭리교리를 이렇게 묘사했다.

2. 제1원인이 되시는 하나님의 예지와 작정에 따라 모든 일들이 변동 없이 이루어져 간다. 그러나 그것들의 되어 가는 방편은 제2원인의 성질에 따라 필연적인 것, 자유로운 것, 혹은 비연적인 것으로 구성된다. 그렇게 되어 가는 것 역시 하나님의 섭리에 속한다.

이 교리를 흔히 동시발생(concurrence) 교리라고 하며, 여러 개혁파 학자들의 글에도 등장한다. 예컨대, 헤르만 바빙크(Herman Bavinck),[163] 루이스 벌코프(Louis Berkhof),[164] 로버트 쇼(Robert Shaw),[165] 존 머레이(John J. Murray),[166] 스프라울(R. C. Sproul)[167] 등이다.[168] 이 교리는 결코 우리가 가만히 있어도 저절로 모든 것이 일어난다고 말하지 않는다. 위의 WCF 5.2.처럼 제2원인인 우리 자신의 성질을 따라 더러는 필연적으로 더러는 자유롭게 더러는 비연적으로 일어난다. 성경을 봐도 그렇고 우리 자신의 경험 속에서도 그렇다. 우리 자신의 삶에 책임을 다하는 것이 진정으로 섭리를 믿는 신앙이다. 예정 교리는 마치, 스포츠 경기의 마지막 바퀴의 경주처럼 이제 목적지가 얼마 남지 않았으니 낙심치 말고 믿음의 경주를 온전히 하라는 메시지를 준다. 성도로 하여금 인내하도록 하고 마침내 이기게 하시는 하나님의 크신

경륜이다.

특히 하나님과의 관계와 이웃과의 관계에서 우리는 책임을 다해야 한다. 이웃을 사랑하는 책임을 다해야 하며, 하나님을 사랑하는 책임을 다해야 한다. 물론 우리는 다 할 수 없다. 그리고 우리가 하는 책임이 결코 우리의 구원의 공로일 수도 없다. 그럼에도 우리는 책임을 다해야 한다. 그것이 하나님이 우리에게 주신 교훈적 의지이기 때문이고 그리스도께서 우리를 대신하여 능동적인 순종을 통해서 우리가 져야 하는 율법 순종의 의무를 다 행하시고 믿는 우리에게 그 의를 전가하신 것을 감사함으로 순종해야 한다. 그렇게 하나님과 이웃을 사랑하는 일은 대단한 것에서 시작하지 않는다. 그저 내가 원하고 바라는 것을 요청하고 그것을 결정할 권리를 상대에게 주며, 상대가 원하고 바라는 것을 듣고 그 요청에 할 수 있는 대로 반응하는 것이다. 우리는 그렇게 서로의 짐을, 공동체의 짐을 지는 일을 함께하는 것이다. 그것이 그리스도의 법, 곧 형제 사랑을 실천하는 일이다.[169] 그리고 이렇게 서로의 짐뿐만 아니라 자기의 짐을 각자 지는 책임 있는 삶을 사는 것이다.[170] 그것이 또 다른 형제 사랑이다. 우선순위는 정해졌다. 먼저는 형제의 짐에 대해 반응하는 것이고 후에는 자기의 짐에 대해서도 책임을 다하는 것이다.

그러기 위해서는 먼저 서로를 이해해야 한다. 우리의 선입견과 편견을 딛고서 서로에게 다가서 언어를 통해서 서로를 이해하는 일이 사랑의 출발이다. 또한 같은 방식으로 계시를 대면하여서 우리 자신의 편견을 깨닫고 계시의 본문이 우리에게 말하도록 해야 한다. 그것이 하나님을 사랑하는 하나님 나라 백성의 삶이다.

책임을 질 때 해결의 실마리가 보인다

책임을 진다는 것이 무슨 뜻일까? 첫째, 인간관계에서는 내가 원하는 사랑과 인정에 대해서 정직히 인정하는 것, 그리고 그것이 채움 받기 위해서는 형제의 도움을 청하고 그 결정권을 상대에게 주는 것이다. 결정권을 준다는 것은 긍정적인 면에서뿐만 아니라 부정적인 면에서도 그렇다. 형제가 죄를 그치는 일에 있어서 그에게 선택권을 주는 것이다. 그것을 강제나 위협, 협박 등을 통해서 얻어내는 것이 아니라 그가 스스로 사랑의 선택을 통해서 진리로 돌이키게 하는 것이다. 이것을 마태복음 18장은 형제에 대해서 권하고 듣지 않으면 두세 증인을 증참하고 그래도 듣지 않으면 교회에 말하고 그 후에도 듣지 않으면 이방인같이 여기라는 절차를 통해서 표하고 있다.[171] 둘째, 같은 방식으로 하나님의 계시의 본문을 대면하여서 내 편견과 선입견을 드러내고 본문이 지닌 객관적인 진리가 내 견해를 설득하도록 열어 놓는 것이다.

그것이 본문이 되었든지 타인이 되었든지 우리는 그 요청들에 응답할 준비가 되어 있어야 한다. 근대성이 남긴 자아의 고립으로부터 벗어나야 한다. 언어를 매개로 우리는 이웃과 소통할 수 있는 지점을 찾아야 하고 본문과 소통할 수 있도록 본문을 매개로 해야 한다. 오늘날 포스트모던은 근대적 그림자 속에서 그 장점이 아니라 약점이 교회를 침습했다. 성경을 묵상하는 QT는 본문이 말하게 하는 것이 아니라 내 고립된 주관성을 본문에 주입해 타인들과 그것을 나눔으로 타자들과도 불통을 유발한 것이다. 자신의 고약함을 재생산하는 구조, 영화 매트릭스에서 스미스처럼 무한 자기복제를 하는 구조를 만든 것이다.

그러나 후기근대성이 보여 주는 책임과 그 실마리는 언어를 매개로 하는 상호주관성 속에서 서로 간에 소통을 이루는 것이다. 근대가 고립된 주관성에 머물렀던 것과 달리 같은 언어를 두고 함께 같은 것을 느끼는 언어를 매개로 하는 장으로 나오는 것이다. 뿐만 아니라 내 편견과 선입견을 부정하지 않고 그런 나의 위치를 인정하면서 계시의 본문으로 하여금 내 편견에 대해 말하게 함으로 새로운 해석의 지평이 열리도록 하는 것이다. 그렇게 우리는 자기 복제의 구조를 벗어나 비로소 이웃을 참으로 만나며, 계시의 본문이 우리를 향해 말을 걸고 계시의 빛 아래서 삼위 하나님을 만나는 자리로 나아가는 것이다. 이것이 우리가 찾은 실마리다.

관심 기울이기

데카르트가 "Je pense, donc je suis" 즉, "나는 생각한다. 고로 존재한다"라는 명제를 지식의 기초로 놓은 이후로[172] 근대는 고립된 주체인식의 함정에 빠졌다. 무엇이든 주체가 인지해야만 하는 함정에 빠져 타자로 향하는 길을 잃고 말았다. 이제 다시 계시의 본문으로 돌아올 때가 되었다. 이제 다시 인간 문서(human document)로 돌아올 때가 되었다. 여기서 인간문서라 함은 사람을 마치 텍스트로 된 본문을 읽듯이 읽을 수 있는 것으로 표현한 것이다. 우리는 사람들의 언사를 통해서 그들의 삶을 읽어내야 하며, 계시의 본문을 따라 하나님을 이해해야 한다. 우리의 주의를 자신의 몸과 이웃, 그리고 하나님께 드리는 과정이 바로 관심 기울이기이다. 몸의 욕동과 영혼의 추동은 모두 우리 마음이라는 스크린에 이미지를 투사를 한다. 이 추동의 힘들은 대상을 추구하며 욕동의 만족을 추구한다. 이 관심은 비뚤어질 수 있다. 인간의 욕망은 죄로 기울어 있기 때문이다. 이 관심은 사랑이 아니라 자기만족과 욕망일 수 있다. 인간의 타락한 본성 때문에 사랑의 추동은 자기만족을 추구한다. 어거스틴은 이것을 자기 사랑(*Amor Sui*)으로 설명했다.[173] 이는 교만의 죄의 직접적 이유이기도 하다.[174] 인간의 욕망을 누구보다 깊이 이해했던 어거스틴은 인간의 욕동을 세 가지로 나누었는데 그것은 쾌락의 욕구(*libido sentiendi*), 지식의 욕구(*libido sciendi*), 지배의 욕구(*libido dominandi*)로서[175] 『고백록』은 탐욕(*cupiditas*)과 사랑(*caritas*)을 완전히 구별하지 않는다. 이 둘은 뒤섞여 있다. 이것이 바로 욕동(추동)의 특성이다. 더 탐욕적이거나 덜 탐욕적이거나, 덜 사랑하거나 더 사랑하는 다양한 상태를 보인다.[176]

그런데 여기에 믿음이 주입되면 믿음으로부터 추동의 힘이 생성되어서 이 추동은 그리스도와 함께 하나님을 향해서 자라게 된다. 다시 계시라는 본문과 사람들의 다양한 대상추구를 매개로 우리는 세상과 연결되게 되었다. 기독교 신학체계에서 이것은 교회가 남긴 공적인 신앙고백서일 수 있다. 그래서 대요리문답은 그 자체로 공공신학으로 기획된 것이기도 하다.[177] 계시 본문과 그것을 대면한 인간의 고백이 담긴 문서를 통해서 우리는 서로 공동체를 이룰 수 있다. 이제 근대가 남긴 고립된 주체로서 주관성의 함정에서 벗어나 계시 본문을 매개로 한 상호주관성의 세계로 나아가야 할 필요가 있다. 우리 관심은 이렇게 하나님과 타자, 그리고 우리 자신을 향해 있어야 한다.

남의 다리 긁지 않기

우리 사회나 교회의 통상적인 대화의 방식에서 문제가 되고 소통을 방해하는 직접적인 이유는 내 것을 타인에게서 찾는 현상이라 할 수 있다. 이것은 계시 본문을 향해서도 마찬가지다. 계시 본문이 우리에게 말을 걸고

나를 설득할 수 있도록 허용해야 하는데 우리 생각을 계시 본문에 주입하는 현상으로 나타난다. 오늘날 한국 사회에서 포스트모던이 가장 오용되는 지점이 바로 이 지점이 아닌가 한다. 계시 본문이 뭐라고 말하는가는 상관이 없고 내 느낌만 중요하게 된다. 같은 방식으로 우리는 이웃과 관계를 맺을 때, 내 것을 타인에게서 찾는다. 예컨대, 창가에 기대어 밖을 내다보는 타인을 보며 "위험하게 왜 그래"라고 말한다. 이때 위험과 그에 관한 불안은 기대어 내다보는 타인의 것이 아니라 내 마음에 있는 내 것이다. 우리가 더 정직하게 반응한다면, "창가에 기대어 있는 것이 내게 불안해 보여요. 혹시 좀 저를 배려해서 물러서 주시면 안 될까요?"라고 반응하는 것이다. 자신의 의존의 감정을 분명하게 인식했을 뿐 아니라 창가에 기대는 행동에 대한 타인의 자기 결정권을 침해하지 않으면서 자기표현을 한 것이다. 이런 태도가 감정과 느낌을 구분한 태도며, 자기가 책임질 수 있는 것과 그렇지 못한 것을 구별한 태도이고 자신이 책임질 수 있는 것과 타인에게 결정권이 있는 것을 구분하고 자신의 필요뿐만 아니라 타인의 결정권을 존중하며, 그것을 요청하는 공동체적 태도다. 이런 태도는 우리로 하여금 관계의 모험을 하게 하며 이 모험은 더 많은 신뢰로 우리를 초대한다. 바울이 갈라디아서 6장에서 말하는 서로의 짐을 지며 각자 자기의 짐을 지는 구체적 지점이 바로 여기다.

우리는 정말 많은 순간 타인의 권리를 침해하며 그런 것을 사랑이란 이름으로 정당화한다. 그러나 인격권은 하나님이 각 개인에게 부여하신 권리다. 근대성이 되었든지, 후기근대성이 되었든지 그것이 성경이 말하는 원리와 같을 수 없다. 다만 우리는 이 세상에서 살면서 하나님 나라를 사는 백성으로 이 세계에 남아 있어야 하는 존재다. 근대성의 고립된 체계가 교회 속에 들어와 세계에 강요한 것은 타인의 삶을 부정하고 자기가 옳다고 믿던 제국주의적 선교방식이다. 후기근대성이 교회 속에 들어와 우리 삶에 강요한 것은 본문과 타인의 삶을 내 방식대로 읽고 정당화해 버리는 또 다른 방식의 왜곡과 소외다.

우리가 진정한 의미에서 형제 사랑을 실천한다면 교회는 세상의 실천적 대안이 될 수 있을 것이다. 그러려면 먼저 한국적인 정을 나누더라도 남의 다리를 긁지 않고 상대의 결정권을 존중하고 내 연약함에 대해서 인정하고 상대의 도움을 청하며, 서로 그렇게 서로의 짐을 지고 자기의 짐을 지는 하나님 나라의 삶의 방식으로 우리 관계를 새롭게 정의하는 것이다. 자기 한계를 인정하는 겸손과 그럼에도 불구하고 우리가 누군가를 도울 수 있는 존재라는 사실을 기억하며 서로를 향해 그런 역할을 해내는 것이다. 우리가 관심을 기울이는 일은 자기 필요가 있을 때만 타인의 삶에 관심을 두는 것이 아니라 타인의 필요가 지각되었을 때도 같은 방식으로 우리 삶을 나누는 것이다. 예컨대, 핵심감정 공동체 중 누군가가 표정이 좋지 않아 보인다면, 핵심감정 공동체의 세 가지 원칙 중 "자유하기"의 기술 중 하나인 "지각 확인"을 사용해서 "내가 보기에 표정이 안 좋아 보여요. 혹시 제가 했던 말 때문에 기분이 상하신 것인가요?"라고 물을 수 있다. 이어서 "혹시 제가 해야 할 것이 있을까요?"라고 의사를 확인할 수 있을 것이다.

대부분은 이런 상황이 낯설어서 자기를 직면하지 않고 회피해 버린다. 오늘날 대부분의 교회에서 새로운 교인이 왔을 때, 교회는 모두 이 새로운 사람에게 관심이 있다. 그런데 관심이 지나쳐서 상대의 결정권을 침해해서 자기를 열어 보이기를 꺼리게 만들거나 그 반대로 조심스러워서 어떻게 접근해야 좋을지 몰라 표정과 태도를 살피고 거기서 지각되는 것이 있음에도 불구하고 외면한 채 자신이 가까이 지내던 지체들과의 관계에 몰입하며 자신의 불편한 감정을 애써 외면해 버리기 때문이다. 우리는 이렇게 관계 맺는 법을 배운 적이 없다. 그리고 관계에도 밀도와 거리가 존재한다는 사실을 배운 적이 없다. 그리고 그런 관계로 나아가기 위해서는 예전과 같은 절차들이 필요하고 그런 과정들이 우리의 신뢰를 높인다는 사실을 배우지 못했다. 그래서 모험하지 않고 안전한 길을 택해, 고립된 주체로 남고 있다. 그리고 싸지르듯이 우리 욕망을 타인에게 투영한다. 이런 관계로는 복음이 능력 있기 어렵다. 18세기 계몽주의 시대 이후로 지금까지 진리를 변증하는 일에 관심이 많았고 교회는 그런 일에 힘써왔으며 그렇게 함으로 많은 사람들이 복음으로 나아오기도 했다. 그러나 앞으로 다가오는 시대는 관계를 새롭게 맺는 시대와 세대가 될 것이다. 서로 연결되는 시대가 될 것이다. 이미 SNS 환경과 IoT는 이 시대가 그리로 가고 있다는 것을 웅변하고 있다. 그러나 이것은 그저 형식일 뿐이다. 이 시대의 사람들은 여전히 이런 관계맺음에도 불구하고 관계에 목말라한다. 그러면서도 여전히 근대적인 방식의 고립된 주체로서 자기 인식 속에 갇혀 어떻게 소통해야 하는지를 모르고 있다. 핵심감정 공동체는 이런 시대의 교회의 대안이라고 확신한다.

경청하기

우리는 앞서 경청하지 않는 태도에 대해서 살폈다. 경청은 수동적으로 보이지만 사실 매우 적극적인 행동이자 태도다. 그냥 듣는 것이 아니다. 프랑스의 의학자 알프레 토마티(Tomatis)는 "청력(hearing)은 귀에 들려오는 소리를 듣고 무심히 흘려보내는 수동적 듣기이고, 경청(listening)은 의식을 집중해 정보를 모은 뒤 이를 분석해 뇌로 보내는 능동적 듣기다."[178] 거기에 더해 경청은 active listening이라고 표현한다. 그냥 귀를 열어 놓는다고 해서 경청이 그냥 되지 않는다. 경청은 매우 적극적인 행동이자 태도다. 상대가 하는 말과 몸짓, 눈빛에 온몸과 온 마음으로 집중해서 듣는 것이다. 몸을 쓰지 않으면서 제대로 듣기는 어렵다. 뿐만 아니라 이야기를 듣는 동안 생각의 속도를 따라 듣는 것이 아니라 말하는 사람의 말의 속도를 따라 듣는 것이다. 상대를 전존재로 받아들이면서 그를 이해하고자 하는 마음으로 듣는 것이다. 그가 말하는 동안 내가 할 말을 생각하거나 말하는 동안 내 주의를 다른 곳에 주거나 딴생각을 하면서 듣는 것이 아니라 진심을 다해서 그의 마음에 가닿기를 희망하는 것이다. 우리 내면의 추동은 대상을 추구한다. 내 추동이 외적 대상인 그 사람의 느낌과 생각과 정말 같은지를 확인하는 것이다.

그래서 경청은 그냥 듣는 것이 아니다. 집단을 지도하다보면 길지도 않은 상대의 말을 제대로 요약해서 옮기지 못하는 경우를 본다. 상대의 말에 집중해서 듣지 않기 때문이다. 그냥 귀에 들리는 대로 들으면 된다고 생각하기 때문이다. 경청은 이해의 마음을 듣는 행위다. 그의 말을 통해서 내 편견이 무엇인지 확인하는 듣는 행위다. 우리말에 "말을 듣지 않는다"는 관용적 표현이 있다. 순종하지 않음을 표현할 때 쓰는 표현으로 실제로 히브리어도 순종이란 직접적인 단어가 없고 청종, 곧 듣고 따른다는 표현을 쓴다. 신명기 6장 4절에서 말하는 "들으라 이스라엘"이란 표현이 바로 이런 표현이다.

우리는 제대로 기억할 수 없기 때문에 적으려 들지만 우리가 적는 행위를 하는 동안에 그가 하는 말을 듣지 못한다. 결국 그렇게 적어서 남긴 것을 제대로 살펴보지 않거나 어떤 것이 남아도 그것은 상대가 전하고자 한 것이 아니라 내 욕망에 잘 들러붙는 것만 남은 것이다. 결국 자기복제만 자기에게 남는 듣기를 하고 있는 셈이다. 그러나 경청은 상대가 말하고자 하는 맥락을 읽는 것이다. 내 편견을 수정하고 진정한 이해로 나아가는 것이다. 경청은 그렇게 상대의 관점을 듣고 이해하는 것이다.

메타인지와 메타 대화

메타인지는 문제를 해결하려고 학습자가 자기 지식에 대한 활용과 통제, 조절할 수 있는 능력으로[179] 내가 인지하는 행위를 인지하는 것으로 내가 지금 무엇을 생각하고 있다는 사실을 생각할 수 있는 능력을 말한다.[180] 즉, 관찰하는 자기(observing Self)와 경험하는 자기(experiencing Self)로 자기 분리(split Self)를 할 수 있는 능력이며, 관찰하는 자로서 자기 경험으로서 추동이 몸의 힘인지 영혼의 힘인지 구별할 수 있게 해 준다.[181] 예컨대, 느낌은 좀 더 영혼에 가까운 힘이며 감정은 좀 더 몸에 가까운 힘이다. 물론 메타인지는 인지라는 점에서 감정과는 차이점이 존재하지만 프로이트는 이런 과정 전체를 사고로 이해했다. 즉, 욕동이 전개되는 과정을 지각조직-기억조직-무의식(1차 과정 사고, 압축과 전치)-2차 과정-의식-운동으로 이해했다.[182]

사실 핵심감정 공동체가 지향하는 방식은 정서적 사고라 할 수 있다. 자신의 감정을 지각하는 사고를 보고하는 것이다. "느낌 보고", "지각 확인", "관심 기울이기"가 모두 이런 맥락의 기술이다. 그러면 메타 대화를 한다는 의미는 무엇일까? 보통 말에서 감정은 형식에 실리고 내용은 정보를 전달한다. 예컨대, "문 좀 열어 주실래요?"와 "문 열어!"는 같은 정보, 곧 문을 열라는 정보를 전달하지만 거기에 실린 감정과 정서는 다르다. 그런데 이렇게 형식에 담긴 정서를 내용의 형태로 표현하는 것이다. "문 열어"라고 말하는 대상에 대해서 "니가 열어"라고 말하는 것이 아니라 "'문 열어'라는 표현이 좀 불편하네요"라고 자신의 정서를 느낌 형태로 인지해서 표현하는 방식을 일컫는다. 이렇게 하는 이유는 이런 방식의 대화를 고착시키려는 것이 목적이 아니다. 정보는 내용에 감정은 형식에 담기는 것이 자연스러운 언어이다. 그럼에도 이런 방식으로는 우리 핵심감정으로 인해서 여러 오해를 불러오기 때문이다. 바벨탑은 외국어에만 있는 것이 아니다. 같은 모국어를 쓰면서도 서로 마음이 맞닿지 않을 수 있다. 그래서 이런 방식의 메타인지를 활용한 대화를 통해서 핵심감정을 발견하고 그것으로부터 해방되는 과정을 위한 일종의 수련의 방법이며 서로를 이해하기 위한 언어. 일정하게 정보가 누적되고 왜곡이 줄어들면 자연스럽게 자연적인 방식의 의사소통으로 저절로 돌아오게 된다. 왜냐하면 우리가 늘상 해 오던 의사소통 방식이기 때문이다.

자기에게 충실하게 대화하기

복음주의 전통은 우리 자신에 대해서 관심을 갖는 것을 꺼린다. 예컨대, 팀 켈러(Timothy J. Keller)는 "복음적 겸손의 핵심은 자신을 더 생각하거나 덜 생각하는 것이 아니라 자신에 대한 생각 자체를 덜 한다는 데 있다"[183]고 말한다. 그런가 하면, 로이드 존스(Martyn Lloyd-Jones)는 시편 42장 11절을 인용하면서 "인생의 대부분의 불행은 우리가 자아에게 말하는 대신 오히려 자아의 말을 듣는데 있음을 모르시겠습니까?"[184]라고 말한다. 이 표현들에는 적어도 자신에 대한 두 가지의 다른 이미지가 존재한다. 로이드 존스의 표현은 우리와 자아가 서로 대비를 이루며 팀 켈러의 표현은 자신에 대해 생각하는 것과 생각하지 않는 것이 대비를 이루고 있다.

　그렇다. 진정 복음 앞에 서게 되면 우리 자신에게 관심이 덜해지고 우리가 더 사랑해야 하는 것이 그리스도와 삼위일체 하나님이시라는 것이 우리 삶에서 분명하게 드러나 그 사랑으로 이웃을 더 사랑하는 삶으로 드러난다. 복음은 이처럼 계시로 말미암아 주어진다. 반대로 율법주의나 율법폐기주의는 우리 본성이 추동하여 만든 자기 이미지에서 비롯된다. 우리 본성은 끊임없이 복음을 흉내 내면서 가라지를 만들며 교회와 성도들 안에서 살아남는 끈질긴 생명력을 보인다. 이런 문제에 효율적으로 대처해야 할 필요가 있다. 문제는 이것이다. 자아와 우리는 어떻게 구별되며 자신에 대해서 생각하지 않으려면 어떻게 해야 하는가? 문제는 여기 있다. 자아의 말을 어떻게 안 듣는다는 것인가? 어떻게 자신에 대한 생각 자체를 안 한다는 것인가? 표현은 쉽지만 어떻게 하라는 말인지 쉽게 감이 오지 않는다. 설혹 안다고 쳐도 우리 마음은 쉽사리 우리 자신을 속인다. 율법주의는 얼마나 경건하며 율법폐기주의는 얼마나 하나님의 주권을 높이는지 모른다. 율법주의는 바울이 갈라디아 교회에 말한 것만큼 오래되었다. 어쩌면 그보다 더 묵은 것일 수 있다. 율법폐기주의는 루터의 종교개혁에 그 뿌리를 두고 있다.[185]

　율법과 복음을 대비시키면 거의 폐기주의에 가깝고 복음을 율법에 귀속시키면 율법주의에 더 가깝다. 이런 행동의 이해의 동력에 우리 자신의 인격이 자리하고 있다. 그리고 그런 동력에 자리한 인격을 팀 켈러나 로이드 존스는 자신이나 자아라고 표현했다. 데카르트 이후 근대는 자아의 세례를 받은 시대다. 모든 대상과 사물을 파악하는 주체로서 자기를 상정한다.

이 상정의 또 다른 전제는 계시를 배제한 채 그렇게 한다는 것이다. 그러나 이런 근대적 논의들은 다시 언어로 돌아오게 되었다. 이것을 신학적으로 해석하자면 계시로 돌아오게 되었다. 그리고 그 과정에서 주체는 상호 같은 이해를 갖는 주관성으로서 객관을 후퇴시켰다. 팀 켈러의 표현은 이 상호주관성과 맥락을 같이 할 수 있고 로이드 존스의 표현은 언어로의 회귀와 맥락을 같이할 수 있다. 즉, 자신을 덜 생각하고 서로 함께 생각하며 자신의 생각보다 계시적 이해로 자신을 해석하는 것으로 이해할 수 있다.

이것은 핵심감정 치료 개입 모델에서 언약적인 인격주체의 개념과 같다.『기독교 강요』4권의 맥락을 따라 교회와 거기로부터 베풀어지는 은혜의 수단들로 말미암아 언약적인 관계를 맺은 공동체적 존재로서 자기 이해를 갖게 되는 것을 말한다. 인류 역사의 발전에는 하나님의 섭리가 있다고 믿는다. 그리고 이 시대의 목소리라 할 수 있는 후기근대는 한편으로는 기독교의 존립을 위협하는 도전이면서 다른 한편으로는 새 시대를 여는 일반계시의 한 방편일 수 있다. 근대가 고립된 주체로서 자신을 이해하고 그것을 진리의 근거로 두기 시작하면서 인식을 통한 진리에 다다르고자 했으나 실패했다. 이제 우리는 서로를 인정하는 자리에 섰으며 언어를 통해서 그것을 확인해야 하는 자리에 섰다. 한 사람의 그리스도인으로 이제 우리는 계시라는 언어를 통해서 하나님과 소통하며 우리 자신의 언어를 통해서 서로를 이해할 수 있는 자리에 섰다.

그런데 이렇게 하려면 역설적이게도 먼저 우리는 '내가 누구인지' '내가 무엇을 원하는지' '내가 무엇을 바라는지'에서 출발해야 한다. 그래야 나를 덜 생각할 수 있고 그래야 자아의 목소리가 아니라 계시적 목소리에 귀를 기울일 수 있다. 지식은 변별로부터 그 참됨이 드러난다. 교회 역사도 유사 진리인 이단적 주장에 대해서 어떻게 다른지를 변별해냄으로 진리를 사수해 왔다. 같은 방식으로 자기 자신에게 충실하지 않고서는 어떻게 다른지를 변별해낼 수 없다. 자기에게 충실하다는 말은 그냥 자기감정에 솔직해지라는 말이 아니다. 집단을 지도하다보면 충분히 설명했음에도 경험이 없으므로 이렇게 오해하는 경우가 적지 않다. 내가 누구인지는 이웃과의 관계, 하나님과의 관계에서만 정의되며 내가 무엇을 원하고 바라는지는 역시 이웃과 하나님과의 도움 아래서 확인된다. 자신이 정말 원하고 바라는 것은 요약하자면 "사랑과 인정"이며, 이 사랑과 인정은 항상 대상을 전제로 한다. 문제는 대상을 이해하고 존중하는 구조가 아니라 그것이 말 그대로 물화된 대상일 때, 이용물일 때 문제가 된다.

근대적 주체의 고립은 대상을 이런 방식으로 보는 것을 그 구조가 은연중에 조장했다. 인간의 본성에 그 기원이 있지만 주체로서 자기동일성과 정당성을 얻기 위해서 대상들을 물화한 것이다. 가장 비근한 예로 남자가 여자를 소중히 여겨서 사랑해야 할 대상으로 보지 않고 욕망의 대상으로 보는 것, 목사가 교회를 사랑하고 섬겨야 할 대상으로 보지 않고 성공의 대상으로 인식하는 것, 그래서 성도들을 정말 자기 가족처럼 아끼며 그들을 보호하기 위해서 힘쓰지 않고 교회 성장을 위한 도구로 생각하며 충성스런 관계일 때는 단물을 빨다가 관계가 어려워지면 언약적인 책임을 지지 않고 토사구팽(兎死狗烹) 해버리는 것, 담임이 부교역자를 그런 쓰다 버릴 도구로 생각하는 은연중의 행동들, 회사가 직원을 뽑아 그들과 공생적인 관계를 맺는 것이 아니라 자기 성공을 위해 도구로 생각하는 것, 여자들이 남편을 고를 때, 진정으로 사랑하면서 순종해야 할 남편으로 보지 않고 신분 상승을 위한 수단으로 생각하는 것 등의 물화해 버린 자기 욕망에 정당성을 부여하는 것을 자기에게 충실하기로 이해해 버린다. 오늘날 매장에 가면 "지금 앞에 있는 직원은 누군가의 가족입니다. 소중히 대해 주세요"와 같은 안내 문구를 심심치 않게 보게 된다. 많은 사람이 사람들의 서비스를 소비의 대상으로 생각하면서 이런 물화 현상은 점점 심해지고 있다.

그러나 자기에게 충실하기라는 것은 진정으로 자신에게 충실하려면 바로 이 대상들의 도움이 있고 그들과 인격적인 관계가 맺어져야 비로소 진정한 의미에서 사랑과 인정을 받는 관계의 정립이 가능하다는 말이다. 이런 종류의 우리 자신의 느낌은 참 다양한 방식으로 표현될 수 있다. 요리를 잘하는 사람을 보고 "당신은 요리를 참 잘하는군요"라고 말할 수 있다. 그런데 그래서 내가 어떻다는 것은 이 감정표현에 전혀 드러나지 않는다. 그래서 부럽다는 것인지, 시샘이 난다는 것이지, 나도 좀 배워 보고 싶다는 것인지가 드러나지 않는다. 물론 언어의 형식에 담긴 감정 때문에 대부분의 사람들은 맥락 속에서 상대가 어떤 감정을 지니고 이런 말을 하는지 알아듣는 데 어려움이 없다. 그러나 이런 방식은 우리 자신을 감추는 표현의 방식이다. 그리고 이렇게 감추어질 때, 우리의 은밀한 욕망은 그 뒤에 숨어서 기회를 노린다. 우리가 여러 명이 모여서 음식을 주문할 때 겪는 어려움은 전체의 의사를 고려하다보니 자연스럽게 메뉴가 한 가지로 모인다는 것이다. 이것을 한쪽에서는 배려라고 생각하지만 다른 쪽은 물화를 정당화하는 신호들이 된다. 속된 말로 "배려가 계속되면 권리라고 생각하게 되는 것"이다.

최근 문화는 좀 달라졌지만 의사표현의 방식에서는 여전히 그렇다. 특히 둘이서 만나는 상황일 경우, 상대를 배려한다는 이유로 "아무거나"라는 표현을 흔히 쓰고 정작 메뉴가 순댓국이나 선짓국이 되면 "난 그건 못 먹어요"라고 말하는 경우가 생긴다. 특히 고맥락 문화에 속하는 한국은 자신을 감추고 상대방이 자신에게서 자신이 원하는 반응을 이끌어 내기 위해서 자주 자신을 감추는 경향이 있다. 주로 이런 방식이다. "차린 게 별로 없어요." "맛은 없어요." 낯선 옷차림에 대해서도 "멋있어요" 등의 자신의 불편함을 감추는 혹은 자신이 드러나는 것을 꺼리는 대화의 방식에 오래 길들여져 왔다. 그러다 보니 정작 자신은 무엇을 원하는지 무엇을 바라는지를 잘 모르는 경우가 많다. 이런 것을 배려라고 생각하지만 내 권리를 내어주는 것을 배려라고 하지는 않는다. 배려는 상대가 진정으로 나를 대할 수 있도록 하는 것이며 적어도 상대에게서 그런 권리를 내가 임의로 빼앗지 않는 것이다. 자기에게 충실하기란 타인과 관계없이 자기만 보라는 의미가 아니다. 진짜 타인과 참된 교제를 나누라는 말이다.

중국계 미국인 여성 작가인 에이미 탄(Amy Tan)의 소설이 원작인 웨인 왕(Wayne Wang) 감독의 1994년작 "조이 럭 클럽(The Joy Luck Club)"이란 영화가 있다. 이 영화는 1940년대 샌프란시스코가 그 배경이며 이민 1세대 중국인 준은 어머니가 돌아가신 후 중국을 방문하려다가 어머니가 속해 있던 마작 모임인 "조이 럭 클럽"에 참석하면서 엄마의 친구들과 얘기를 나누게 되는데 여덟 모녀의 과거와 현재의 삶을 옴니버스 형태로 담아낸 영화다. 세 번째 이야기인 잉잉과 리나 편에서 리나는 해롤드를 28살에 만나 연애를 시작했다. 해롤드는 공평하게 하려고 그녀와의 데이트 비용을 반씩 내기를 원했고 그녀도 동의했다. 후에 두 사람은 회사를 같이 만들었고 해롤드는 사장, 리나는 직원이 되었다. 그녀의 아이디어로 회사는 커졌지만 해롤드는 리나를 승진시키지 않았고 급여는 7배나 차이가 났다. 두 사람의 결혼 후에도 해롤드의 태도는 변하지 않았다. 그러던 중 리나는 엄마에게 자신이 먹지도 않은 아이스크림 값까지 반으로 나누어 부담하고 있는 것을 들키고 리나는 이런 갑갑한 생활을 견디다 못해 남편과 다툰다. 잉잉은 딸이 자신처럼 어리석게 사는 모습에 분노하고 리나는 남편에게 무엇을 원하고 바라느냐는 잉잉의 질문에 존중과 다정함이라고 답한다. 잉잉은 리나에게 남편을 잃어도 상관없으니 사랑받아야 할 네 자신을 찾으라고 조언한다. 이어지는 안메이와 로즈의 이야기에서 로즈는 14살 때 4살짜리 동생을 돌보다가 동생이 사고로 죽게 되는 일을 겪는다. 이로 인해 로즈는 책임지는 일에 두려움을 갖게 되고 의대생이었던 남편을 만나 결혼을 했지만 그녀는 항상 남편이 하자는 대로 한다. 이런 로즈의 모습에 남편은 자신의 선택을 요구한다. 뭐든지 남편의 뜻대로 하려는 로즈에게서 아무런 매력을 못 느끼게 된 것이다. 모든 선택을 남편에게 넘긴 로즈는 아무런 존재감이 없는 사람이 된 것이다. 그런 그녀가 안메이의 충고를 듣고 남편에게 내 집에서 나가라고 자기 선택을 말하자 놀랍게도 둘의 관계는 회복된다.

이 두 이야기는 지나치게 개인적인 삶과 지나치게 타인에게 의존하는 삶과 관계의 문제를 우리에게 보여 준다. 지나치게 개인적인 해롤드와 리나의 삶은 근대성을 엿볼 수 있게 하고 로즈와 그 남편의 삶은 동아시아를 사는 우리 모습을 엿보게 한다. 로즈의 모습은 마치 아이들이 장성하고 다 자기 길을 찾아 떠나고 나서 찾아오는 빈 둥지 증후군으로 자식들의 삶에 자신을 맞추고 살면서 자기 인생의 의미를 깨닫지 못하고 있다가 혼자 지내는 시간이 많아지면서 찾아오는 헛헛함을 겪는 이 시대의 부모와 같고, 리나의 모습은 지나치게 개인적이고 독립적인 선택으로 제대로 대접받지 못하는 오늘의 2-30대의 모습과 같다. 자기에게 충실한 삶은 잉잉의 질문에 리나가 했던 대답, 곧 존중과 다정함을 원한다는 것을 나를 소중히 여기는 사람들에게 알게 하는 삶이다. 리나와 로즈의 삶에는 자기가 없었다. 그것을 배우자와 제대로 말할 수 없었고 각자의 이유가 있었다. 독립적으로 보였던 리나는 존중받지 못했고 의존적이었던 로즈에게는 자기가 없었다.

그런데 자기에게 충실해서 대화를 하게 되면 핵심감정 치료개입의 4단계, 곧 언약적인 의식주체 세우기의 기초가 만들어진다. 사실은 대화법에서부터 훈습이 이뤄진다. 자기가 무엇을 바라는지를 알 수 있고 그것을 얻기 위해서 나는 이웃에게 무엇을 말해야 하며 그들로부터 어떤 도움과 사랑이 필요한지를 인정할 수 있어야 한다. 이것이 바로 자기에게 충실한 대화의 출발이다.

충분히 수긍하기의 중요성

근대의 고립된 주체는 자기에 주목하게 했다. 그야말로 자아의 시대였다. 그것이 자아이든지, 자기이든지 어떤 변주를 해도 근본적으로 인식 주체로서 자기를 중심한 세계의 건설이라는 이 패러다임안의 변화였다. 그리고 이런 체계는 상대를 제대로 이해하지 못하게 했고 철학적이며 과학적 엄밀성에서조차 진리를 확인하는 데 실패했다. 칸트(Immanuel Kant)가 『순수이성비판』에서 물 자체(Ding An Sich)를 알 수 없다고 한 것이 이런 체계라 할 수 있다. 경험론자 흄(David Hume)이 인과율은 경험에서 관측되지 않는 마음의 습관이라는 성찰도 같은 맥락이다. 이 성찰에 칸트가 영향을 받은 결과가 그의 관념론이었다. 그리고 근대의 이런 시도는 막다른 골목에 이르고 만다.

이런 시대의 경향은 우리의 대화에도 고스란히 녹아 있다. 우리 주변에서 대화하는 사람들을 보면, 상대방의 말을 충분히 수긍하는 사람들을 찾아볼 수 없다. 경청하지 않는 태도에서 예를 들었던 흔한 카페의 대화를 다시 상상해 보라. 아무도 듣는 사람이 없다. 논쟁이나 토론이 되면 더 심해진다. 고립된 주체는 화자의 언사를 자기 방식으로 이해하고 이해한 것이 사실인지 여부를 확인하지 않는다. 곧바로 이해했다는 듯이 자기 생각을 전개한다. 그러나 이런 상황이 상대에게는 자신의 의견을 제대로 존중받고 있지 않다는 느낌을 준다. 경청하지 않는 태도들이 상대를 수긍하지 않는 내적인 태도이기도 하다. 말하는 동안 내가 할 말을 생각한다거나 상대의 말이 끝나기도 전에 상대의 말을 가로채는 이런 태도들은 같은 내용을 말하면서도 사고에 지나치게 집중된 태도 때문에 상대의 마음이나 존재를 제대로 받아줄 수 없을 때, 상대방은 자신이 상대에게 존중받고 있다고 느끼기 힘들다. 해롤드와 리나의 각자부담이 존중이라고 느끼지 못하는 것도 같은 맥락이다.

그러면 어떻게 상대의 이야기를 충분히 수긍할 수 있을까? 일단은 상대가 말하는 동안 충분히 듣는 것이다. 가급적이면 상대의 말을 자르지 않는다. 그러나 이것도 항상 그런 것은 아니다. 자기에게 충실하기의 방식을 따라서 말이 너무 길어져서 당신의 말에 집중하기 어렵다는 것을 말을 잘라서 전해줄 수도 있다. 이렇게 하는 이유는 그의 말에 진정으로 집중하고자 하는 마음의 표현일 수도 있다. 그런 예외에도 불구하고 우리가 사람들의 말을 들을 때, 상대의 표현에 충분한 시간을 갖는 것만으로도 상대는 받아들이고 있다는 느낌을 갖게 될 것이다. 그러나 그보다 더 중요한 방식은 상대가 말한 것을 그대로 되돌려주는 것이다. 상대의 말을 요약해서 들려주는데 상대가 표현에 사용한 단어를 그대로 사용하는 것이다. 대체로 이런 상황에서 단어를 바꾸는 것은 자기 생각이 들어가는 상황일 경우가 많다. 가능한 한 상대의 언어를 그대로 사용해서 1/10 정도의 분량으로 상대의 말을 요약해서 상대에게 말해 주고 뒤에 자신의 생각을 붙여 말한다. 상대의 말을 요약하는데 말의 분량을 70정도 사용하고 그 뒤에 붙여 자신의 의견을 말하는데 30정도의 분량을 활용해서 말한다.

그렇게 충분히 상대의 말을 수용하는 관계여야 제대로 서로 생각을 주고받을 수가 있다. 보통 신학교에 들어와서 신학이 변화되기가 어렵다고들 말한다. 자신이 교회에서 패러다임을 그대로 들고 졸업하는 경우가 많다. 세미나를 참석해도 비슷한 경우가 발생한다. 옥한흠 목사님이 그렇게 제자훈련 세미나를 하면서 제자훈련의 정신과 철학을 이야기해도 사람들은 선택적으로 자기가 듣고 싶은 것만 듣게 된다. 그렇게 들으면 결국 자기가 하고 싶은대로 하지 세미나나 신학교가 그의 근본적인 정신과 방향을 바꾸도록 기능하지 못하게 된다. 이런 모든 상황에 작용하는 태도가 바로 충분히 수긍하면서 듣지 않는 것이다. 이것은 상대의 말을 무비판적으로 받아들이라는 이야기가 아니다. 적어도 상대가 무슨 말을 하는지 제대로 이해하려면 충분히 수긍하는 태도가 있어야 한다는 이야기다. 사람은 생각보다 자기고립적이며 자기 생각을 쉽사리 바꾸지 않는다. 어떤 가르침이 어렵게 느껴지는 것도 어려운 이유도 있지만 자기체계에 빠져 있어서 다른 체계를 충분히 수긍하려는 태도가 아니기 때문이다. 로버트 콜만(Robert Coleman) 같은 제자훈련을 강조하는 신학자는 제자 선택의 가장 중요한 원리 중 하나가 바로 이런 배우려는 태도와 배운 것에 즉각적으로 반응하는 태도를 들었다. 충분히 수긍하기는 그런 과정을 통해서 자기 안에 배운 것이 비판적으로 검토되도록 하는 기능을 한다. 왜냐하면 자기에게 충실하기와 함께 기능하기 때문이다.

충분히 수긍하지 못하거나 자기에게 충실하지 못하면 배움이란 일어나지 않는다. 아이가 어릴 때, 부모로부터 무엇인가를 배울 수 있는 것은 이런 태도가 기본적으로 있었기 때문이다. 아이들은 엄마를 수긍하며 자기가 원하고 바라는 것을 엄마에게 말한다. 그러나 어느 시점이 지나면서 자기를 말할 수 없는 상황에 내몰리고 그런 상황은 우리를 방어적으로 만들어서 상대의 말을 수긍하면서 듣지 못하게 한다. 예를 들어서, 비난을 당하는 아이는 자기 상황에 대해서 방어적이 되며 자신을 지키기 위해서 비난을 모방한다.

이렇게 비방을 모방한 아이는 엄마가 주었던 신호와 유사한 신호만 와도 비난으로 이해하며 방어적으로 비난을 늘어놓을 수 있다. 상대가 관심을 표명한 것이 비난의 신호로 읽힌 것이다. 그러니 제대로 상황을 이해하거나 그것을 설명할 수 있을 만큼 상태를 파악할 수 없게 만든다. 자기 안에 갇히게 되고 반복되는 비난으로 주변에 사람들이 점점 줄어든다. 엄마가 화가 날 때면 거절을 반복하는 양육태도를 보인 경우, 자녀는 자신을 지키기 위해 같은 방식으로 엄마의 거절을 모방한다. 주변의 상황을 거절로 인식한다. 이런 인식들은 일종의 세계관이며 이런 인식들은 엄마의 양육태도에서 기인했고 같은 방식으로 하나님표상으로 작용한다. 그래서 상황을 이해하는 방식에서 주로 그의 하나님표상을 찾을 수 있으며 그것에 대한 자기의 방어가 그 행동과 태도의 모방이라는 사실을 잘 자각하지 못한다.

그래서 한 사람의 정서적 치료에서 충분히 수긍하기만으로도 심리적 변화가 유발되기도 한다. 이는 치료자의 중요한 태도이기도 하며 동시에 교회 공동체의 치유적 특징이기도 하다.

반론을 두려워하지 마라

우리는 반대를 우리 인격의 반대로 여기는 경향이 있다. 자기가 지나치게 확장되어 있는 것이다. 갑을 관계가 사회전반에 확장되어 있고 그렇게 대접받는 것을 당연하게 생각한다. 이런 상황에서 견디기 힘든 것 중 하나가 누군가 자기를 반대하는 상황이다. 이것은 갑의 우월적 지위에서만 그렇지 않고 을의 약자의 지위에서도 같이 작동한다. 이문열의 소설『우리들의 일그러진 영웅』에서 시골로 전학 온 주인공 한병태는 반을 제멋대로 주무르는 독재자 엄석대에게 저항했다. 그러나 그에게 돌아온 것은 따돌림이었고 결국 한병태는 엄석대에게 복종하게 되고 그의 보호 아래 편히 지내게 된다. 학년이 바뀌고 담임이 바뀌자 엄석대의 권력은 균열이 갔다. 시험지 조작 사실이 드러나 몰락하게 된 엄석대, 가장 저항적이었던 병태는 가장 동정적인 시선으로 석대를 바라보게 된다. 요즘 흔한 말로 가장 쓸데없는 걱정이 연예인 걱정이라는 말이 있다. 지금 가장 걱정해야 할 자기 형편은 걱정하지 않고 자신의 걱정을 선망의 대상에게 투영하는 것이다.

이처럼 우리는 누군가의 엄석대이며 누군가의 한병태이다. 이처럼 반론은 잠들어 버리고 그렇게 자기를 확장한 우리는 대화나 일치를 이룰 수 없게 된다. 복음적인 사람에게 특징이 있다면 나와 다른 의견에 반응하는 방식과 그런 의견을 내는 사람과 어떤 관계를 맺는가 하는 것이 아닐까 싶다. 반론은 그가 나와 다르다는 증거다. 반론은 그에게도 인격이 있다는 증거다. 반론은 나와 다르게 이 사실을 바라보고 있다는 말이다. 그런데 우리는 많은 경우, 엄석대처럼 반응해서 그런 것 자체가 불가능하게 만들거나 엄석대에게 굴복하는 한병태처럼 반응해서 소란스럽게 다른 의견을 내는 누군가를 경원의 눈으로 바라본다. 반론은 우리 사회를 풍부하게 할 뿐 아니라 우리 창의력의 황금 창고이다. 예컨대, 평소 문제를 느끼지 못하는 고객은 대략 10%의 재구매율을 보이지만 불만을 말하러 온 고객에게 진지하게 응대할 경우 65%가 다시 해당 기업의 제품과 서비스를 이용하게 된다. 그리고 이런 불만 사항은 제품 개발로 이어진다. 교회에서 누가 어떤 문제에 대해서 불편함을 이야기한다면, 그것을 불평이라고만 볼 것이 아니라 어떤 지점에서 영적 욕구에 대한 돌봄이 이뤄지지 않았는지를 살펴볼 수 있는 기회라고 여겨야 한다.

갓난아기가 울지 않는 것은 결코 좋은 신호가 아니다. 돌봄을 베풀어야 할 교회 공동체는 그 공동체의 성원이 보이는 여러 신호들을 잘 수용할 수 있어야 한다. 반론을 잘 수용하는 공동체는 건강해진다. 또한 반론을 수용한다는 것은 우리 자아가 지나치게 팽창하는 것을 방지해 준다. 지도자가 그릇된 길로 가는 것을 막아 주고 교회 공동체가 상식 밖의 행동으로 사회적 물의를 일으키는 것을 예방해 준다. 아이의 이름을 부르는 선생님께 학생이 "왜요"라고 하는 것은 선생님께 반항하는 것이 아니라 지금 자기의 상황의 마뜩치 않음을 표현한 것일 뿐이다. 반론을 수용하지 못하는 공동체는 결국 혐오표현을 정당화하게 되고 그런 사회화된 적개심의 방출은 홀로코스트 같은 비극을 연출하게 만든다. 엄마의 말을 잘 듣기만 하는 아이가 세상에 나가서 자기 의견을 또박또박 개진하고 옳지 않은 일에 대해서 자기를 보호하면서 이웃을 지킬 수 있겠는가? 순종이 미덕이기는 하지만 바른 지도가 전제될 때 미덕이다. 순종은 하나님의 말씀의 원리를 따라 이뤄져야 한다. 반론은 충분히 수긍하기만으로도 심리적으로 잦아들 수 있다. 정말로 그들이 필요로 하는 것은 반대를 위한 반대가 아니라 관심과 돌봄이다. 그러나 이런 충동파생물들을 충족시키는 것은 사실 부착적인 것이다. 진짜 반론을 두려워하지 않고 받아야 하는 이유는 이것이 믿음을 성장시키는 동인이 되기 때문이다. 믿음은 항상 반대에 부딪히는 법이다. 이것을 어떻게 헤쳐 나가는가는 정말 중요하다. 반론이 마음에 잠재된 상태에서는 동력이 형성되지 않는다. 동력은 그렇게 잠들어 있는 잠재된 반대 요인들이 의식화될 때 믿음의 동인이 된다.

리처드 플로리다(Richard Florida)는 『도시는 왜 불평등한가』에서 경제적으로 성장하는 도시의 3가지 특징을 말한다. 기술(Technology), 인재(Talent) 그리고 관용(Tolerance)이다.[186] 이것을 교회에 적용하면 신학(Theology), 은사(Talent), 관용(Tolerance)으로 설명할 수 있으며 반론에 대한 수용이 바로 "관용"이라 할 수 있다. 다름에 대한 관용은 풍성함을 가져다 준다.

CHAPTER 04
성화를 위한 대화에서 기억해야 할 것들

　나는 성화는 관계성에서 나온다고 본다. 관계를 피상적으로 하는데 영적으로 성장하는 일은 일어나지 않는다. 삼위 하나님께서 상호침투와 내재적 관계 속에 계신 것처럼 그의 형상으로 지음을 받은 우리도 이런 관계로 부름을 받았다. 뿐만 아니라 이 관계의 밑그림이 우리 마음에 있다. 우리 몸과 영혼 그리고 믿음으로부터 생긴 원하고 바라는 것을 추구하는 동인이 우리 마음이라는 스크린에 영상이 맺혀진 것이다. 이 표상이 바로 자기상, 하나님표상 그리고 타자상이다. 그리고 이 표상으로 해석된 자신과 이웃 그리고 하나님에 대해서 우리 인격주체가 반응하는 것이다. 이 관계성은 원래 하나님의 형상으로 아담에게 원의의 형태로 주어져 있었다. 참지식은 지성에 담기고 의는 의지에 담기며, 거룩은 우리의 정서에 담겨 있었다. 그러나 인간이 타락하여 부패함으로 이 원의는 우리에게 주입된 것이 아니라 그리스도 안에 있으며 하늘에 계신 그리스도께 우리가 믿음으로 연결되게 된다. 이 연결을 위해서 은혜의 수단을 사용하여 회득된 은혜가 성도의 교제를 통해서 연습되고 강화된다. 이렇게 우리 안에 믿음, 소망, 사랑의 덕이 생기며 이 덕들은 우리 안의 하나님표상, 자기상, 타자상을 교정하는 역할을 한다. 이런 성장은 서로 부딪히며 내적인 추동의 힘이 상대에게 투사되고 내게 내사되면서 상호순환의 관계 속에서 정화되고 더 현실적인 관계로 서로를 이해하고 사랑할 수 있도록 해 준다. 서로를 깊이 알지 않고는 결코 성화는 일어나지 않는다. 절간에서 면벽하듯이 오랜 시간의 기도가 그들을 성화에 이르게 하지 않으며, 장시간의 성경읽기가 거룩함을 가져다주지 않는다. 잠깐이라도 분명하고 확실한 이해와 그에 대한 부단한 연습이 우리를 거룩함에 이르게 한다. 군인은 6주간의 훈련을 3년이란 시간 동안 무한 반복한다. 신자가 신앙에서 배워야 하는 것은 그렇게 많지 않다. 그리고 그중 많은 것들은 지식으로 습득할 수 있는 것들이 아니다. 관계 속에서 연습되어야 하는 것이다. 이 장은 이런 관계를 촉진하기 위해서 대화에서 고려해야 하는 것들을 간단히 정리해 보았다.

상대의 기분을 지나치게 의식하지 마라

우리 문화는 상대방의 기분을 배려하는 것이 익숙하게 몸에 배여 있다. 그런데 상대방의 기분을 의식하는 것은 누구의 감정일까? 잘 생각해 보면 이게 내 감정이라는 것을 어렵지 않게 알 수 있다. 그럼 이게 정말 배려라면 입장이 달라져도 같은 감정이어야 한다. 그런데 정말 그럴까? 누군가에게 선물을 할 때와 받을 때를 생각해 보라. 선물하는 입장에서는 받는 사람이 기쁘게 받아주는 것이 좋다. 받는 입장에서는 이런 걸 받아도 되나 싶다. 그런데 정말 배려는 어떤 걸까? 선물을 하는 사람의 입장을 생각해서 기쁘게 받는 것이 사실 배려라 할 수 있다. 그런데 우리가 배려라고 생각하는 많은 것이 정작 상대를 생각하는 것이 아니라 내 입장과 명분을 드러내는 것인 경우가 많다. 상대방을 배려한다고 생각하는 많은 경우가 정작 자기 마음을 확인하고 스스로 편치 않은 것을 말한다. 겸양으로 포장된 이 배려는 일종의 자기 안위에 불과하다.

생각해 보면 사실 매우 상식적인 것들을 사람들이 인식하지 못한다. "내 마음에서 일어난 것은 내 것"이라는 말은 참이다. 거절을 못하는 것은 내가 거절받을까 봐 두려워하는 감정이다. 이런 사람들은 사람들에게 부탁은 잘 못하면서 다른 사람의 부탁은 잘 거절하지 못한다. 배려인 듯 보이지만 상대의 부탁에서 자기의 마음을 확인한 것이다. 이해하려고 애쓰는 사람은 이해받지 못하는 경험이 많았다. 그래서 늘 관계가 기울어져 있고 주로 누군가를 이해해 주는 자리에 있지만 정작 그 사람으로부터 이해받지 못한다. 이는 마음을 이해받지 못했던 자기 마음이 드러난 것이다. 늘 비난을 당했던 사람은 "난 엄마처럼 비난하며 살지 않을 거야"라고 결심하지만 이 사실 자체가 비난하는 엄마로부터 자신을 지키는 방법으로써 비난을 배웠다는 사실을 깨닫지 못한다. 마음에 무시를 당함에 대한 감정이 자리 잡은 사람은 타인이 인사를 못하고 지나친 것뿐일 수 있는 것을 무시로 해석한다. 그래서 관계에서 위축되어 있고 사람들에게 잘 반응할 수 없다.

문제는 자신의 이런 행동이 타인에게는 무시로 비친다는 사실을 깨닫지 못한다는 것이다. 내가 원하고 바라는 것의 좌절과 그것이 내 마음에 비춘 영상들은 우리 세계를 그렇게 왜곡하고 주변 사람들은 내가 느꼈던 감정처럼 내게 반응해 온다는 사실이다. 그렇게 타인이 그러리라고 생각한 상대의 기분은 정작 상대가 그런 게 아니라 내 마음의 습관이자 세계관이다. 영화 매트릭스처럼 현실 아닌 것은 현실이라고 믿으며 살고 있는지도 모른다. 세계관의 변화는 세상을 있는 그대로 인식하는 데서 시작되어야 한다. 이것이 성화와 관계의 못자리판이다. 어른들이 어렵다는 사람들도 있다. 그가 그렇게 어려워하는 어른은 정작 매우 친절한 어른일 수 있다. 단지 내가 기죽어서 위축된 반응으로 그를 그렇게 대했을 뿐이다. 그의 그런 행동에 어른은 멋쩍게 지켜봤을 뿐이지만 그는 역시 어른들은 어렵다며 어른들과의 자리를 회피한다. 정말 많은 경우에 그렇다. 상대의 기분을 의식해서 그를 배려하는 것은 사실은 배려가 아니라 내 마음의 왜곡을 외부 대상과 세계에 투사하는 것일 수 있다.

그러니 지나치게 의식하지 않고 사실을 확인해 보아야 할 필요가 있다. 그간 핵심감정 시리즈에서 말하는 욕동과 추동은 바로 이런 몸에 배인 원하고 바라는 것들이 좌절되면서 생긴 이미지들의 응집으로 마음에 떠오른 상들이다. 자기상, 하나님표상, 타자상은 그렇게 어그러져 있다. 그런 형편임에도 우리는 자신이 자기중심적인 줄을 잘 모른다. 이런 자기중심성으로 다른 사람의 기분을 배려하니 온 세상이 내가 만든 영상의 투영으로 변한다. 이런 상태로 위에 기독교 신앙을 덧입히면서 착각에 빠지는 것이다. 자신이 그간 쌓아온 지식과 자신을 동일시하거나 자신의 공로와 자기를 동일시하거나 교회에서 받은 직분과 자신을 동일시하면서 스스로의 믿음을 정당화하지만 성화는 일어나지 않고 내면의 변화도 없는 채로 수십 년을 그렇게 살아오게 되는 것이다. 성화를 정말 원한다면 당장 오늘부터 내가 상대를 배려한다면서 의식했던 상대의 기분에 대해서 의식하기를 좀 내려놓고 현실에서도 그런지를 확인해 보라.

감정은 도덕이 아니다

죄책감과 죄책은 같을까, 다를까? 우리는 감정에 대해서 도덕적으로 반응하는 경향이 있지만 이 둘은 항상 같이 움직이지는 않는다. 예를 들어, 싸이코패스는 실제로 죄된 행동에 대해서 죄책감을 잘 못 느끼는 반면, 어편 그리스도인들은 실제로 죄가 아닐 수 있는 행동에도 자기 정죄의 감정을 갖기도 한다. 예컨대, 엄마가 자살한 것이 자신 때문이라는 죄책감을 갖기도 하는데 대부분의 경우, 이런 감정은 도덕적 사실과 일치하지 않는다. 일반적으로 개인의 도덕적 감정은 사람마다 문화마다 다르다. 남아프리카 공화국의 사람들에게는 우분트(Ubuntu) 정신이란 게 있다. 우리 문화의 정과 유사한 이 용어는 '사람됨'이란 뜻으로 "사람은 다른 사람을 통해서 사람이 된다" 혹은 "우리는 하나다"는 의미로 사용된다.[187] 그래서 소유개념이 불분명하고 남의 것을 가져다 쓰는 것에서 크게 잘못되었다는 의식을 가지지 않는다. 그런가 하면 한국인들은 고맥락 문화 때문에 사람들의 심기를 상하는 언행을 꺼리고 그래서 거짓말을 자주하는 편이다. '2018 사법연감'에 따르면 2017년 형사공판사건에 접수된 1심 배당 사건 26만2815건 중 '사기와 공갈의 죄'로 기소된 사건이 4만1025건으로 가장 많았다.[188] 그런가 하면 미국인들은 거짓말에 매우 큰 책임을 묻는다. 2002년 불거진 엔론(Enron Corporation)의 회계 부정사건[189]으로 케네스 레이(Kenneth Lay) 회장은 24년 4개월의 징역형을, 최고경영자 제프리 스킬링(Jeffrey Skilling)은 24년의 징역형으로 연방법원에서 사기와 내부자 거래 등의 혐의로 유죄 판결을 받았다. 이처럼 문화마다 도덕적 감정은 다르다. 뿐만 아니라 개인에 따라서도 다르다.

통상 교회에서 회개를 이런 도덕적 감정과 동일시하는 것은 여러 문제를 잠재적으로 포함한다. 그것은 그가 어떤 문화에 속했는가? 어떤 가정에서 자랐는가? 이런 요인들에 의해서 개인차가 있으며 그것이 회개의 지표를 의미하지도 않는다. 진정한 의미의 회개는 우리가 삼위 하나님께로 돌아서서 성부와 성자가 나누시는 사랑의 교제 가운데로 성자와 연합함으로 초대받는 일이다. 그러므로 회개는 통상 우리가 갖는 도덕 감정에 관한 것이 아니라 우리가 하나님을 떠나 범죄한 일에 대한 돌이킴이며 하나님을 향한 돌이킴이어야 한다. 그러나 많은 경우 우리의 도덕 감정을 성경의 표준과 동일시하는 경향이 강하다. 이런 종류의 회개는 생명에 이르는 회개라 할 수 없다. 뿐만 아니라 이런 도덕적 감정 때문에 성도가 참되게 교제를 나누는 것도 어려울 수 있다.

　사람들은 대체로 이런 도덕적 감정을 자신과 동일시하는 경향이 강하다. 통상적인 도덕이 무의미하다는 이야기가 아니라 자신의 감정과 율법이 요구하는 도덕적 행동을 동일시하는 경우를 일컫는다. 어쩌면 매우 사소한 것일 수도 있는 이 도덕 감정은 이런 것이다. 예를 들어, 오늘 한국 교회에서 흔히 만나게 되는 현상 중 하나로 교회 세습에 대해서 그것이 옳지 않다는 사실을 알지만 그간 쌓아온 목사님과의 정 때문에 어떻게 안면을 붉히면서 그런 일로 반대를 할 수 있냐는 매우 문화적인 정서를 도덕적 감정으로 가지고 있고 그런 이유 때문에 일어나지 말아야 할 일들이 버젓이 교회 안에서 일어나게 된다. 관계와 의리를 중요시하는 우리 문화 때문에 그것이 사회적으로나 하나님의 말씀에서 옳지 않다는 사실을 알면서도 자신의 감정을 도덕과 동일시하는 현상을 말한다.

　이런 일은 핵심감정 공동체 중에서 많은 순간 스쳐 지나갈 수 있다. 예컨대, 한 사람이 말을 오랜 시간 주저리 많이 한다면, 대부분의 사람들은 집중력을 잃을 것이고 각자 딴 생각을 하거나 마음이 이반되는 것을 느낄 것이다. 그런데 저렇게 진지하게 자기 이야기를 하고 있는 사람에게 내 상태를 알려줌으로 그의 마음을 힘들게 하고 싶지 않은 것이다. 그런 관계성을 중요시하는 태도는 사실 화자에게 정확한 정보를 전달해 주지 않는다. 사람들이 지금 내 얘기에 집중할 수 없다는 사실을 모르니 저렇게 이야기하지 알면서 그럴 수는 없다. 그래서 자신의 감정을 도덕과 동일하게 생각하는 경향은 도덕적인 것처럼 보이지만 사실은 이처럼 가장 비도덕적일 수도 있다. 감정을 도덕과 결부시킴으로 제대로 된 표현을 할 수 없게 된다. 우리가 많은 경우 우리 자신의 상태를 보고하기 어려운 이유도 이런 힘이 작용하기 때문이다.

감정은 지성과 의지의 표현이다

감정은 에드워즈의 말대로 지성과 의지가 극도로 활성화된 상태를 가리킨다. 이는 영혼의 기능으로부터 오는 활성화를 설명한 것이지만 감정은 영혼과만 결부되어 있지 않고 더 직접적으로 우리의 몸과 연결되어 있다. 다만 이 몸의 원하고 바라는 힘은 우리 마음에 그것을 표상하고 그것을 인지하고 표현하는 것은 우리 영혼의 기능이기 때문에 영혼이 이 일을 관장하는 것은 이상한 일이 아니다. 앞서 설명했던 느낌과 감정의 차이점도 이런 데서 비롯된다. 감정을 그냥 몸과 관련한 것으로 내버려둘 때 더 다루기 힘들어진다. 우리가 참으로 그리스도인이라면 감정을 지성과 의지의 표현으로서 이해하고 다룰 수 있어야 한다. 왜냐하면 우리가 신앙을 고백하는 행위도 여기에 속하는 일이기 때문이다. 하나님께 우리의 신앙을 고백하는 것은 그저 우리가 아는 것을 읊어대는 것이 아니라 인격적인 존재로서 삼위 하나님에 대한 우리의 사랑을 고백하는 것이고 그분의 존재가 어떤 분이신지를 고백하는 것이고 그분이 내게 어떤 분이신지를 고백하는 것이다.

칼빈이 『기독교 강요』의 인식론을 하나님을 아는 지식과 자기를 아는 지식에서 출발하는 것도 같은 이유다. 성경의 인물들이 하나님을 만날 때 공교롭게도 자기가 누구인지를 경험하게 되었다. 이사야가 하나님의 이상을 목격하고 자신의 입술이 부정한 자라는 자각을 얻었고[190] 예레미야는 자신을 부르시는 하나님 앞에서 자기가 아이 같음을 깨달았으며[191] 떨기나무 가운데서 부르시는 하나님 앞에서 자신의 형편에 대한 자각이 있었으며[192] 우리 예수님의 가르침을 들은 베드로는 자신이 죄인이라는 사실을 자각했다.[193] 이처럼 건강하고 영적인 사람이 참 만남을 이룰 때, 나타나는 현상은 자신과 타인을 자각하는 것이다. 남녀가 서로 연애를 시작할 때, 상대가 아름답게 보이기 시작할 때 상대만 눈에 들어오는 것이 아니라 그 앞에 있는 자신의 초라함을 마주하게 된다. 이것이 관계의 출발점이다. 상대를 진심으로 대하기 시작했다는 의미며, 그런 관계에 있을 때 우리는 우리의 의지와 지성을 우리의 감정을 통해서 표현하게 된다.

신앙고백이든 사랑고백이든 고백은 그를 알아가는 과정이며, 그를 사랑하는 과정이고 그렇게 알며 사랑함을 표현해내는 것이 바로 감정이다. 이처럼 감정은 전인적인 삶의 반영이다. 단지 말초적인 자극으로서의 감정이 아니다. 아리스토텔레스가 파토스를 일정한 감정 상태에 이르게 하는 설득방법으로 이해한 것처럼,[194] 이 일정한 감정 상태는 우리의 지성과 의지가 거기에 동원되어 있기 때문에 지속적인 변화를 위한 동력이 되는 것이다. 이 감정은 저녁에 쓴 연애편지를 아침에 읽기 힘들어 쓰레기통에 버려야 하는 그런 류의 감정이 아니다. 지성과 의지는 항상 감정을 통해서 표현된다. 말이 내용에 로고스를 담는다면 그 형식에 감정을 담는다. 심지어 감정 없이 하는 한마디 말도 이런 전인격적인 반응으로서 감정의 결과다.

감정을 표현하는 것과 쏟아내는 것을 구별할 줄 알기

사실 감정을 쏟을 줄은 알아도 감정을 표현할 줄 모르는 경우가 많다. 내면에 오랫동안 억압을 하게 되면 그 억압에 압력이 어느 정도인지를 지각하지 못하게 된다. 오래전 TV에서 뚝배기 음식을 하는 사장님이 소개된 적이 있다. 그 펄펄 끓는 뚝배기를 맨손으로 옮겼는데 그의 손에는 오랜일로 인해 굳은살이 깊이 배여 있었다. 고온의 뚝배기를 느끼지 못할 정도로 굳은살이 생긴 것이다. 이처럼 우리가 감정을 오래 억압하게 되면 보통 사람이면 자연스럽게 인지하게 될 감정을 느끼지 못하는 경우가 있다. 부모의 폭력적 태도에 오래 노출된 사람은 제대로 자기감정을 표현하지 못하고 아이이면서 부모 역할을 한다. 부모는 자녀에게 모든 것을 시키면서도 정작 그에게 필요한 것을 제대로 공급하지 않는 상황을 당연한 것으로 받아들이기도 한다. 인간관계도 사람들을 돌보면서 맺는다. 그가 받고 싶었던 것은 존중과 배려여서 주변인들을 그렇게 돌보면 그의 주변에는 그렇게 돌봄을 받기를 원하는 사람과 관계가 맺어지지만 정작 그 사람들로부터 제대로 돌봄이나 배려, 지지를 받지 못한다. 그렇게 지지를 받지 못하는 관계에 지쳐갈 즈음에 돌봐오던 사람들로부터 상처받는 이야기를 듣고 관계를 정리해 버리는 일을 반복한다.

감정을 쏟아내는 일이란 폭발적으로 감정적 배설을 하는 것만을 의미하지 않는다. 내가 정상적으로 맺어야 할 관계가 맺어지지 않고 그 관계가 기형적이 되는 것이다. 그렇게 돌봄을 받기를 원하는데 엄마를 돌보고 있는 이, 그렇게 이해받기를 원하면서 이해받기보다 주로 이해하기만 하는 이, 그렇게 이해해야 하는 상황에서 정서적으로 가까운 이가 자신을 이해해 주지 않을 때 정서적으로 폭발적으로 반응하는데 이것은 그가 어린 시절 그의 엄마가 보였던 반응이며 그보다 거슬러 올라가 엄마에게 할아버지가 술을 먹으면서 보이던 반응이다. 그런 폭력적이며 개인의 독립적인 정서를 인정하지 않는 무서운 존재 앞에서 살아남기 위해서 이해하려고 했던 노력이 새롭게 시작한 연애관계에서도 반복된다.

이런 방식의 모든 태도들은 감정을 쏟아내는 것이지 제대로 표현하는 것일 수 없다. 건강한 감정표현은 사랑과 인정의 욕구와 적개심 사이를 오가지 않는다. 인정받으려는 욕구가 좌절되면 폭력적으로 분노하거나 상대를 정서적으로 재껴버려 마치 투명인간처럼 대접하기도 하는데 이런 태도는 감정을 쏟아내는 것이다. 대체로 폭발하는 사람은 평소에 조용하고 착한 편이다. 이들은 재낄 힘조차 없을 수 있다. 그래서 누르게 되고 누르니 외부사람은 이들이 어떤 상태인지를 알아차릴 수가 없다. 그러다 보니 갈등과 스트레스 해소의 창구 역할을 어느새 폭발하는 사람이 하게 된다. 그렇게 누적되다보면 폭발의 주기가 짧아지고 자신의 인격은 너덜너덜해진다. 그러다가 가족 내에서만 폭발하던 경향성은 자신이 통제할 수 없는 상황에서 나타나게 되고 그렇게 인격은 무너져 내린다.

감정을 표현하는 것은 마치, 고급 오디오 같아서 감정에 이퀄라이저(EQ)를 통해서 다양한 음색을 조절할 수 있는 것처럼 상황에 맞추어서 적절하게 반응하고 조절하는 것을 말한다. 공격이나 수동 공격의 행동을 보이는 것이 아니라 정말 제대로 사랑하고 일할 수 있도록 감정표현을 보이는 것이다. 사실은 모든 관계는 여기서 시작한다. 그럼 어떻게 감정을 건강하게 표현할 수 있을까? '건강한' 표현은 '적절한' 표현이라고 할 수 있다. 그러려면 우선 감정을 환기시키는 것이 중요하다. 환기는 모든 심리치료의 핵심이다. 우리가 흔히 마음이 힘들 때, 바람을 쐬는 이유는 환기를 위한 것이다. 여행을 다녀와서 집에 와서 가장 먼저 하는 것도 환기다. 하물며 우리 마음의 환기를 얼마나 중요할까?

압력밥솥 비유를 떠올려 보라. 팥과 같은 껍질이 있는 식재료를 압력밥솥에 삶게 되면 껍질이 배출구를 막아 폭발현상이 일어난다. 압력솥의 생명은 김이 잘 빠져 나가도록 하는 데 있다. 같은 방식으로 내면에 감정이 차오르고 그것을 배출하는 것이 막혀 있다면 정서적 폭발이 일어나고 마는 것이다. 가장 좋은 방식은 관리할 수 있는 방식으로 조금씩 배출하는 것이다. 예컨대, 지나가는 사람에게 100원을 빌리는 일은 어렵지 않다. 그러나 100만원을 빌리는 일은 아는 사람이라도 쉽지 않다. 같은 방식으로 이 감정을 쪼개서 적게 만들면 받아줄 사람이 많은데 그 감정을 키우면 받아줄 수 있는 사람이 적어지게 된다. 만나면 자기 하소연만 늘어놓는 사람이 있다면 사람들은 이 사람을 만나기를 꺼려할 것이다. 이는 마치 100만원을 빌려달라고 하는 것 같기 때문이다. 그러나 100원과 같이 사소한 것이라면 표현을 해도 주변 사람이 부담이 없고 그런 정서에 쉽게 호응해 줄 수 있고 본인도 쉽게 표현할 수 있다. 감정을 쏟아놓는 사람은 이것을 제대로 못하는 것이다.

우선은 그런 상황을 만들지 않는 것이 제일 좋고 만약 제대로 표현할 수 없어서 내적으로 그렇게 끓어오르는 상황이 되었다면 조금씩 나누어서 여러 방식으로 표현할 필요가 있다. 그렇게 조절하기 위해서는 끓어오르는 감정을 환기시켜야 하는데 감정에 집중된 주의를 다른 곳으로 돌리거나 몸을 이완시키는 방법을 사용할 수 있다. 특히 오래 묵은 갈등일수록 자리를 피하는 게 좋다. 실제로 감정이 쏟아질 때 주의를 돌리면 익숙한 방법이 있어야 한다. 샤워라든지 얼음을 사용한다든지 하는 방식은 사실상 현장에서 쓸

수 없는 것들이다. 주의를 돌리는 도구 없이 가장 좋은 방식은 20자 내외의 좋아하는 기도문을 외워두었다가 속으로 계속해서 암송하는 방법이다. 리처드 니버(Reinhold Niebuhr)의 기도문으로 알려진 "주여, 우리에게 우리가 바꿀 수 없는 것을 평온하게 받아들이는 은혜와 바꿔야 할 것을 바꿀 수 있는 용기, 그리고 이 둘을 분별하는 지혜를 허락하소서(God, give us grace to accept with serenity the things that cannot be changed, courage to change the things that should be changed, and the wisdom to distinguish the one from the other.)"를 암송하여서 사용할 것을 권한다.

그렇게 충분히 주의가 돌려졌다면 자리를 피하고 시간이 지나 감정이 가라앉았다면 『비폭력 대화』라는 책에 나오는 비폭력 대화의 간략한 방식을 사용해서 감정을 표현하는 것이다. 먼저 상황을 말하고 그에 따른 내 감정 그리고 내가 원했던 욕구와 그것을 해소하기 위한 상대에게 결정권이 있는 부탁으로 말하는 것이다. 예를 들어, "내가 이해해야 하는 상황이 내게 힘들게 느껴졌어. 나도 이해받고 싶어. 혹시 괜찮다면 잠깐만이라도 나를 이해해 주는 내 편이 되어 줄 수 있을까?"라는 방식의 표현을 통해서 감정을 표현한다.

감정 표현의 적절한 때와 그 성장의 과정

그럼 어떤 때가 감정 표현이 적절한 때일까? 사실 가장 적절한 때는 그것을 느꼈을 그 당시가 가장 적절한 때이다. 그러나 보통 사람들이 자기감정을 어느 정도 억압하고 타인에게 투사하기 때문에 느껴지는 순간은 이미 상당히 억압된 감정이 의식 수준으로 올라온 경우가 상당하다. 우리가 가족 관계에서 힘든 지점은 대단하고 위기 상황이 될 큰 일이 아니라 사소하지만 우리 신경을 계속해서 긁는 간섭들에서 비롯되는 경우가 많다. 예를 들어, 주일 아침 교회에 가려고 나서는데 딸아이의 옷차림이 마음에 들지 않는 엄마는 뭐라고 한마디 한다. 그러나 딸아이라고 해서 엄마가 그 아이의 옷차림을 마음대로 결정할 수는 없다. 그런데 우리는 마음은 그렇지 않고 그 문제로 티격태격하던 모녀는 결국 "그런 옷차림이면 교회오지 말라"고 또 "엄마랑 같이 안 간다"며 갈등을 빚고 만다. 물론 엄마의 말을 여유 있게 들어줄 수도 있고 딸의 의견을 존중할 수도 있었을 터이지만 우리의 지나친 간섭은 결국 빈정상하는 상황을 만들고 만다. 이는 자기에게 충실하지 못한 결과며 타인에 대한 간섭의 결과다. 이런 상황에서 이상적으로 대화한다면 이렇게 대화할 수 있다.

> 엄마1 : "애, 난 그 옷을 보니 좀 걱정스럽다. 사람들이 수군거릴까 봐"
>
> 딸1 : "내 스타일이야, 엄마. 엄마는 나보다 딴 사람이 더 중요해?"
>
> 엄마2 : "딴 사람이 더 중요하다는 말로 들렸니? 내 마음은 소중한 내 딸이 사람들에게도 예뻐 보였으면 했어"
>
> 딸2 : "그게 나보다 딴 사람이 더 신경 쓰인다는 말 아냐?"
>
> 엄마3 : "그래 좀 신경이 쓰였구나. 그런데 다른 사람보다 엄마 마음이 더 편치 않은 거 같구나. 내가 하지 않은 말을 듣는 거 같아서 그건 엄마가 좀 속상하네."
>
> 딸3 : "어떤 걸 하지 않은 걸 들었다는 거예요?"
>
> 엄마4 : "음.. 엄마는 '수군거릴까 봐'라고 말했는데 넌 '딴 사람이 더 중요해'로 듣더구나, '예뻐 보였으면' 했는데 '딴 사람을 더 신경 쓰는 거'로 듣는 거 같아서……."

딸4 : "아… 음… 그래요. 그건 내가 좀 예민했던 거 같아요. 엄마 말 들으니 그건 내 마음이었네요."

엄마5 : "그래 네가 엄마의 불편함을 이해하고 받아주어서 고맙구나."

딸5 : "네 엄마 좀 예민했던 거 같아요. 미안해요. 그래도 전 이 옷이 좋아요."

엄마6 : "그래 네 선택이 그렇다면 엄마도 더 말하지 않으마!"

딸6 : "네 엄마 제 선택을 존중해 주셔서 고맙습니다."

약간 꾸며 본 것이지만 이런 문제들이 우리를 어렵고 힘들게 한다. 문제는 이런 상황에서 감정이 올라와서 이런 사실관계를 파악하고 자기 마음을 제대로 읽어 낼 수 없다는 점이다. 그래서 연습이 필요하지만 일단은 가장 적절한 시기는 지금 여기가 가장 적절한 시기다. 그러나 감정이 오래 묵었고 장기간 지속되어 온 갈등이라면 마음을 가라앉히도록 자리를 피하는 것이 좋다. 그리고 마음을 전할 때는 그것이 사실인지, 그것이 필요한지 그리고 친절한지를 살핀 후에 말하는 것이 좋다. 건강한 대화가 이뤄지려면 우선은 내 것과 네 것을 분리하는 작업이 이뤄져야 한다. 다음은 내 것과 네 것이 다르다는 것에 대한 충분한 정도의 정서적인 정보가 누적되어야 한다. 나와 다른 너의 느낌과 감정을 충분히 이해하고 그대로 받아들이는 연습을 하다 보면 자연스럽게 서로 다름을 지각하므로 내 것이 어떻게 왜곡이 되었는지를 이해하게 된다. 타인의 이해가 교정됨으로 자연스럽게 내 왜곡이 드러나는 것이다. 그렇게 자신과 이웃에 대한 왜곡과 오해가 걷어지고 나면 진정한 의미의 관계, 곧 일과 사랑이 가능해지고 이것이 우리를 관계 속에 놓인 주체를 자각하게 해 주는데 이것이 바로 언약적인 인격주체 개념이다.

실제 상황에 대한 예시와 연습하기

여기서는 실제로 우리 주변에서 일어날 만한 상황들을 몇 가지 제시했다. 바로 위에 나오는 엄마와 딸의 대화 예시를 보면서 대화를 만들어서 적는 연습을 해 보기를 바란다.

[상황 1]

아빠와 나는 TV를 보며 토론을 하고 있다. 여러 가지로 견해 차이가 생겨 점차 목소리가 커지고 혈압이 높아지며 격한 감정적 스트레스를 느낀다. 어떻게 해야 할 것인가?

아빠1 :

나1 :

아빠2 :

나2 :

아빠3 :

나3 :

아빠4 :

나4 :

아빠5 :

나5 :

아빠6 :

나6 :

[상황 2]

새롭게 사귄 친구와 자취를 같이 하게 되었다. 그런데 행동이 왠지 얄밉다. 항상 청소는 나만 하는 거 같고 나는 부탁을 들어주는데 친구는 구구절절 자신의 상황을 표현하며 미안해하면서 번번히 부탁을 거절한다. 그러나 말을 할 수 없다. 사랑은 오래 참는 것이라 생각하여 묵묵히 견디지만 그 마음에는 친구를 사랑하는 마음이 전혀 없다. 어떻게 해야 할 것인가?

나1 :

친구1 :

나2 :

친구2 :

나3 :

친구3 :

나4 :

친구4 :

나5 :

친구5 :

나6 :

친구6 :

[상황 3]

　새롭게 여는 모임에 가입하게 되었다. 그 모임이 마음에 들어 모임에 기여하고픈 열정을 가지게 되었다. 그러나 스스로 나서기에는 두렵다. 왜냐하면 회원들이 자신을 교만하다고 생각할까 염려되어서이다. 어떻게 해야 할 것인가?

나1 :

리더1 :

나2 :

리더2 :

나3 :

리더3 :

나4 :

리더4 :

나5 :

리더5 :

나6 :

리더6 :

[상황 4]

　　A와의 지난번 만남에서 몹시도 자존심이 상했다. A와 다시 만나게 되지만 마음의 문이 열리지 않는다. "너희는 서로 사랑하라"는 말씀이 생각나지만 마음에서는 전혀 용납이 되질 않는다. 어떻게 해야 할 것인가?

나1 :

A1 :

나2 :

A2 :

나3 :

A3 :

나4 :

A4 :

나5 :

A5 :

나6 :

A6 :

[상황 5]

　B로부터 A가 자기를 험담하더라는 이야기를 들었다. 만남이 있을 때마다 B의 이야기가 떠올라 A와의 만남에 왠지 불신이 느껴지지만 그 얘기를 하자니 상대가 화를 낼 거 같고 안 하고 관계를 이어가자니 마음이 불편하다. 어떻게 해야 할 것인가?

나1 :

A1 :

나2 :

A2 :

나3 :

A3 :

나4 :

A4 :

나5 :

A5 :

나6 :

A6 :

[상황 6]

어떤 모임에서 자신의 실수로 말미암아 자신을 비난하거나 책망하는 사람은 없었지만 스스로의 행동에 대해 비난과 감정적인 모멸감을 경험하였다. 하루 이틀 1, 2주가 지나도 문득문득 그 상황이 떠오르고 그때마다 심한 감정적 혼란과 실패와 낭패의 당혹감이 일어난다. 다시는 그런 어리석은 짓은 하지 않으리라 다짐하지만 여전히 혼란은 떠나지 않는다. 어떻게할 것인가?

나1 :

상담자1 :

나2 :

상담자2 :

나3 :

상담자3 :

나4 :

상담자4 :

나5 :

상담자5 :

나6 :

상담자6 :

대화를 어렵게 만드는 내적인 태도와 대화를 위한 건강한 태도

사람은 감정적 존재다. 감정이란 몸을 가진 한 인간에게 자연스러운 일이다. 말은 내용상으로는 정보를 담지만 형식적으로는 감정을 담는다. 그런데 그렇게 실린 감정에 대해서 무감각할 뿐만 아니라 그런 환경적 요인들에서 발생한 자신의 감정을 무시한다. 사태에 대한 지각은 신체감각을 통해 마음으로 표상되고 그렇게 내적으로 체현된 자신의 감정을 지속적으로 부정한다. 이런 부정은 우리 인지와 이성에 영향을 미치게 되는데 내면에서 발생한 마음의 불편을 해소하기 위해서 반박할 자료에 계속적으로 마음을 집중하지만 이미 감정으로 체화된 상태는 우리 이성의 왜곡을 불러서 제대로 된 반응을 할 수가 없다. 이미 체화된 감정은 몸과 뇌를 지배하며 후에 냉정을 되찾지만 이미 감정의 노예가 된 상태라 앞뒤가 안 맞는 말에 대한 책임을 상대방의 잘못으로 돌린다. 이런 현상은 공부를 많이 하고 박사나 교수라 해도 빗겨가지 못하는 현상이다. 자신이 감정에 있어서 복받쳐 격정적인 상태인 것을 받아들이지 않는 이상 자신의 감정 상태를 반성하거나 통합을 통해서 감정적인 왜곡과 핵심감정이 자아내는 현실왜곡에서 벗어나려고 하지 않는다.

그러면 성화가 일어나는 상호침투적인 건강한 대화는 어떤 방식으로 이루어져야 할까? 우선은 자신의 감정을 아는 것이다. 사실 이것이 쉽지 않은데, 그래서 몸을 주목해서 관찰하는 것이 필요하다. 감정은 지각이 신체를 거쳐서 마음으로 표상되는 체계이기 때문에 감정의 신호는 항상 몸으로 더 먼저 포착되며, 감정적인 어려움은 신체 증상으로 나타나기도 한다. 앞서 말했던 궤양성대장염 같은 소화기 장애뿐만 아니라 흉통, 호흡곤란, 심계항진, 빈맥, 두통, 어지러움, 구역질, 구토, 복통, 소화장애, 설사, 변비,

성기능장애, 관절 통증 등등 거의 모든 장기에 걸친 다양한 신체증상은 이처럼 감정적 요인을 그 원인으로 한다.[195] 이렇게 심화되는 이유는 제대로 표현할 수 있는 통로가 없고 무의식적 억압은 인지적 왜곡을 불러온다. 여기서 벗어나는 길은 우선은 자신의 감정을 수용하는 것이다. 자신의 몸과 감정 상태를 있는 그대로 받아들인다. 감정을 알기 어렵다면, 우선 자기 몸의 상태를 객관적으로 받아들이고 거기서부터 비롯된 감정들을 인정하고 그런 감정들을 조사하여 자신의 감정을 느낌으로 표현한다.

CHAPTER 05
핵심감정 공동체의 과정들

핵심감정 공동체의 초기의 과정과 요소들

공동체가 시작할 때 이뤄지는 활동은 과정에 대한 설명, 원칙 제시, 새로운 이름 붙이기, 자기소개 하기, 몸으로 전해지는 감정 표현하기, 지금-여기에서의 감정 말해 보기 등이다. 핵심감정 공동체의 특징 중 한 가지는 제자훈련이 제자훈련을 받을 사람을 선발하는 인터뷰 과정을 중요하게 생각하고 적절한 사람을 선발하는 과정인 반면, 이 공동체는 말 그대로 교회 공동체의 일상적인 교제 그룹과 같은 방식으로 설계되어서 공동체 구성원을 선발하기 위한 어떤 필터링도 거치지 않는다는 점이다.

핵심감정 공동체가 거기 참여할 사람을 선택적으로 받지 않는 이유는 각 개인이 가지고 있는 문제행동이나 증상의 의미가 당사자로서는 어떻게든지 잘 살아보기 위한 최선의 선택을 하고 있다고 보기 때문이다. 핵심감정은 신학에서 품성의 사악함, 완고함, 뒤틀림, 타락을 설명하는 *pravitas*를 개인화해서 구체적으로 설명해 준다.[196] 우리가 전적 타락을 순종할 능력이 없다는 것으로 오해하는 것과는 달리 이것은 우리 본성 자체가 비뚤어져 있음을 보여 준다. 이런 점을 고려하면 구도자나 중생자가 모두 자기 삶을 영위하는 데 있어서 더 나은 삶을 지향하고 있다는 점을 인식할 수 있다. 핵심감정 공동체는 남자, 여자, 엄마, 아빠, 시어머니, 목사, 과장 등 우리가 사회적으로 자신에게 부여한 모든 것을 계급장으로 본다. 뿐만 아니라 나는 못하는 사람이다, 나는 어른이 두렵다 등도 우리가 자신에게 붙인 이름표라고 본다. 이런 계급장과 이름표를 모두 떼고 지금-여기를 경험함으로 원래 하나님께서 우리를 창조하신 본래의 모습이 무엇인지를 실험적으로 확인하는 작업을 한다. 적어도 이 과정을 통해서 우리 자신에게 어떤 습관이 형성되어 있는지를 공동체를 통해서 그 형성 과정을 추적하도록 할 수 있다. 그리고 그것이 원래 하나님께서 사람을 지으신 본래의 모습에 반한다는 사실을 자각함으로 자기 삶의 방향성을 죄의 세력으로 기울어지는 방향이 아니라 믿음의 방향을 따라 하나님을 향해 기울어질 수 있도록 조정할 수 있는 심리적 기회를 만들고 서로가 서로에게 거울 역할을 함으로 그런 자신을 객관적으로 볼 수 있도록 하는 것이다.

첫 회기 동안 꼭 전달해야 하는 사항들

이 공동체를 운영하는 방식에 대해서 인도자가 간단히 소개를 하고 이곳이 실험실로서 세상에서는 감추어진 관계의 동기와 감정을 드러내어서 자신의 감정 구조를 수정할 수 있게 하기 위해서 주어졌다는 점을 설명하고 이 그룹에서 나눈 것을 밖으로 옮기지 않는 비밀 보장에 대한 분명한 설명을 한다. 자신을 있는 그대로 보기 위해서는 지금 현재 일어나는 감정을 분명히 보고 느끼는 작업이 필요한데 그래서 지금 여기에 머물 수 있도록 하고 머물지 못하는 경우, 무엇이 문제인지를 깨달으려면 지금 여기에서의 경험의 중요성을 설명한다. 혼자서 생각하고 느끼고 지나가 버리는 것이 아니라 생각이나 느낌이 들 때마다 그것을 공동체 안에 표현해 놓음으로 우리가 새로운 관계를 세우는 기초를 새로 만드는 작업을 하고 있음을 분명히 전달한다. 그리고 지금 여기에서의 감정을 표현하다 보면, 그때 거기에서의 핵심감정이 현재 어떤 식으로 작용하는지를 보고 그것이 자신의 일과 사랑에 미치는 전반적인 영향을 보고 그것을 타인의 삶을 통해서 확인하는 과정을 통해서 지울 수 있을 때만 가능하다는 것을 참석자들에게 주지시킨다.

새로운 이름 붙이기를 위한 준비

이 공동체는 이전에 가지고 있던 자기에 대한 갖가지 정의와 느낌들을 다 떼어내고 출발한다. 흔히 "계급장 떼기" 혹은 "이름표 떼기"로 불리는 이 과정은 아담이 처음에 모든 피조물에게 이름을 붙여 준 것처럼 우리 자신의 이름을 원래 창조 당시에 하나님께서 설계하신 그 목적에 부합하게 새롭게 정의하기 위해서 현재 자신에게 붙어 있는 다양한 정의와 그에 따른 감정들을 떼어내는 작업을 말한다. 그러나 이 작업의 목적은 단지 떼어내는 데 있지 않고 원래 창조의 설계를 반영한 자신의 이름을 얻기 위한 과정으로써 이전의 삶에서 돌이키는 것을 염두에 둔 것이다. 이 돌이킴은 회개가 될 수도 있고 하나님을 향한 믿음일 수도 있지만 공동체의 모든 구성원이 이전에 자신이 달고 있던 모든 이름표를 떼어 놓고 시작함으로 구도자라 하더라도 중생할 수 있는 심리적인 발판을 만드는 데 그 목적이 있으며 이미 중생한 사람이더라도 자신의 정서들로 인해서 제대로 된 믿음 생활의 기쁨을 경험하지 못하고 있다면 이런 정서적 요인들을 수정하는 작업을 모토로 해서 이루어지는 가장 기초적인 작업이다.

각 사람이 자신을 정의하는 자신의 이름표는 저마다 다를 수 있다. 나이로 자신을 정의할 수도 있고, 남자나 여자라는 사회적 통념이 만들어 낸 개인적 가치에 묶여 있을 수도 있으며 목사와 같은 직업적 특성 때문에 제대로 자신을 표현할 수 없는 위치에 있거나 직장 내의 구조적 위치 때문에 자신을 억압하거나 가정 내의 출생순위와 오래도록 서로에게 강요되었던 체계로 가족 구성원 간의 관계가 정의되어 있을 수도 있다. 혹은 우리 문화의 가부장적 요소에 오래도록 자신의 억눌린 삶을 정당화했을 수도 있다. 거기서 나름 의미를 발견하고 있을 수도 있고 적절한 정당화를 통해서 정체성의 안정을 얻었을 수도 있다. 그러나 그런 적응과 부적응 모두를 정말 그런가 하며 새로 정의해 보는 것이다. 그리고 그것이 우리가 원래 창조될 때의 원형이 아니라 욕심에서 비롯된 죄의 세력과 그런 부산물로 우리 삶의 걸림돌이라고 판단되는 자기 정의 방식으로써 이름표를 내놓게 하는 것을 "이름표를 뗀다"라고 정의했다.

이 과정은 원래 인간이 지음 받을 때 가졌던 이름에서 멀어진 삶을 살고 있으며 하나님을 떠나 죄로 기울어져 있음을 전제로 한 것이다. 아담은 만물을 다스릴 권리를 얻었고 그 권리를 따라 만물에 이름을 부여했지만 인간의 부패가 우리가 보는 방식의 왜곡을 가져왔고 자연히 우리 삶에 질곡과 왜곡이 들어오게 되었는데 이것은 모두 죄의 결과라 할 수 있고 여기서 벗어나 원래 창조의 모습으로 돌아가는데 있어서 우리 자신의 원형을 확인하는 작업이 중요하다. 그리고 창조의 원형이 성경에 의하면, 바로 그리스도이시며 그리스도께서 온전히 순종하시고 자신을 십자가에서 내어주신 것이다. 우리는 그리스도를 닮아감으로 우리 본성의 왜곡을 가한 잘못된 시각과 그 이름표를 지우기 위해 이제 새로운 이름표를 달아야 한다. 이렇게 우리 스스로를 그릇되게 보게 하는 모든 종류의 시선이 바로 이름표이다.

그리고 이 이름표에는 핵심감정이 기본적으로 깔려 있다. 이 태도가 우리에게 없다면 우리는 그리스도의 모습을 찾을 수가 없다.

핵심감정은 이처럼 원래 지으신 창조의 모습이 아니라 왜곡된 모습이며 이로 인해서 우리 삶의 고통도 유발된다. 원형이신 그리스도로 돌아가기 위해서는 우리가 그리스도보다 더 강하게 붙들고 있는 것이 무엇인지가 드러나야 한다. 하나님 형상의 모사로서 우리 자신의 순수한 모습에 죄와 거기서 비롯된 사회적인 역할들이 들러붙으면서 그것을 애착하게 된 데서 우리 문제가 출발한다는 것을 전제로 깔고 있다. 그러므로 핵심감정 공동체는 이런 강력하게 접착한 정체성을 떼어내는 실험실 환경을 참여자에게 제공하는 것이다. 이름표를 떼는 의식은 이 새로운 관계의 실험실에서 가능한 모든 실험을 해 보겠다는 약속과 같다. 이름표를 떼는 일은 실험 정신뿐만 아니라 참여자들에게 집단에 대한 안전감과 응집력을 더해 준다. 왜냐하면 일반적으로 사회적인 미소를 지으며 마음에도 없는 말을 하면서 맺던 형식적인 관계와는 달리 여기서의 관계맺음은 마음과 마음이 맞닿으며 우리 인격 안으로 상대의 감정이 침투해 들어오는 상호침투적인 관계가 형성됨으로 실험적임에도 불구하고 서로에 대한 신뢰가 더 증진되고 신뢰만큼 응집하는 힘도 증가하는 것을 경험하게 된다. 이름표를 떼어내고 자신에게 충실했을 뿐인데 이 과정에서 내부에 억압된 추동의 힘이 방출되고 자기에게 충실했던 것이 오히려 타인의 삶을 제대로 돌보는 일이라는 것을 경험하게 되면, 정서의 방출로 인해 개인에게 여유가 생기고 자기에게 충실했던 것이 타인을 정말 돕는 일이라는 경험을 통해서 자신과 타인에 대한 신뢰가 증가하고 인격주체로서 자기 응집의 힘이 커지게 되는 경험을 한다. 그래서 이 실험실을 떠나 현실로 돌아오면 죄로 말미암은 자기 욕망으로만 타인과 현실을 인식하는 게 아니라 정말 건강한 눈치를 지닌 사람으로 현실적인 반응을 통해서 일하며 사랑할 수 있게 된다.

그러나 이 이름표 폐기는 그렇게 수월하지 않다. 자기를 정의해 오던 오랜 세월의 인식을 한순간에 걷어 낼 수 없다. 그러나 이 과정은 우리 자신이 어떤 부분에 자신의 정체성을 두고 있는지, 우리 자신이 무엇을 원하고 바라는지, 자신이 가진 주요한 갈등이 무엇인지를 보여 주기도 한다. 그래서 이름표를 떼어 내고 자기가 원하고 바라는 것으로 자기 이름을 짓는 과정에서 초기 공동체 구성원의 핵심적인 역동을 첫 회기에서부터 파악할 수 있게 되고 이것이 활용될 수 있다.

공동체 규칙에 대한 설명

핵심감정 공동체가 운영되는 할 세 가지 규칙을 설명한다. 첫째는 자기에게 충실하기인데 이것은 내가 원하고 바라는 욕구와 그 욕구를 이루기 위해서는 그것을 도와줄 대상을 함의하는 개념이다. 자기에게 충실하기란 타인을 지배하거나 조종하지 않고 타인을 내 욕구를 위한 대상으로 삼지 않으며 한 인격으로 온전히 존중하면서 내가 원하는 필요와 욕구에 대해서 상대에게 도움을 청하는 방식을 말한다. 공동체에 참여한 목적은 사실 이것을 실천하는 윤리적 과정이다. 이 목적을 성실하게 이루려면 지금-여기의 자신의 감정을 충실하게 만나야 가능하다. 타자의 말을 적극적으로 들으면서도 그 말을 듣는 동안에 나한테 올라오는 감정, 욕구, 생각 등을 동시에 자각하는 연습을 공동체적인 관계가 지속되는 동안에 계속한다. 이것의 의미는 대등한 관계, 화해적 관계, 언약적인 관계, 사랑의 관계를 이루기 위한 것이다. 현실에서 우리 관계는 대부분 굴절되어 있다. 상사라서 제대로 말 못하고 교수라서 말할 수 없고 고객이자 손님이라서 말도 안 되는 침해에도 제대로 말할 수 없다. 그리고 그런 습관은 우리 가정에서부터 생긴 습관이며 부모의 불완전 때문에 체득된 습관이고 무기력한 채로 태어난 아이가 겪어내야 할 숙명적 세계관이기도 했다. 죄 가운데 있는 인류가 처한 조건 같은 것이다. 여기서 벗어나 하나님 나라를 경험하는 관계로 들어가는 연습인 셈이다. 아마도 해 보면 알겠지만 그렇게 녹록치 않을 것이다. 여전히 자기 틀에 머물려는 습관, 자신을 묶고 있는 사슬을 인식하지 못하거나 인식하더라도 벗어나기 두려워하는 습관이 있다. 그것을 깨기 위한 가장 핵심적 장치가 자기에게 충실한 것이다.

이 태도를 전제로 두 번째 규칙인 자유하기로 나아간다. 공동체 내에서는 타인의 몸에 상해를 입히는 일을 제외하고 자기에게 충실하다는 조건 하에 어떤 말이나 행동이든 모두 허용된다. 매순간에 일어나는 감정과 욕구 사고를 내어놓는다. 여기에는 "느낌 보고", "지각 확인", "의사 확인", "관심 기울이기" 등의 태도와 기술이 동원된다. 자신의 유치한 감정이나 생각도 가감 없이 솔직히 나누는 것을 권장한다. 이렇게 하는 이유는 우리가 어디에서 걸려 있는지 어디에서 자유롭지 못한지 어디에서 묶여 있는지를 드러내기 위함이다. 사람은 저마다 적당한 포장을 하면서 잘난 체도 하고 있는 체도 하고 예쁜 체를 하면서 적절히 자기 누더기로 자기를 포장하면서 산다. 우리가 그리스도를 옷 입기 위해서는 이것이 누더기라는 인식이 강하게 정서적인 경험과 함께 있어야 이런 생애의 습관을 포기하고 새로운 하나님 나라의 습관과 믿음을 체화하는 것이 가능하기 때문이다. 이 기술의 자세한 부분은 앞의 이론 편에 자세히 기술되어 있다. 기억이 나지 않는다면 다시 그부분을 돌아보기를 바란다. 예를 들어, "우리 아이가 공부를 잘해서 상 받았어요"라고 말할 때, 이 말에는 뽐내고 싶은 동기나 잘산다고 사람들에게 말하고 싶은 동기가 있다. 그러면 차라리 "나 아이에 대해서 자랑하고 싶은 마음이 있다"고 느낌 형태로 보고하는 것이다. 그러고 나면, 상대의 표정이 읽힐 테고, 이 때 상대의 표정이 그걸 별로 탐탁하게 생각하지 않는 느낌이라면 "~님, 제가 인정받고 싶어하는 느낌 표현에, 표정이 좀 달라지신 것 같아요. 혹 어떤 마음인지 말해줄 수 있어요?"와 같은 형태로 상태에 대해 지각된 것을 말한다. 그러면 그것을 듣고 곧 바른 변호나 변론으로 넘어가는 것이 아니라 상대의 마음을 그대로 받는 의사확인 작업을 한다. "아, 제 표정이 달라진 것 같아서 그게 어떤 마음인지 확인하고 싶다는 건가요"라고 상대의 의사를 확인하고 그다음에 자기 느낌을 전해 준다. 이런 게 가능하려면 서로에게 관심을 기울여야 하고 자신의 몸과 마음의 상태에도 충분한 관심을 주고 있어야 한다. 이런 것을 주고받으면서 연습하는 것이 자유 연습이다.

이 과정에서 주의해야 할 것이 있는데, 상대에 대해서 권면이나 충고를 하지 않고 상대의 태도나 표현에 대해서 상대의 권리로 온전히 남겨두는 것이다. 거기에 개입하는 권면과 충고를 하지 않는 것이 원칙이다. 이것은 자기에게 충실한 첫 규칙의 관계상의 거울이라고 할 수 있다. 사람은 혼자만 있는 존재가 아니라 대상을 추구하는 존재고 자연히 대상과의 관계경험은 자기에게 충실하기보다 타인의 삶에 개입하려는 힘을 만들어낸다. 사실 이것은 아담에게 주어졌던 만물을 다스리는 힘이기도 하지만 우리의 시각과 본성, 욕구가 왜곡된 탓에 제대로 기능할 수 없다. 그러므로 이것을 적극적으로 사용하기보다 주님의 권고를 따라 "먼저 내 눈에 들보를 빼고 그 후에야 형제의 눈에 티를 빼는 작업"이라고 할 수 있다. 자기에게 충실하기가 내 눈에 들보를 빼는 작업이라면 권면이나 충고를 삼가는 것은 남의 눈에 티를 빼는 일을 뒤로 미루는 작업이라고 할 수 있다. 공동체로 연습하는 동안에 타인에게 충고하려 들지 말고, 도와주려고 애쓰지 말고, 피드백도 하지 말 것을 요구한다. 오히려 타인의 감정이나 행동에 대해 피드백하려는 마음이 올라올 때 자기감정과 생각, 욕구를 세세하게 살피고 그것을 표현하는 것을 권한다. 인도자는 공동체 구성원 모두에게 타인에게 충고할 때 그 충고를 듣는 구성원이 충고하려는 사람에게 "너나 잘하세요"라고 말할 것이라고 미리 알려 준다.

내가 누구인지에 대한 소개

핵심감정 공동체에서 내가 진정으로 원하고 바라는 것이 무엇인지를 생각하고 그것을 가장 잘 표현해 주는 은유적이거나 직접적인 이미지들을 들어서 자기 이름의 별칭으로 짓게 한다. 각자 자유롭게 별칭을 지은 이유를 설명하면서 자연스럽게 자신을 소개하고 이 과정을 통해서 인도자나 공동체의 구성원은 상대가 가장 원하고 바라는 것(추동)이 무엇인지를 알 수 있고 인도자는 사실상 이때 구성원의 추동의 힘이 믿음에 기원을 두고 있는지 아니면 믿음 없이 한 개인의 영혼과 몸으로부터 나온 그의 삶에서 비롯된 것인지를 어느 정도 윤곽을 잡을 수 있다. 그러나 이것은 상대의 믿음의 유무를 평가한다는 말이 아니다. 믿음이 주입되었더라도 혹은 외적 부르심에 의해서 효과적인 부르심이 발생했더라도 우리 내면적 상황에 의해서 그것이 제대로 드러나지 않는 경우도 많이 있다. 뿐만 아니라 설혹 믿음의 여정에 들어선 후더라도 어떤 이유에서건 믿음을 떠나게 되거나 믿음이 화석화된 과정이 나타날 수도 있다. 그래서 인도자의 평가는 이런 내적 상태에 대한 평가가 아니라 막연하게 지금 이 공동체의 구성원 중 누군가의 지향과 욕구의 상태를 평가할 수 있는 것이다. 예컨대, 데마처럼 세상을 사랑해서 세상으로 기울어진 신자가 있을 수도 있고[197], 아직 중생 전인 상태로 교회 공동체에 섞여 있는 구도자가 있을 수 있고 혹은 영적 침체를 겪고 있을 수도 있으며 다양한 구성원의 다양한 반응이 있을 수 있다. 이에 대한 대략적인 그림을 이 소개에서 이해할 수 있게 된다.

그리고 이 원하고 바라는 것은 앞서도 설명한 바가 있지만 내가 자연스럽게 만족했던 것을 원하고 바라는 경우는 없다. 원하고 바라는 것이란 항상 내가 겪었던 좌절과 서로 등지고 있다. 마치 낮과 밤이 서로 맞닿아 있는 것과 같고 야누스와 같이 한편으로 내가 가장 원하면서 한편으로는 가장 나를 힘들게 하는 부분이기도 하다. 그래서 내가 원하고 바라는 것이란 그의 인생을 보여 주는 것이기도 하다. 역설적이게도 이 좌절은 우리에게 정신적이며 영적 건강의 예방주사 역할뿐만 아니라 우리가 가진 사명의 발원지가 되기도 한다. 그런 사람이 있겠냐만, 기도가 자연스런 사람은 기도에 대한 고민을 하지 않는다. 기도하고 싶은데 기도가 잘 안 되는 사람이 기도에 대한 고민이 있다. 이처럼 원함은 좌절을 맞보고 있다. 그래서 원하고 바라는 것을 통해서 나를 소개하는 것은 그 사람을 가장 잘 알 수 있는 방법이기도 하다. 이 소개의 과정에서 우리가 가진 여러 사회적인 이름표들, 예컨대, 누구 엄마, 직장은 어디, 가족은 어떻게, 자녀는 몇, 이런 것들은 모두 말하지 않는다. 이런 것에 가려 있는 우리 자신이 지닌 본연의 욕구와 바람을 중심으로 자기를 소개하도록 한다. 이 소개는 우리가 서로 맞닿아 있다는 것을 확인하는 첫 번째 과정이다. 이 과정은 부록 3과 4를 활용해서 밀도 있게 만들 수 있다.

지금-여기에서의 느낌을 나눔

핵심감정 공동체의 구성원이 함께 둘러앉은 상태에서 각자의 몸과 영혼에서 마음에 투영되는 느낌과 감정을 나누는데 가능하면 현재 이곳에서 일어나는 감정에서 집중하면서 나눈다. 현재 이곳에서의 느낌과 감정만 나눈다는 말은 과거 이야기를 빼고 이전에 있었던 이야기는 빼고 지금 여기에 있는 사람들에게 온전히 마음을 주면서 그들과 교감하고 거기서 올라오는 감정을 나누는 과정을 말한다. 이 과정이 어렵다면, 부록 1을 사용해서 감정 목록들을 사용해서 나눌 수도 있다. 그때 거기의 사건 경험뿐만 아니라 생각도 줄이고 자신이 어떤 정서 상태에 있는지에 표현을 집중하도록 한다. 이런 요구를 잘 설명하고 지금 여기의 감정만을 표현하도록 약간의 제약을 둔다. 이런 상호작용은 구성원들의 감정표현 능력의 정도를 가늠하게 해 준다. 또 지금 여기에 머물지 못하고 현재 이곳과 여기 있는 사람들에 대한 감정에서 벗어나 과거의 경험과 자기 생각을 주로 이야기함으로 자신이 얼마나 지금 이 자리에 있는 사람들과의 나눔에 집중하지 못하고 있는지를 보게 함으로 현재의 느낌을 나누는 자리에서 지금-여기에 있지 못하고, 과거 감정에 매여 있는지를 직접 경험하므로 핵심감정에서 벗어나서 신앙감정으로 나아가는 수련에 대한 동기를 더욱 부여받게 된다. 이 모둠을 통해서 지금 여기에 머무르는 것이 얼마나 어려운지를 경험하고 지금 여기에 살고 싶어도 그때 거기의 과거 감정으로 현재를 해석하고 있는 자신을 이해하게 된다.

핵심감정 공동체의 중기의 과정과 요소들

핵심감정 공동체가 그 과정의 중간 즈음에 이르게 되면 구성원 간의 응집력이 강하게 일어나기 시작하며 서로에 대한 신뢰가 증진되기 시작한다. 이때쯤 자기 핵심감정이 무엇인지를 찾고 그것이 지금 공동체 안에서 어떤 역동을 일으키면서 상호관계에 영향을 미치는지를 체험하는 시기다. 공동체 초기 동안에 표현 과정에서 서로가 서로에게 주요대상의 역할을 하면서 핵심감정을 확인하게 된다. 구성원 간의 갈등이 의식으로 부상하면서 관계적인 긴장이 상승하는데 이 과정을 통해서 구성원들은 공동체 안에서 일어난 긴장과 갈등이 각자의 전이와 투사의 결과라는 것을 경험적으로 만나게 된다. 예컨대, 혼자 있는 것에 대한 슬픔의 핵심감정을 가진 사람은 자기 이야기를 하는 중에 계속해서 자기 안으로 몰입하게 되고 이런 몰입의 과정에서 공동체 구성원들은 자연스럽게 주의가 흐트러지고 혼자 있는 슬픔을 가진 사람의 내적인 긴장에 대해서 그렇게 긴장을 흐트러뜨리므로 자신도 모르게 역동의 균형을 맞춘다. 혼자 있는 슬픔의 핵심감정은 자기 몰입을 통해서 자신의 아동기 감정을 재연하고 공교롭게도 주변 공동체 구성원들은 주의가 흐트러짐으로 이 아동기 감정에 대해서 반응을 하게 된다. 이럴 때, 자기 핵심감정과 똑같은 상황을 경험하고 있다는 것을 지각한다.

이런 핵심감정의 역동은 자기가 원하지 않는 자기의 일부를 자기와 분리하려는 일종의 방어 유형이며, 이 방어를 통해서 자기와 관계하는 사람에게 투사하는데 이때 이 감정은 투사받는 사람 안에서 살아 있게 된다. 즉, 투사받는 사람에게 자기감정과 유사한 일련의 감정을 경험하도록 압력을 가하므로 대상에게 자기를 이해시키는 유아가 자주 쓰는 방식의 의사소통유형이다. 이때 투사하는 사람은 자기 일부를 담아 둘 만큼 분리된 존재로 투사받는 사람을 지각하면서 동시에 투사받는 사람의 감정을 공유한다는 착각을 유지할 만큼 충분히 덜 구분된 존재로 경험하며 치료는 투사한 사람이 투사받는 사람이 위험한 감정을 다루는 방식을 동일시로 모방하는 과정을 통해서 이뤄진다.[198] 중기 과정은 이런 핵심감정의 역동을 생생하게 현장에서 반복적으로 경험하게 된다.

핵심감정 개념 이해하기

핵심감정의 정확한 개념에 대해서 이해하는 시간을 가진다. 핵심감정의 정의는 어떻게 내려지는지, 핵심감정은 어떤 방식으로 우리 안에 자리 잡는지, 핵심감정이 작동하면 주변 사람들과의 관계에 어떤 식으로 작용하는지 등을 배우는 시간이다. 핵심감정의 이론적 배경을 설명하고 『핵심감정 탐구』를 활용해서 신학적인 해석에 대해서 분명한 이해를 갖도록 한다. 자신이 좋아하는 노래와 취미에 대해서도 서로 나누어 본다. 이 과정은 공동체에 활력을 불어넣으며 서로에 대한 이해를 증진하는 효과도 있다. 특히 좋아하는 노래는 자신의 핵심감정을 반영하는 경우가 많아서 핵심감정이 일거수일투족에 배여 있다는 사실을 핵심감정 찾기 과정에서 비로소 확인하게 된다.

핵심감정 찾기

핵심감정 찾기를 위한 두 가지 시트를 이용해서 핵심감정을 찾을 수 있다. 좀 더 심도 있는 찾기를 원하고 시간이 넉넉할 경우, 부록 2의 시트를 활용하면 좋고 시간이 넉넉지 않고 간단한 찾기를 원할 경우 부록 3을 활용하면 좋다. 자신을 임신한 상황에서의 엄마의 반응과 자신은 가족들에게 환영받는 아이였는지 그렇지 않았는지 같은 출생 상황에서부터 시작하여 현재 내가 선택한 직업과 일, 사랑을 아우르는 모든 관계에 이르기까지 모든 상황을 시트의 질문에 반응하면서 떠올려보고 자신의 감정을 되돌아본다. 이 과정을 통해 자신의 삶 전반에 깔려 있는 핵심감정이 무엇인지를 발견하도록 한다. 이때 핵심감정은 주로 원하던 것이 좌절되었을 때 경험이므로 감정만 달랑 하나 적는 것이 아니라 "거절당할 것 같은 두려움", "받아들여지지 않는 분노", "잊힌 것 같은 슬픔", "비난당하는 것에 대한 억울함"과 같은 방식으로 대상 경험을 반영하는 형태로 구체적으로 진술하는 것이 좋고 그것을 별칭을 기록한 명찰의 하단에 기록해서 공동체 구성원 모두가 확인할 수 있도록 한다.

핵심감정 보기

핵심감정 공동체 구성원이 스스로 발견하고 스스로 이름붙인 핵심감정이 형성된 시기와 삶 속에서 계속 어떤 방식으로 이웃과의 관계에서 자신의 삶을 지배해 왔는지를 구성원들에게 나누는 시간을 갖는다. 구성원들은 이 이야기를 들으면서 자기 핵심감정을 지켜보며 자기 핵심감정이 떠오르며 자기 핵심감정이 각성되고 상대의 마음에 공감하기도 하고 특정 구성원의 특정 행동이나 태도가 미워지기도 하는 경험을 하게 된다. 이렇게 자기 안에 움직이는 감정을 보면서 이것이 사실적인 감정이 아니라 이 실험실 속에서 재현된 가짜 감정이라는 사실을 더 명확히 이해하게 된다. 공동체 내에서 각자가 자기 삶을 나누는 과정에서 일어나는 자기감정들을 서로 나누면서 핵심감정은 점점 입체적이 된다. 한 개인의 단선적인 감정과 그 삶의 이야기는 여러 사람들의 경험과 어울리면서 마치 음악에 화성이 쌓이고 음식에 맛의 다양한 층위가 생기고 미술에 깊이와 빛의 조화가 여러 색들이 어우러지면서 쌓여 그 입체감이 드러나듯이 한 개인의 핵심감정은 공동체의 여러 경험들이 서로 공유되면서 점점 입체적인 빛을 찾게 된다. 자기 경험을 나누다 보면 비슷한 경험이 누구나 있다는 것을 알게 될 뿐만 아니라 자신이 전혀 기억지 못했던 감정에 대한 기억들을 불러내고 서로 지켜보고 나누면서 보기 과정은 지금 눈 앞에 있는 현실에 사람을 만나는 것이 아니라 상대에게 내 과거 경험 속의 인물의 역할을 부여하고 나누는 것이라는 사실을 경험하게 된다.

그렇게 핵심감정을 찾고 보기를 통해서 핵심감정이 점점 입체적이 되는 경험이 누적되면 이 핵심감정을 훈련의 장내에서만이 아니라 훈련이 끝난 시간이나 식사시간이나 가족관계에서나 다른 모든 상황 속에서 어떤 방식으로 역동이 만들어지는지를 놓치지 않고 보는 것을 "핵심감정 보기"라고 한다. 이렇게 되면 자신의 핵심감정에 대해서 전체적인 주의를 둘 수 있게 되고 그럴 때 비로소 핵심감정이 일거수일투족에서 살아 움직이는 것을 자각하고 쌀가마니의 어디를 찔러도 쌀이 쏟아지는 것처럼 내 삶을 지배하는 방식으로 핵심감정의 세력을 구체적으로 각성하게 된다. 핵심감정이 활성화되면 정말 현실이 핵심감정의 방식으로 보이지만 이것은 가짜 감정이며 동시에 핵심감정은 죄의 세력이어서 우리 세계를 왜곡하게 된다. 핵심감정 공동체 훈련 초기에는 자기에게 일어나는 것은 잘 보이지 않고 주로 다른 사람을 통해서 핵심감정이 현실이 아니라는 것을 자각하게 되었다면, 중기의 과정은 자기의 핵심감정이 현실 감정이 아니라는 사실을 구체적으로 자각한다는 점에서 초기와 다른 점이 있다.

핵심감정 공동체의 종결의 과정과 요소들

핵심감정 공동체의 종결의 과정은 이웃과 하나님을 사랑하는 과정을 통해서 언약적인 인격주체로서 자신을 세워가는 과정이다. 우리는 개인으로서 정의되는 존재가 아니라 관계에서 정의되는 존재다. 레비나스(Emmanuel Levinas)는 욕동이 단지 자신의 쾌락을 추구하는 것으로 이해될 수 없고 대상과 더불어 하는 경험으로서 대상을 함의하고 있다고 했다.[199] 이 대상과의 관계 속에서 정의된 사랑은 두 가지 방식으로 나타난다. "먼저 자기 자신을 사랑하고 그 뒤에 이웃을 사랑"[200]하거나 "우리가 우리에게로 끌어오는 사랑을 타인에게 돌리"[201]는 방식으로 드러난다. 전자는 세상의 방식이며 후자는 하나님 나라의 방식이다. 그러나 항상 그렇듯이 짝퉁은 정품을 모방한다. 전자는 후자를 모방한다. 예를 들어, 어린 시절 도움을 받을 수 없는 형편에서 자란 사람은 늘 사람들에게서 도와주어야 할 것을 찾는다. 그리고 그들을 돕지만 돌아오는 대답 중 "너나 잘하라"는 말을 들을 때가 있다. 왜 그럴까? 그 도움을 상대가 청한 적이 없고 내가 돕고 싶었기 때문이다. 돕는다는 사실은 좋은 일인 것 같지만 상대가 원치 않는 도움은 결국 자기충족적인 사랑을 투사한 것이다. 대체로 내가 원하고 바라는 것은 내가 겪었던 지속적인 좌절과 관련이 있고 그래서 사람들은 현실에서 그것을 실현하려는 성향을 강하게 보인다. 부임 목사들 사이의 속설, "버선발로 나와 환영하는 권사를 조심하라"는 말도 이런 맥락이다. 그 환대하던 권사는 실은 자신이 그렇게 환대받기를 열망하며 자신이 그 환대의 중심에 있기를 바랐던 것이다. 그런데 목사의 사역이 그렇듯이 누구 한 사람에게 집중할 수 없고 그 결과 곧 환대는 시기와 미움으로 바뀌고 만다. 이처럼 자기를 사랑하는 힘은 이웃 사랑으로 자기를 위장한 채로 우리를 찾아온다.

그래서 오히려 우리가 진정으로 우리 사랑을 타인에게 돌리기 위해서는 역설적이게도 자기에게 충실해야 한다. 내 욕구에 대해서 솔직하게 인정하고 그것을 채우기 위해서는 상대의 돌봄이 필요하다는 사실을 인정하며 그 돌봄에 대한 결정권이 타인에게 있으며 우리는 솔직히 그 사실을 인정하고 부탁할 수 있어야 한다. 그럴 때 내가 할 수 있는 것과 없는 것이 구분되고 내 것과 네 것이 구분되며 내 책임인 것과 네 책임인 것이 구분된다. 자기를 있는 그대로 인정하는 것은 진정한 의미의 타인을 위한 배려이자 사랑의 출발점이다. 그러나 이 과정은 결코 쉽지 않다. 내가 나를 인정하고 수용할 수 있을 때, 사랑할 준비가 되며 내가 해 줄 수 있는 것과 없는 것을 구분하는 책임 있는 사랑의 관계를 세울 수 있다. 우리는 타인의 돌봄이 필요하지만 그렇다고 그가 원하지도 않는 도움을 주면서 그에게 나를 사랑해 달라고 말할 권리는 없다. 우리의 분노와 적개는 사랑의 좌절로 생기지만 대부분 상대에게 상대가 질 수 있는 것보다 많은 것을 책임지우면서 그에게서 환대와 사랑이 되돌아오지 않을 때 분노한다. 그리고 타인은 우리가 들이댄 것에 응하지 않을 권리가 당연히 있다. 상대의 관심과 사랑이 변할 가능성은 언제나 존재한다. 오죽하면 하나님께서 사람에게 허락하신 큰 축복 중 한 가지는 변덕이라고 했을까? 자신에게 진솔해서 자기를 돌보지 않고 상대에게 자기 욕망을 투영하고 그로부터 인정과 사랑을 받으려고 노력하는 것을 '사랑 거지', '인정 거지'라고 부른다.

공동체의 종결부에 이르면 이러고 있는 사실을 점차 자각하면서 자기에게 어떤 욕망과 갈등이 있었는지를 스스로 이해하게 된다. 그리고 그렇게 살 수밖에 없었던 이유를 발견하면서 자신을 불쌍하고 측은하게 볼 수 있게 된다. 그리고 그런 사실의 자기 이해뿐만 아니라 공동체 전체가 그런 사실을 이해하고 공감함으로써 더 이상 그렇게 살 필요가 없다는 사실을 자각하게 된다. 이 과정에서 핵심감정은 점차 그 세력이 약화되고 점점 지워져 간다. 공동체 내부에서 갈등은 여전하지만 자기 욕망에서 비롯된 감정의 투사라는 것을 선명하게 볼 수 있게 되는데 이것은 바로 우리 주체가 더 선명해지고 타인에 대한 의존이 줄어들면서 생기는 과정이라는 것을 이해하게 된다. 이 과정을 돕도록 부록 5가 설계되었다.

핵심감정 지우기

핵심감정 작업일지를 작성한다.[202] 내 인생사를 돌아보면서 거기서 든 감정을 돌아보고, 그 감정이 과거 경험과의 유사도나 유사한 상황은 없는지를 살펴보고 주로 어떤 대상과 그런 감정들을 반복했는지를 적어보도록 한다. 주요 대상과의 관계 경험과 현재 갈등 사이의 유사점도 찾아본다. 만약 지금의 나라면 그때 거기에서 뭐라고 했을지도 돌아본다. 그러면서 자신과 주요대상을 이해해 보고 공감해 본다. 이것은 공동체가 끝난 다음에도 혼자서 계속 핵심감정으로부터 놓여나는 훈습을 위해서 꼭 필요한 과정이다. 이렇게 자기 과거 경험을 입체적으로 돌아봄으로 핵심감정에서 놓여나는 경험을 교정적인 정서체험을 통해서 할 수 있도록 하려는 데 그 목적이 있다.

이어서 전 생애를 통해서 내가 듣고 싶었던 말을 스스로 찾아보고 공동체에서 이야기해 보고 모든 구성원들은 그를 더 이해하게 되고 그가 원했던 것을 그에게 돌려주며 그는 자기가 무엇을 필요로 하고 무엇을 듣고 싶어 했는지를 이야기함으로 이제는 거기에 더 매이지 않고 진정으로 이웃을 돌아보는 삶을 선택할 수 있게 한다. 이 과정의 목표는 단지 자기가 듣고 싶은 말을 듣고 거기에서 자기를 연민하면서 위로를 받으려는 것이 목적이 아니라 자기 안에 고여 있는 그리스도의 사랑이 진정으로 타인을 향해서 흘러가도록 하는 데 있다. 더 이상 자신의 헌 데를 핥는데 자기 시간을 쓰며 그것으로 이웃과 갈등하지 않도록 하는 데 있다. 설혹 갈등이 발생하더라도 그 갈등을 넘어 하나님이 지으신 세계와 그 사람들을 진정으로 사랑하는 하나님 나라 안으로 들어가게 하려는 데 그 목적이 있다. 그렇게 핵심감정이 지워지고 옅어질 때가 바로 자기가 무엇을 원했는지를 이해할 때이다. 그리고 그것을 공동체 앞에서 이야기하고 도움을 정직하게 받을 수 있을 때다. 이런 것이 공동체적으로 경험되면 공동체 활동을 멈춘 후에도 훈습은 교회 공동체 안에서 멈추지 않고 계속되는 것을 경험하게 된다.

지우기란 증상의 의미를 입체적으로 이해하게 되는 과정이다. 지운다는 말은 그것을 없앤다는 의미가 아니라 건강한 면은 남기고 부정적인 면은 희석시켜서 핵심감정 외에 다른 선택이 가능한 상태로 정신의 내적 구조를 재조정 한다는 의미이다.

핵심감정에서 우리 사명 발견하기

내가 정말 원하고 바라는 것은 내가 반복적으로 겪었던 좌절에 그 이유가 있다. 이것은 섭리적으로 볼 때, 우리 삶의 매우 중요한 동력이며 핵심감정의 건강한 면은 여기에 기대어 있는 힘이다. 핵심감정이 지워져 가면서 점차 옅어지게 되면 이 원하고 바라는 힘이 아무에게나 작동하지 않고 꼭 필요한 사람에게만 작동할 수 있게 조절이 가능해진다. 핵심감정의 건강한 면은 핵심감정의 어두운 면이 걷힐 때 비로소 드러난다. 그 전에는 핵심감정 때문에 이 건강한 힘은 건강하게 작동하지 않고 주로 갈등을 일으키는 방식으로 작동하다가 핵심감정이 일정부분 옅어지고 나면 점차 건강하게 작용이 가능하다. 예를 들어, 거절에 대한 두려움을 가진 사람은 사람들에게 민감하며 거절을 두려워하고 눈치를 보고 상대에게 맞추는 힘이 커서 제대로 자기다운 모습을 나타낼 수 없고 거절당하지 않기 위해서 오래 고민하고 숙고한 끝에 한번의 부탁으로 모든 것을 해결하려 든다. 그런 이유 때문에 항상 거절을 경험한다. 그런데 핵심감정이 옅어지게 되면 소소하게 자기표현이 가능해지고 눈치도 자기를 피폐하게 하는 방식으로 보지 않고 상대의 필요를 적절히 도와줄 수 있는 방식으로 반응할 수 있게 되며, 거절에도 편안하고 상대의 마음을 읽고 반응할 수 있게 된다. 핵심감정은 내 삶을 힘들게 한 부분도 있었지만 그 부분으로 인해서 생긴 맷집이 그를 지탱하게 해 준 삶의 한 부분이기도 하다는 사실을 서로가 보면서 격려해 줄 수 있다. 여기에 이르면 하나님께서 내 삶에 허락하셨던 고난의 의미가 이해되면서 삶을 더 낙관적으로 볼 수 있게 된다. 예컨대, 우울은 삶의 좌절을 견디는 부분에서는 타의 추종을 불허하며 불안은 일을 치밀하게 해 내는데 있어서 누구에게도 뒤지지 않는다. 이런 고통의 세월은 그에게 삶의 자원이 되어 되돌아온다.

지금-여기 느낌 나눔

핵심감정 공동체를 시작하면서 했던 지금-여기에서의 느낌을 다시 나눈다. 마치 사전 검사와 사후 검사처럼 공동체의 효과를 지금-여기의 느낌을 나누는 시간을 통해서 내가 어느 정도까지 과거에 핵심감정의 지배를 받았는지를 볼 수 있게 된다. 사실 공동체의 마무리인 이 시간은 공동체 경험의 절정이라 할 수 있다. 현재에 머물러 있는 자신을 보면서 어제보다 성장한 자신을 만나고 내일에 소망이 있는 자신을 만나게 되며, 이웃과 소통하면서 현실을 있는 그대로 만나는 자신을 만나는 경험을 한다. 진정한 자유는 내 방식으로 세상을 보지 않고 그들이 내게 전해 주는 대로 보고 거기에 반응할 수 있을 때 경험된다. 사두개인과 바리새인의 논쟁 사이에서 죽은 자의 하나님이 아니라 산 자의 하나님이라고 하신 예수님이 말씀하신 그 산 자로서 중생한 자로서 자신을 만나며 그리스도의 능동적인 순종과 연합되어 성부와의 사랑의 교제에 성자를 통해서 초대되어 하나되는 경험을 하게 된다.

경험 나누기

공동체에 참여하면서 느꼈던 것과 그동안 서로에게 말하고 싶었으나 제대로 표현하지 못한 것, 그리고 서로에 대한 감사와 기쁨을 나누는 시간을 가진다.

공동체의 마무리와 훈습 안내

인도자는 핵심감정 공부를 공동체의 기간 동안만 하는 것이 아니라 실제 자기 삶에서 어떻게 지켜보고 지워 가고 인격주체로서 자신을 세워 갈 수 있는 방법을 몇 개 안내한다. 지금까지는 실험실의 실습이었다면 이제 정말 실전이라는 점을 주지시킨다. 현재를 하나님과 동행하면서 이웃을 사랑하는 법을 배우고 실천할 수 있도록 한다. 이 책이 그와 같은 가이드 역할을 할 것을 기대한다.

성경에서 사람은 타락하여 부패한 죄인으로 묘사된다. 만물보다 거짓되고 부패한 것이 사람의 마음이며[203] 마음에서는 악한 생각과 거짓과 훼방이 나오고[204] 우리 육신에 선한 것이 없으니 원함은 있지만 선을 행하지 못하며[205] 하나님 나라를 유업으로 얻을 수 없는 더러운 것이 가득한 것이 사람의 마음이다.[206] 이런 상태를 칼빈은 그의 신학에서 품성의 사악함, 완고함, 뒤틀림, 타락을 설명하는 용어 *pravitas*라는 단어로 설명했는데 율법에 순종할 능력의 부재가 아니라 사람의 모든 행위를 오염시켜 하나님 앞에서 무가치한 존재로 만드는 기질의 뒤틀림이 내적으로 만연하게 침투한 것을 의미한다.[207] 율법을 외형적으로는 따르는 흉내를 내면서 우리는 기묘하게 짝퉁을 만들어낸다. 이런 형편없는 본질에도 불구하고 동시에 성경은 우리를 대하여 하나님의 형상으로 창조된 존재로 하나님께서 하나님보다 조금 못한 존재로 지으시고 영화와 존귀로 관을 씌우셨다.[208] 성도는 존귀하며 하나님의 즐거움이 그들에게 있다고 하셨다.[209] 이런 성경의 진술을 통해서 우리가 가져야 할 태도는 무엇일까? 사실 사람에게 어떤 종류의 기대를 하지 말아야 한다는 사실을 알 수 있다. 사람은 신뢰의 대상이 아니라 사랑의 대상이다. 그리스도께서 사랑하신 것처럼 우리에게 사랑을 명하셨으므로 우리는 이웃을 사랑하는 태도를 가져야 한다.

　태도는 환경으로부터 우리가 받는 자극에 대한 우리의 의식적이거나 무의식적인 반응의 총체로서 자극에 대한 각자의 해석의 방식에서 비롯된다. 행동과 마음의 중간적 고리 역할을 하는데 빌립보서 2장 5절의 그리스도 예수의 마음은 곧 태도를 가리킨다(Your attitude should be the same as that of Christ Jesus). 순종하신 주님의 태도는 하나님께 대해서는 경외[210]와 사랑[211]의 태도며, 사람에 대해서는 작은 자 하나도 업신여기지 않는 것이었다.[212] 잠언 17장 5절은 가난한 자를 조롱하는 자는 이를 지으신 주를 멸시하는 자라고 말하면서 이웃을 하나님을 대하듯 섬기는 자로 서야 함을 강조한다. 성경은 사람을 존중하고 존경해야 한다고 말하고 있는 것이다. 그런데 우리는 유교적 문화에 젖어 있어서 존경을 아랫사람이 윗사람에 대한 예절, 또는 능력이나 탁월함에 대한 인정으로 생각하는 경향이 있다. 성경이 말하고 있는 존경은 상대를 명예롭게 하고 또한 명예롭게 여기는 것을 의미한다. 심지어 하나님께서 우리가 하나님을 존경하면 우리를 존중한다고 표현하고 있다.[213] 그것이 그리스도 예수의 마음 곧 태도였다. 존경은 아랫사람을 향해서도 이루어질 수 있고, 오히려 이러한 존경이 훨씬 더 아름답다. 예수님은 사람을 귀하게 생각하셨다.[214] 그러면 우리는 이웃과 하나님을 동시에 고려해야 하는 상황에서는 어떤 태도를 취해야 할까? 이것은 당연히 하나님이라고만 생각하기 쉽지만 꼭 그런가? 우선 성경은 하나님께 우선적으로 우리 마음을 초점 맞추어야 한다고 말하는 것은 사실이다. 자기 모든 소유를 버리지 않고는 주님의 제자가 될 수 없다.[215] 그러나 동시에 지극히 작은 자에게 한 것이 주님께 한 것과 같다고도 말씀하신다.[216]

우리는 어떻게 이런 태도를 회복할 수 있을까? 그것이 우리가 용서해야 하는 이유이다. 마태복음 18장에 1만 달란트를 탕감해 준 주인은 하나님의 은유이다. 복음은 우리 주님께서 우리를 이렇게 용서하셨다는 사실을 받아들일 수 있어야 한다. 여기에 전제되어야 하는 것이 있는데 그것은 본문이 빚의 관념으로 묘사한 죄라는 채무의 무게를 제대로 이해해야 한다는 점이다. 이것이 우리가 갚을 수 없는 것이라는 사실을 자각할 때, 우리는 주님의 용서를 온전히 의지하기 때문이다. 그렇지 않을 경우 우리는 주님의 용서를 의지하기보다 우리 자신이 어떻게 해 보려는 시도를 보이기 때문이다. 1만 달란트 빚진 동관의 태도도 이와 같았다. 우리는 주님께서 우리를 용서하신 것처럼 서로 친절하게 하며 불쌍히 여기며, 서로 용서하기를 하나님이 그리스도 안에서 너희를 용서하심과 같이 할 것을 요구받는다.[217]

그리스도인은 그릇된 일을 바로잡는 일에 주도권(Initiative)을 취해야 한다. 예컨대, 형제가 죄를 범하였을 때 우리로 "가서" "그 사람을 상대하여" "권고하라"고 명령한다.[218] 반대로 내가 잘못을 범하였을 때도 마찬가지인데, 예물을 제단에 드리려다가 형제에게 원망 들을 만한 일이 있는 줄 생각나면 먼저 가서 형제와 화목하고 그 후에 와서 예물을 드리라고 권한다.[219] 이런 삶이 경건한 삶이다. 우리 삶에 거짓의 누룩이 퍼지는 것을 방지해야 한다. 타인의 잘못에 대해서만이 아니라 자기 과실에 대해서도 그런 결정을 할 수 있어야 하고 그것을 말하는 일은 사실은 큰 용기를 필요로 한다. 아마도 성경에서 가장 실천되지 않는 권면이 있다면 위에 언급한 두 가지가 아닐까 한다. 성경에 의하면 경건은 정결하고 더러움이 없는 삶을 사는 것이다. 이런 삶은 앞서 언급한 두 가지의 권면이 실천으로 주어질 때 가능하며, 이웃을 돌아보고 자기를 지켜 세속에 물들지 않게 해야 하는 것이다.[220] 이런 일을 실천하는 과정에는 갈등을 빚기 마련이다. 사람은 누구나 충고를 싫어하고 사실 충고가 진정성이 있다면 누구나 받아들이겠지만 충고에는 어느 정도 우리 자신의 교만과 이기심이 작용하기 때문에 사실상 제대로 된 충고란 거의 불가능하다. 그럼 성경은 우리로 하여금 전혀 실천 가능성이 없는 위의 두 가지, 곧 형제의 잘못에 대해서와 자신의 과실에 대해서 찾아가 회복을 위한 주도권을 취하라고 했을까? 우리가 기억해야 할 것은 갈등은 나쁜 것이 아니라 우리로 그리스도를 닮게 하려는 하나님의 섭리라는 점이다.[221] 갈등을 처리하는 일을 미루면 관계가 꼬이게 되고 그 밑에 깔린 정서들 때문에 점점 소통이 어려워진다. 미루거나 무시한다고 해서 사라지는 것이 아니다. 이것은 우리 감정에 깔려서 계속해서 우리 인지와 사고에 영향을 미치게 된다. 해결되지 않은 갈등은 그 사람을 대할 때마다 영향을 미치며 우리 판단을 흐리게 한다.

그렇다고 그것을 다른 사람에게 이야기하는 것은 더 도움이 되지 않는다. 이것은 9계명의 직접적인 위반일 수 있다. 왜냐하면 우리는 자기중심적으로 진술하는 습관이 있으며 우리의 부패한 본성은 자신의 허물은 가리면서 타인의 허물은 과장하거나 왜곡해서 사람들에게 퍼뜨리기 때문이다. 그래서 남의 소문을 일단 말하고 다니는 것은 그리 좋은 태도라 할 수 없다. 특히 비난은 삼가는 게 좋다. 뿐만 아니라 교묘하게 증오를 드러내지는 않지만 자신이 피해자라는 식의 표현을 통해서 상대를 깎아내리는 태도를 삼가야 한다. 물론 모든 일을 혼자서 처리해야 한다는 의미는 아니다. 우리는 연약하고 누군가의 도움이 필요하다. 따라서 적절히 문제를 해결하기 위해서 목사, 리더, 상담자 같은 사람에게 도움을 받을 수 있다. 어떤 문제에 관련이 없고 그 해결에 도움이 되지 못하는 사람과 이야기하는 일을 피하는 게 좋다. 소문이나 비방을 듣지 말라. 스펄전(Charles Spurgeon) 목사가 남긴 유명한 말이 있다. 그는 "진실이 신발을 신는 동안 거짓말은 지구를 한 바퀴 돈다"고 했다. 혹 누군가가 내게 그런 소문을 말하거나 SNS 같은 곳에 그런 것들을 올린다면, 그가 갈등을 해결하는 일에 주도권을 취하도록 도와줄 필요가 있다.

그런데 어떻게 그럴 수 있을까? 적어도 말하기 전에 우리는 세 가지를 확인해야 한다. 첫째, 그것이 사실이어야 한다.[222] 내 해석이나 판단이나 평가가 뒤섞인 말이 아니라 그가 구체적으로 한 행동이나 태도에 대해서 사실을 말할 필요가 있다. 둘째, 그것이 친절하고 자비로우며 긍휼의 마음으로 하고 있는지를 고려해야 한다.[223] 이간을 목적으로 혹은 사실이더라도 그가 비통해 하는 꼴을 보거나 할 목적으로도 얼마든지 사실을 털어놓을 수가 있다. 이런 의도가 아니라 우리를 하나 되게 할 목적이어야 하고 서로 더 신뢰할 수 있는 관계를 목적으로 하는 것이어야 한다. 세 번째, 그것이 정말 필요한 일인지를 고려해야 한다. 바울이 디모데를 향해서 참 과부를 존대하라고 한 것처럼[224] 정당하게 돌아가야 할 것에 대해서 무시하지 않고 관심을 가지고 돌보는 것이다. 그럼 필요하지 않은 것은 어떤 것일까? 불필요한 신화에 몰두하는 것이라든지,[225] 그런 것들로 논쟁과 분쟁을 만들고 싸움거리를 만들며 서로 시기와 질투로 깎아내리는 언어들을 삼가야 한다.

자신이 이렇게 바른 태도를 가지고 있는지 확인해 볼 필요가 있다. 어떤 문제를 제대로 사태를 이해하기 전에 판단하며 당사자에게 듣지 않고 떠도는 풍문으로 그 사람을 판단하며 한줌도 되지 않는 신학으로 온 세상을 다 아는 듯이 구는 태도가 있지 않은지 돌아봐야 한다. 상대에 대해서 제대로 이해하기도 전에 오해한 적은 없는가? 상대방의 입장에 서면 이해하게 될 것이다. 잠언 19장 11절도 노하기를 더디 하는 것이 사람의 슬기요 허물을 용서하는 것이 자기의 영광이라고 했다. 타인의 동기를 판단하지 말고 대화를 해야 한다. 칼로 찌르는 것 같이 함부로 말하는 것은 신자의 마땅한 태도가 아니다.[226] 지혜로운 말은 우리의 부패를 드러내고 형제 사랑을 이룰 수 있게 한다. 내 관찰은 내 핵심감정에서 비롯된 편견일 수도 있다. 그래서 성경적인 대화는 첫째, 느끼는 바를 이야기하는 데서 출발해야 한다. 물론 이것은 상처받기 쉬울 수도 있다. 둘째, 요구는 피하고 원하는 바를 말하는 것이 좋다. 이는 2인칭 화법이 아니라 1인칭 화법으로 이야기하라는 말이다. 문제를 유발하는 상대의 행동에 대해 단순하면서 비난이나 가치판단이 없이 그것을 말하고 그것이 나에게 어떤 영향을 미쳤는지를 시간과 노력과 비용과 행동에 방해받는 정도, 감정적 괴로움의 정도에 대해 말하고 그에 대해 내가 원하는 것이 무엇인지를 말하는 것이다.

그러나 그것이 지속된 갈등이라면 말을 많이 하지 않는 것이 좋다. 아무리 위의 방법처럼 지혜롭게 말하고자 해도 자신의 오해와 그에 따른 감정들이 말과 태도에 배이게 되어서 상대에게 제대로 전달되지 않는다. 이와 같은 지속적 갈등뿐만 아니라 흥분한 상태에서는 대화를 삼가는 게 좋다. 이 역시 감정에 영향을 받는 상황이라 반드시 실수를 부르고 그 결과가 좋지 않다. 이런 문제를 언급할 때 주의해야 하는 것 중 한 가지는 "항상, 모두, 늘, 언제나, 절대" 등의 용어로 특정한 상대의 행동이나 자기 태도를 과장하는 버릇이다. 이것은 쌍방이 함께 승리할 수 있는 대화법이 아니다. 상대를 깎아내리고 자신을 높이기 위한 내적 교만의 발로이다. 그러나 언어를 정갈하게 쓰려면 그에 맞는 연습이 필요한데 우리 교회의 현장은 이런 요건을 제대로 갖추지 못한 경우가 대부분이다. 그래서 핵심감정 공동체가 필요하며 이 공동체는 실패에 대한 두려움 없이 안전한 방식으로 지혜로운 말 습관을 연습하도록 돕는 공동체다. 우리가 하나님의 사랑을 따른다면 그 사랑은 공동체를 세우는 목적에 부합해야 한다. 로마서 12장 18절은 할 수 있는 대로 모든 사람과 더불어 화목하라고 말한다. 이 책은 그 할 수 있는 구체적인 방식을 다룬다. 마지막으로 우리가 기억할 것은 우리의 싸움은 혈과 육에 대한 것이 아니라 악의 영들에 대한 싸움이라는 점이다. 마귀는 심리학 전문가이다. 그는 우리의 심리를 파고든다. 가룟 유다가 예수님을 팔 때도 마귀는 그의 마음에 그런 생각을 넣었다.[227] 핵심감정에 의해 우리 내부에 오해가 생성되면 마귀는 그것을 이용해 우리 마음에 속삭이기 시작한다. 그렇게 시기를 불어넣고 미움을 일으키고 마음을 지옥으로 만든다. 마틴 루터는 "새가 머리 위로 날아다니는 것은 막을 수 없지만 새가 둥지를 트는 것은 막을 수 있다"고 했다. 마귀의 목소리가 내 머리에 둥지를 트는 일을 못하게 할 책임이 있다. 이 일에 우리는 은혜의 방편을 사용할 수 있다. 은혜의 지배 아래 있을 때, 마귀가 우리 핵심감정의 약점으로 우리의 화목을 무너뜨리지 못한다.

Appendix

부록

감정단어 목록

쾌정서

기쁘다	벅차다	포근하다	흐뭇하다	상쾌하다
짜릿하다	시원하다	반갑다	후련하다	살맛 나다
신나다	아늑하다	흥분되다	온화하다	안전하다
느긋하다	끝내 주다	날아갈 듯하다	괜찮다	쌈박하다
정답다	그립다	화사하다	자유롭다	따사롭다
감미롭다	황홀하다	상큼하다	평화롭다	활기차다
힘차다	생생하다	의기양양하다	든든하다	격렬하다
열렬하다	당당하다	팔팔하다	엄청나다	자신만만하다
강렬하다	충만하다	싱싱하다		

불쾌정서 [슬픔]

뭉클하다	눈물겹다	서운하다	처량하다	울적하다
위축되다	허탈하다	애끓다	애처롭다	외롭다
후회스럽다	울고 싶다	북받치다	쓸쓸하다	주눅 들다

공허하다	허전하다	침울하다	적적하다	낙심되다
우울하다	참담하다	맥 빠지다	애틋하다	애석하다
비참하다	풀이 죽다	암담하다	무기력하다	거북하다
막막하다	서글프다	안타깝다	짓눌리다	무겁다
포기하다	절망하다	죽고 싶다	잃다	무기력하다
기죽다	왜소하다	미약하다	미세하다	

불쾌정서 [분노]

얄밉다	열 받다	지겹다	못마땅하다	권태롭다
불쾌하다	불만스럽다	불편하다	지루하다	찜찜하다
떨떠름하다	심술 나다	언짢다	후덥지근하다	씁쓸하다
괘씸하다	야릇하다	성질나다	약 오르다	쌀쌀하다
짜증스럽다	분하다	속상하다	하찮다	원망스럽다
신경질 나다	더럽다	부담스럽다	귀찮다	역겹다
핏대 쏟다	미칠 것 같다	끔찍하다	기분 나쁘다	싫다
메스껍다	따분하다	넌더리 나다	피하고 싶다	혐오스럽다
꼴 보기 싫다				

불쾌정서 [불안]

당황스럽다	초조하다	무섭다	긴장되다	어이없다
억울하다	조급하다	걱정스럽다	참담하다	두렵다
어리둥절하다	놀랍다	멍하다	가혹하다	조마조마하다
막막하다	답답하다	참을 수 없다	겁나다	섬뜩하다

| 난처하다 | 죽을 것 같다 | 떨리다 | 충격받다 | 위태위태하다 |
| 기막히다 | 전전긍긍하다 | 살벌하다 | 조바심 나다 | 큰일 날 것 같다 |

신체적 정서

목이 메다	가슴 아프다	쓰라리다	소름 끼치다	전율을 느끼다
몸서리치다	피가 끓다	쑤시다	두근두근하다	애타다
구역질 나다	진땀 나다	숨 가쁘다	속이 허하다	다리가 후들거리다
간담이 서늘하다	배가 아프다	넋놓다	몸둘 바를 모르다	속이 부글부글 끓다
가슴이 저미다	숨 막히다	골 때리다	얼굴이 화끈거리다	털이 곤두서다
간 떨어지다	오금이 저리다	쓸개 빠지다		

불쾌정서 [수치심]

부끄럽다	쑥스럽다	수줍다	멋쩍다	민망하다
창피하다	계면쩍다	어색하다	미안하다	애매하다
야릇하다	뻔뻔스럽다	어중간하다	미심쩍다	서투르다
묘하다	조롱당하다	캥기다	아리송하다	자책하다
이상하다	창피하다	죄스럽다	벌거벗다	한심하다
쪽팔리다	무겁다	캄캄하다	가라앉다	

1. 내 생애 첫 기억은 무엇인가?

2. 반복되는 꿈이 있다면 어떤 게 있는가?

3. 생애 초기 부모님과 친구관계 경험에서 기억하는 장면과 거기서 느껴지는 감정은 무엇인가?

4. 엄마가 나를 임신했을 때 상황은 어떠했는가? 어린아이였을 때 기분은 대체로 어떤 분위기였는가?

5. 내가 가장 원하고 바라는 것은 무엇이며, 그것이 좌절될 때 어떤 감정이 드는가?

6. 부모나 중요 인물에게 인정을 받으려고 어떤 의도적인 노력을 했는가? 그에 대해 부모의 반응은 어떠했으며 내 느낌은 어떠했는가?

7. 아버지의 평상시 태도와 반응을 떠올리면 어떤 감정이 드는가?

8. 어머니의 평상시 태도와 반응을 떠올리면 어떤 감정인가?

9. 부모의 반응에 나는 주로 어떤 태도를 취했는가?

10. 부모와 함께했던 가장 기뻤던 경험과 슬펐던 경험은 무엇인가?

11. 부모의 태도에 나는 어떤 감정을 표현했는가, 아니면 억압했는가?

12. 당신은 아버지와 어떤 면에서 비슷한가? 아버지와 다른 면은 무엇인가?

13. 어머니와 비슷한 면은 무엇인가? 어머니와 다른 면은 무엇인가?

14. 어머니와 지난 10년 동안의 관계는 어떠했는가?

15. 아버지와 지난 10년 동안 관계는 어떠했는가?

16. 형제들이 있는가? 그들과의 관계는 어떠했으며 지금은 어떠한가?

17. 내가 좋아하는 것은 무엇이며 취미나 애창곡은 무엇인가?

18. 현재의 관계에서 가장 어려운 사람은 누구인가? 그들은 과거의 어떤 사람과 비슷한 유형인가?

19. 현재의 관계에서 가장 친밀한 사람은 누구인가? 그들은 과거의 어떤 사람과 비슷한 유형인가?

20. 지금까지의 질문들에 답하면서 현재의 경험과 과거의 경험에 유사점이 있는가?

21. 내 인생을 관통하는 주요 정서는 무엇이라고 생각하는가?

부록 03

핵심감정 찾기 2²²⁸

참여 방법

1. 아래 12개의 표에서 평소 나의 행동과 느낌을 말 해주는 항목에 모두
   ∨표를 해 보세요.

2. ∨표가 많은 감정이 당신의 핵심감정일 가능성이 높습니다.

나이 : _____세   성별 : _____   지역 : _____

1. (   ) 개

대인 관계	위축되어 있다		긴장되어 있다		요구를 못한다		거절을 못한다	
가족 관계	집에서는 파김치다		늘 지쳐있다		눈치 보게 한다		함께 자리 하기를 피한다	
일 공부	잘하려고 한다		혼자 다한다		할 일이 산더미같이 쌓여있다			
강점	열심히 산다		맡은 바를 다 한다		든든하다			

2. (　　　) 개

대인관계							
애잔하다		살갑다		친절하다		미련이 많다	
가족관계 걱정이 많다		간섭이 많다		다정다감하다			
일공부 우유부단하다		이상주의적이다		일에 애정이 많다		자기 것을 잘 챙긴다	
강점 감수성이 풍부하다		대화를 즐긴다		사람을 잘 챙긴다		마당발이다	

3. (　　　) 개

대인관계							
이기려고 한다		지고는 못 산다		조급하다		전투적이다	
가족관계 비교를 잘 한다		무시한다		표현이 자극적이다		경쟁대상으로 본다	
일공부 1등이 되어야 한다		상대가 있으면 더 잘한다		이기는 데에만 집중한다		사소한 일에 목숨 건다	
강점 집중력이 있다		포기하지 않는다		성공지향적이다			

4. (　　　) 개

대인관계							
남의 탓을 잘한다		건드리면 터진다		권위에 반항적이다		자존감이 낮아 상처를 잘 받는다	
가족관계 조종하려 한다		지배하려 한다		책임지려 한다		인정 안 해 주면 화를 낸다	
일공부 확실하다		장단점 파악을 잘한다		조직관리 능력이 있다		사소한 일에 목숨 건다	
강점 의리 있다		정의감 있다		설득을 잘한다			

5. (   ) 개

대인관계	노심초사 한다		망설인다		전전긍긍 한다		안절부절 한다
가족관계	확인전화를 자주 한다		잔소리가 많다		강박적이다		통제하려고 한다
일공부	완벽하게 준비한다		깔끔하다		철저하게 계획한다		열정적이다
강점	순발력이 있다		세세하게 표현한다		분위기 메이커다		솔직하고 투명하다

6. (   ) 개

대인관계	눈치 본다		조심스럽다		다가가지 못한다		자기주장이 약하다
가족관계	엄격하게 대한다		편하게 대하지 못한다		두려움 때문에 화를 잘 낸다		상처받을 까봐 두려워한다
일공부	실패를 두려워한다		시작하는 것이 힘들다		시간이 걸린다		상대방의 평가에 민감하다
강점	안전빵이다		예의 바르다		끈기가 있다		혼자서 끙끙거린다 노력한다

7. (   ) 개

대인관계	소심하다		기가 죽어 있다		인정 받으려고 애쓴다		경쟁적이다
가족관계	비난한다		마음에 안 들어 한다		헌신적이다		잘하도록 부추긴다
일공부	자책한다		책임감 있다		잘하려고 기를 쓴다		쉽게 포기 한다
강점	자기 자신을 잘 안다		반성능력이 있다		비교분석을 잘한다		끊임없이 자기 개발을 한다

8. (　　　) 개

대인관계	기대에 부응하려고 애쓴다		조용하다		사라지고 싶다		공평하게 대하지 않으면 슬퍼진다	
가족관계	"미안해"를 입에 달고 산다		감정을 꾹꾹 눌러 둔다		기쁨조다		필요한 존재가 되려고 노력한다	
일공부	실망시키지 않으려고 노력한다		열심히 한다		헌신적으로 한다		꺼이꺼이 잘 운다	
강점	알아서 잘 한다		다른 사람의 심정을 잘 헤아린다				솔직하고 투명하다	

9. (　　　) 개

대인관계	관계 불감증		자주 잠수한다		신경쓰이게 만든다		매사가 귀찮다	
가족관계	표현을 못 한다		자신에게 화가 난다		답답하게 만든다		천불나게 한다	
일공부	멍하다		결과물이 없다		엄두가 안 난다		잠 속으로 피한다	
강점	경제적이다		무리하지 않는다		겸손하다		엄청난 잠재력이 있다	

10. (　　　) 개

대인관계	썰렁하게 한다		무의미하게 만든다		초월한척 한다		힘 빠지게 한다	
가족관계	힘들게 한다		허기지게 한다		왕따 당한다			
일공부	의욕이 없다		흥미가 없다		게으르다			
강점	경계가 없다		욕심이 없다		초연하다		수용력이 있다	

11. (　　　) 개

대인관계	거리를 둔다		단짝을 만든다		무관심한 척한다		먼저 다가 와주길 기다린다	
가족관계	소원하다		적막하다		무미건조 하다		밖으로 돈다	
일공부	제대로 하려고 한다		완벽하게 하려 한다		시도가 어렵다		비난을 두려워한다	
강점	완벽하다		끈끈하다		집중력 있다		노골적으로 관심을 보인다	

12. (　　　) 개

대인관계	상처를 잘 준다		예민하다		관계가 힘들다		화를 참는다	
가족관계	성질부린다		짜증낸다		잘 삐진다		긴장감을 느끼게 한다	
일공부	시원하게 한다		홧김에 저지른다		갈등을 일으킨다		일에 화풀이 한다 (일중독)	
강점	추진력이 있다		에너지가 많다		뒤끝이 없다		위기 대처 능력이 있다	

수고하셨습니다. 감정별로 ∨표 개수를 적어 보세요.

∨표가 많은 감정이 당신의 핵심감정일 가능성이 높습니다.

1. 부담감		2. 그리움		3. 경쟁심		4. 억울함	
5. 불 안		6. 두려움		7. 열등감		8. 슬 픔	
9. 무기력		10. 허 무		11. 소 외		12. 분 노	

자기표상 찾기

1. 나의 어린시절 꿈은 _____ 이다.

2. 내가 되고자 하는 모습은 _____ 이다.

3. 내가 원하는 나의 성격은 _____ 이다.

4. 내가 즐기는 취미(운동)는 _____이다.

5. 나는 나의 _____부분을 가장 사랑한다.

6. 내가 가치롭게 여기는 것은 _____이다.

7. 내가 바라는 부모는 _____하는 부모이다.

8. 내가 좋아하는 동료는 _____한 사람이다.

9. 나의 미래의 모습은 _____한 모습이다.

10. 나를 힘들게 하는 것은 _____ 이다.

11. 회사에서는 나를 _____ 사람으로 본다.

12. 나의 이상적인 배우자는 _____ 한 사람이다.

13. 내가 좋아하는 상사는 _____한 사람이다.

14. 내가 원하는 직장은 _____ 이다.

15. 내가 바라는 가정은 _____한 가정이다.

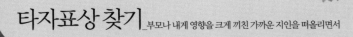

부록 05

타자표상 찾기 _부모나 내게 영향을 크게 끼친 가까운 지인을 떠올리면서

1. 다른 사람을 만날 때 내가 자주하는 행동은 _____이다.

2. 다른 사람을 만날 때 내가 주로 의식하는 것은 _____이다.

3. 사람은 모름지기 _____ 해야 한다고 생각한다.

4. ___의 _____ 부분을 인정해 주고 싶다.

5. ___에게 _____이라고 힘을 주고 싶다.

6. ___ 가 참 좋다. 왜냐하면 _____.

7. ___의 _____점이 정말 부럽다.

8. ___의 _____하는 점을 본받고 싶다.

9. ___의 _____한 면은 나에게 있었으면 좋겠다.

10. ___가 _____할 때는 참 사랑스럽다.

11. ___의 _____한 행동은 용기가 있다.(멋있다)

12. ___가 _____한 점은 참 안타깝다.(아쉽다)

13. ___의 _____는 매력적이다.

14. ___에게 _____점에서 정말 고맙다.

15. ___에게 _____ 라고 고백하고 싶다.

하나님표상 찾기[229]

1. 내게 ＿＿ 어머니는 ＿＿＿＿＿＿라고 요구하시는 분이다.

2. 내게 ＿＿ 아버지는 ＿＿＿＿＿＿라고 요구하시는 분이다.

3. 나는 다른 사람들에게 ＿＿＿＿＿＿＿＿＿를 느낀다.

4. 나는 다른 사람들에게 ＿＿＿＿＿＿＿를 해 주고 싶다.

5. 나는 경건 생활을 ＿＿＿＿＿＿＿하게 하는 게 좋다.

6. 나는 성경에서 ＿＿＿＿＿＿한 말씀이 가장 와 닿는다.

7. 내가 성경에서 가장 불편한 말씀은 ＿＿＿＿＿한 말씀이다.

8. 하나님을 떠올리면 아버지의 ＿＿＿한 모습을 떠올릴 수 있다.

9. 하나님을 떠올리면 어머니의 ＿＿＿한 모습을 떠올릴 수 있다.

10. 내게 중요한 타인은 ＿＿＿＿＿＿＿한 사람이었다.

11. 내게 목회자는 ＿＿＿＿＿＿＿＿＿하는 존재다.

12. 하나님을 섬기는 데 제일 중요한 것은 ＿＿＿＿＿이다.

13. 나는 이런 내 모습이 ＿＿＿＿＿＿＿매력적이다.

14. 나는 이런 나를 ＿＿＿＿＿＿＿＿＿ 좋아한다.

15. 하나님과 이웃을 대하는 데 제일 중요한 것은 ＿＿＿＿이다.

Bibliography
참고문헌

강준우. 『2% 차이가 성공을 만든다』. 서울: 북카라반, 2012.

강응섭. "아우구스티누스의 intentio와 라깡의 pulsion". 「라깡과 현대정신분석」. 8 (2006): 7-35.

고유라. "신체증상장애의 이해와 접근". 「Stress」. 25 (2017): 213-219.

김경열. 『냄새나는 예수』. 서울: 홍성사, 2015.

김명숙. "집중적 소인원 자기성장 집단 상담이 교사의 사회성에 미치는 효과". 경북 대학교 교육학석사학위 청구논문, 2009.

김병훈. "은혜의 방편으로서의 성경: '말씀을 통하여(per Verbum)'와 '말씀과 함께(cum Verbo)'". 「한국복음주의조직신학회」. 19 (2013): 116-143.

김선형. "핵심감정 체크리스트 타당화 연구". 한국상담대학원대학교 석서학위 청구 논문, 2019.

김혜수. "문화의 차이로 인한 영어 표현 연구". 「Journal of the English Linguistic Science Association of Korea」. 4 (2000): 171.

김흥규. 「가정환경진단검사」. 서울: 삶의 질 연구원, 2005.

노승수. "개혁신학으로 재구성한 정신분석적 인간이해모델 연구". 웨스트민스터신 학대학원대학교 박사학위청구논문, 2018.

노승수. 『핵심감정 탐구』. 서울: 세움북스, 2018.

노승수. 『핵심감정 치유』. 서울: 세움북스, 2018.

노승수. 『핵심감정 성화』. 서울: 세움북스, 2019.

노승수. "'노예 의지'에 담긴 함의와 핵심감정의 신학적 위치". 「복음과 실천신학」. 51 (2019): 073-096.

박종호. "한국인과 미국인의 의사소통의 차이". 「언어연구」. 6 (1989): 204.

소기석. "후기 비트겐슈타인의 종교언어관에 대한 연구". 「종교와 문화」. 9 (2003):

179−207.

신국원. 『기독교세계관이야기』. 서울: IVP, 1999.

양승훈. 『기독교 세계관의 이해와 적용』. 서울: CUP, 1996.

우병훈. "공공신학 교육을 위한 교본으로서 웨스트민스터 대교리문답". 「개혁논총」. 39 (2016): 73–111.

장금성. et al. "간호관리학 임상실습에서 협력학습이 메타인지 수준에 따라 문제해결과정에 미치는 영향". 「The Journal of Korean Nursing Administration Academic Society」. 13 (2007): 191–198.

정동섭. "문제성 종교의 폐해와 극복 방안". 「현대종교」. 12 (2000): 68–69.

정옥경. "가정환경이 대학생의 심리·사회적 성숙에 미치는 영향". 교육학박사학위 청구논문, 인하대학교 대학원, 2006.

정호승. 『내가 사랑하는 사람』. 서울: 열림원, 개정판 7쇄. 2016.

진주혜. "대학생 간 언어폭력: 불쾌함의 상처". 「질적연구」. 20 (2019): 68–77.

하이닥(2014. 5. 24). 박혜선. "가해자에게 연민 느끼는 '스톡홀름 증후군'이란?".

한국경제(2018. 5.1). 오형규. "스톡홀름 증후군". A21면.

한겨레신문(2018. 12. 30). "살찌기 싫다면 장내 미생물이 좋아하는 음식을 먹자".

한겨레신문(2019. 4. 8). "장내 미생물은 저 멀리 뇌에도 영향 미친다".

김영재 역. 『기독교 신앙고백』. 수원: 영음사, 2011.

최영은 역. 『시경정역 하』. 서울: 좋은 땅, 2015.

Bavinck, Herman. 『개혁교의학 3권』. 서울: 부흥과개혁사, 2011.

Calvin, John. 『창세기성서주석』. 서울: 성서원, 2001.

Calvin, John. 박건택 역. 『칼빈 기독교 강요 프랑스어 초판』. 서울: 크리스찬르네상스, 2017.

Fesko, John V. 김희정 역. 『태초의 첫째 아담에서 종말의 둘째 아담 그리스도까지』. 서울: 부흥과 개혁사, 2012.

Florida, Richard. 안종희 역, 『도시는 왜 불평등한가』. 서울: 매일경제신문사, 2018.

Hesselink, I. J. 한국칼빈주의연구원 편. "그리스도, 율법, 기독교-칼빈 신학에 있어서 율법의 제3용법," ed. D. E. McKim, 「칼빈에 관한 신학논문」. 서울: 기독교문화협회, 1992.

Keller, Timothy J. 『복음 안에서 발견한 참된 자유』. 서울: 복있는사람, 2012.

Keyes, Dick. 김선일 역. 『인간의 자아와 하나님의 형상』. 서울, 아가페, 1994

Selderhuis, Herman J. 신호섭 역. 『루터, 루터를 말하다』. 서울: 세움북스, 2016.

Spinoza, Baruch. 강영계 역. 『에티카』. 서울: 서광사, 2007.

Dewald, Paul A. 이근후, 박영숙 역. 『정신치료의 역동요법』. 서울: 하나의학사, 1985.

Dewald, Paul A. 김기석 역. 『정신치료의 이론과 실제』. 서울: 고대출판부, 2010.

Beeke, Joel R. & Paul M. Smalley. 마르투스 역. 『은혜로 말미암은 준비』. 인천: 마르투스, 2018.

Edwards, Jonathan. 정성욱 역. 『신앙감정론』. 서울: 부흥과 개혁사, 2008.

Ferguson, Sinclair B. 정성묵 역. 『온전한 그리스도』. 서울: 디모데, 2018.

Grondin, Jean. 최성환 역. 『철학적 해석학 입문』. 서울: 도서출판 한울, 2008.

Hiebert, Paul G. 홍병룡 역, 『21세기 선교와 세계관의 변화』. 서울: 복있는사람, 2010.

Lloyd-Jones, Martyn. 『영적침체』. 서울: 복있는사람, 2014.

Mitchell Stephen A. & Margaret J. Black, 이재훈, 이해리 역. 『프로이트 이후』. 서울: 한국심리치료연구소, 2000.

Muller, Richard. 김병훈 역, 『칼빈과 개혁전통』. 서울: 지평서원, 2017.

Ogden, Thomas H. 김도애, 유가미 역. 『투사적 동일시와 심리치료 기법』. 서울: 강남가족상담연구소, 2015.

Reeves, Michael. 장호준 역. 『선하신 하나님』. 서울: 복있는사람, 2017.

Reeves Michael 편. 윤성현역. 『아담, 타락, 원죄』. 서울: 새물결플러스, 2018.

Sire. James W. 김현수 역. 『기독교세계관과 현대사상』. 서울: IVP, 2007.

Wolters, Albert M. 양승만 역. 『창조 타락 구속』. 서울: IVP, 1996.

Ainsworth, Mary D. "Attachments and Other Affectional Bonds Across the Life Cycle," In *Attachment Across the Life Cycle*, ed. C. M. Parkes, J. Stevenson-Hinde & P. Marris. London: Routledge, 1991.

Althaus, P. *Die Theologie Martin Luthers*. Gütersloh: Gerd Mohn, 1983.

Aristole. *On Rhetoric*, trans. George Kennedy. NY: Oxford Univ. Press, 1991.

Aristole. *Nicomachean Ethics*, trans. T. H. Irwin. Indianapolis: Hackett Publishing, 1999.

Aquinas. *Summa Theologia*.

Augustine. *City of God*, ed. David Knowles. trans. Henry Bettenson. New York: Penuin Books, 1972.

_____. *De civitate Dei contra paganos*.

Bernstein, R. J. *Beyond Objectivism and Relativism: Science, Hermeneutics, and Praxis*, Philadelphia: University of Pennsylvania Press. 1983.

Burns, William E. *The Scientific Revolution: An Encyclopedia: History of Science*. Santa Barbara, California: ABC—CLIO, 2001.

Calvin, John. *The Institutes of the Christian Religion*, GR: Christian Classics Ethereal Library, 1845.

Calvin, John. *The Epistle of Paul to the Apostle the Romans and Thessalonians*, Ross Mackenzie trans, D. W. Torrance & T. F. Torrance eds. Edinburgh, Oliver & Boyd, 1965.

Condon, John C. *Interpersonal Communication*. NY: Macmillan Publishing Company, 1977.

Cyprian, *On the Unity of the Catholic Church*, vi, the Library of Christian Classics.

Elms, Alan C. "Apocryphal Freud: Sigmund Freud's Most Famous 'Quotations' and Their Actual Sources," *Annual of Psychoanalysis* Vol. 26, (Hillsdale, NJ: Analytic Press, 2001), 83—104.

Fravell, J. H. "Speculations about the nature and development of metacognition," in F. E. Weinert, and R. H. Kluwe eds. *Metacognition, motivation, and understanding*, NJ; Lawrence Erlbaum Associates. (1987): 21—29.

Freud, Anna. "The Ego and the Mechanisms of Defense(1936)," in *The Writings of Anna Freud*, Vol. 2, Revised Edition NY: International Universities Press, 1966.

Freud, Sigmund. "New Introductory Lectures on Psycho—Analysis(1932)," in *The Standard Edition of the Complete Psychological Works of Sigmund Freud*, Vol. 22. trans. James Strachey. London: The Hogarth Press, 1964.

Gadamer, Hans—Georg. *Truth and Method*. tran. J. Weinsheimer & D. G. Marshall. NY: Continuum, 1989.

Habermas, Jürgen. Wahrheitstheorien. In Helmut Fahrenbach, Hrsg. *Wirklichkeit und Reflexion: Water Schuz zum 60 Geburtstag*. Frankfurt: Neske, 1973.

_____. *The Theory of Communicative Action*, Vol. 1: Reason and The Rationalization of Society, tran., T. McCarthy, Boston: Beacon Press, 1984.

_____. *Moral Consciousness and Communicative Action*. tran. C. Lenhardt and S. W. Nicholsen. Cambridge: MIT Press. 1990.

Hall Calvin S. *A Primer of Freudian Psychology*. New York: Haper & Row Publishers, 1999.

Held, David. *Introduction to Critical Theory*. California: Univ. of California Press, 1980.

James, William. *The Principles of Psychology*. NY: Henry Holt and Company, 1890.

Levinas, Emmanuel. *Le Temps et l'Autre*, trans. R. A. Cohen, Time and The Other, Pittsburgh, Pennsylvania: Duquesne University Press, 2004.

Lohfink, N. "Hate and love in Osee 9. 15." *CBQ* 25. 1963.

Mehrabian, Albert. *Silent messages: Implicit communication of emotions and attitudes*, 2nd. Belmont, CA: Wadsworth, 1981.

Muller, Richard A. *Dictionary of Latin and Greek Theological Term*, 2nd. Grand Rapids: Baker Book House, 2017.

Plato. *Plato in Twelve Volumes*, tran. Paul Shorey. Cambridge: MA, Harvard University Press; London, William Heinemann Ltd. 1969.

Prinz, Jesse. "Emotion, Psychosomatic, and Embodied Appraisals". in A. Hatzimoysis ed. *Emotion and Philosophy*. Cambridge Univ. Press, 2003.

Pulver, Sydney E. "Narcissism: The Term and the Concept." in *Essential Papers on Narcissism*, ed. Andrew P Morrison. New York : New York University Press, 1986.

Ratzinger, J. & Christoph Schönborn. *Introduction to the Catechism of the Catholic Church*, San Francisco: Ignatius Press, 1994.

Schleiermacher, F. D. *Friedrich Schleiermacher's Sämmtliche Werke*, Bd. VII, Berlin: 1838.

Schraw, Gregory. "Promoting general metacognitive awareness," *Instructional Science*, 26 (1998): 113 – 125.

The Korean Neurological Association. *Textbook of Neurology*. 2nd ed. Seoul: Bummoon Education, 2012.

Vailant, George E. *Empirical Studies of Ego Mechanisms of Defenses: A Guide for Clinicians and Researchers*. Washington: Ameriacan Psychiatric Press, 1986.

Vancil, D. L. *Rhetoric and Argumentation*. NY: MacGraw-Hill, 1998.

Vanhoozer, Kevin. *Is There a Meaning in This Text*. GR: Zondervan, 1998.

Wulff, David M. *Psychology of Religion: Classic and Contemporary Views*. NY: John Wiley & Son, 1991.

EndNotes
미주

1   노승수, 『핵심감정 치유』(서울: 세움북스, 2018), 132-133.
2   노승수, 『핵심감정 치유』(서울: 세움북스, 2018), 45. 참고.
3   Dick Keyes, 김선일 역, 『인간의 자아와 하나님의 형상』(서울: 아가페, 1994), 188.
4   노승수, 『핵심감정 치유』(서울: 세움북스, 2018), 122-123.
5   The Korean Neurological Association. *Textbook of Neurology*. 2nd ed. (Seoul: Bummoon Education, 2012), 413. 참조.
6   노승수, 『핵심감정 치유』(서울: 세움북스, 2018), 201.
7   노승수, 『핵심감정 성화』(서울: 세움북스, 2019), 224-225.
8   노승수, "'노예 의지'에 담긴 함의와 핵심감정의 신학적 위치", 「복음과 실천신학(The Gospel and Praxis)」 51 (2019): 073-096, 79.
9   Gregory Schraw, "Promoting general metacognitive awareness," *Instructional Science*, 26 (1998): 113-125. https://link.springer.com/article/10.1023%2FA%3A1003044231033
10 Paul A. Dewald, 김기석 역, 『정신치료의 이론과 실제』(서울: 고대출판부, 2010), 184.
11 Joel R. Beeke, & Paul M. Smalley, 마르투스 역, 『은혜로 말미암은 준비』(인천: 마르투스, 2018), 82.
12 노승수, 『핵심감정 치유』(서울: 세움북스, 2018), 289.
13 한국방송광고진흥공사 & 공익광고협의회, "데이트 폭력 예방 – 사랑하는 척" https://www.youtube.com/watch?v=FdoNdUZs5c4
14 노승수, 『핵심감정 치유』(서울: 세움북스, 2018), 239-240.
15 Baruch Spinoza, 강영계 역, 『에티카』(서울: 서광사, 2007), 3부 "정서에 대한 정의 6."
16 Paul A. Dewald, 김기석 역, 『정신치료의 이론과 실제』(서울: 고대출판부, 2010), 21.
17 Sinclair B. Ferguson, 정성묵 역, 『온전한 그리스도』(서울: 디모데, 2018), 112.
18 Sinclair B. Ferguson, 정성묵 역, 『온전한 그리스도』(서울: 디모데, 2018), 110-111.
19 Sinclair B. Ferguson, 정성묵 역, 『온전한 그리스도』(서울: 디모데, 2018), 110.
20 노승수, "'노예 의지'에 담긴 함의와 핵심감정의 신학적 위치", 「복음과 실천신학(*The Gospel and Praxis*)」 51 (2019): 073-096.
21 하이델베르크요리문답, 2-3문.
22 노승수, 『핵심감정 치유』(서울: 세움북스, 2018), 44-46.

23 로마서 2:15.

24 로마서 2:23.

25 로마서 2:29.

26 마태복음 5:20.

27 Sinclair B. Ferguson, 정성묵 역, 『온전한 그리스도』(서울: 디모데, 2018), 109.

28 Sinclair B. Ferguson, 정성묵 역, 『온전한 그리스도』(서울: 디모데, 2018), 112.

29 로마서 1:2-4.

30 Sinclair B. Ferguson, 정성묵 역, 『온전한 그리스도』(서울: 디모데, 2018), 115.

31 노승수, 『핵심감정 치유』(서울: 세움북스, 2018), 239-240.

32 Michael Reeves, 장호준 역, 『선하신 하나님』(서울: 복있는사람, 2017), 25-26.

33 로마서 3:21.

34 누가복음 10:24-37.

35 노승수, 『핵심감정 치유』(서울: 세움북스, 2018), 90.

36 Jonathan Edwards, 정성욱 역, 『신앙감정론』(서울: 부흥과 개혁사, 2008), 149.

37 N. Lohfink, "Hate and love in Osee 9. 15." *CBQ* 25(1963), 417.

38 신명기 29:18.

39 정호승, 『내가 사랑하는 사람』(서울: 열림원, 개정판 7쇄, 2016), 137.

40 Sydney E. Pulver, "Narcissism: The Term and the Concept." in *Essential Papers on Narcissism*. ed. Andrew P Morrison, (New York : New York University Press, 1986), 97.

41 Mary D. Ainsworth, "Attachments and Other Affectional Bonds Across the Life Cycle," in *Attachment Across the Life Cycle*, ed. C. M. Parkes, J. Stevenson-Hinde & P. Marris (London: Routledge, 1991), 38-39.

42 EBS 특별기획 『아기성장보고서』 3부(2006. 5. 3.), "애착! 행복한 아기를 만드는 조건"

43 하이닥(2014. 5. 24), 박혜선, "가해자에게 연민 느끼는 '스톡홀름 증후군'이란?" https://www.hidoc.co.kr/healthstory/news/C0000002499

44 한국경제(2018. 5.1.), 오형규, "스톡홀름 증후군", A21면.

45 히브리서 12:8.

46 노승수, "개혁신학으로 재구성한 정신분석적 인간이해모델 연구", (웨스트민스터신학대학원 대학교, 박사학위청구논문, 2018), 1-24.

47 노승수, "'노예 의지'에 담긴 함의와 핵심감정의 신학적 위치", 『복음과 실천신학(*The Gospel and Praxis*)』 51 (2019): 073-096.

48 Herman J. Selderhuis, 신호섭 역, 『루터, 루터를 말하다』(서울: 세움북스, 2016), 336, 413.

49 Sinclair B. Ferguson, 정성묵 역, 『온전한 그리스도』(서울: 디모데, 2018), 55, 65.

50 John Calvin, *The Epistle of Paul to the Apostle the Romans and Thessalonians*, Ross Mackenzie trans. D. W. Torrance & T. F. Torrance eds. (Edinburgh, Oliver & Boyd, 1965), 128.

51 Richard A. Muller, *Dictionary of Latin and Greek Theological Term*, 2nd, (Grand Rapids: Baker Book House, 2017), 384-385.

52 Michael Reeves 편. 윤성현 역, 『아담, 타락, 원죄』(서울: 새물결플러스, 2018), 222.

53 Michael Reeves 편. 윤성현 역, 『아담, 타락, 원죄』(서울: 새물결플러스, 2018), 223.

54 요한계시록 22:4,14,19.

55 Augustine, *City of God* (bk. 16, chap. 28), ed. David Knowles, trans. Henry Bettenson, (New York: Penuin Books, 1972), 688-89.

56 창세기 1:28.

57 에스겔서 47장.

58 요한계시록 21장.

59 John Calvin, *Commentary on Genesis*, Vol. 1, 180.

60 Michael Reeves 편, 윤성현 역, 『아담, 타락, 원죄』(서울: 새물결플러스, 2018), 224-228.

61 P. Althaus, *Die Theologie Martin Luthers* (Gütersloh: Gerd Mohn, 1983), 238.

62 I. J. Hesselink, 한국칼빈주의연구원 편역, "그리스도, 율법, 기독교-칼빈 신학에 있어서 율법의 제3용법," ed. D. E. McKim, 『칼빈에 관한 신학논문』 (서울: 기독교문화협회, 1992), 203-204. P. Althaus, *Die Theologie Martin Luthers* (Gütersloh: Gerd Mohn, 1983), 232-238.

63 세례, 견진, 성체, 고해, 혼인, 성품, 병자.

64 노승수, 『핵심감정 치유』(서울: 세움북스, 2018), 20-111.

65 J. Ratzinger & Christoph Schönborn, *Introduction to the Catechism of the Catholic Church*, (San Francisco: Ignatius Press, 1994), 363.

66 Thomas Aquinas, *Summa Theologia*, II, 1, qu. 87, art. 6.

67 Sinclair B. Ferguson, 정성묵 역, 『온전한 그리스도』(서울: 디모데, 2018), 131.

68 Herman Bavinck, 『개혁교의학 3권』(서울: 부흥과개혁사, 2011), 208.

69 John Calvin, *Inst.* 4. 14. 18.

70 John Calvin, 『창세기성서주석』(서울: 성서원, 2001), 89.

71 John V. Fesko, 김희정 역, 『태초의 첫째 아담에서 종말의 둘째 아담 그리스도까지』(서울: 부흥과개혁사, 2012), 98-104.

72 Augustine, *De civitate Dei contra paganos*, 14. 27.

73 시편 19:4, 104:2, 이사야 40:22.

74 노승수, 『핵심감정 치유』(서울: 세움북스, 2018), 65-66, 139.

75 요한복음 7:38-39.

76 John Calvin, *Inst.* 1. 8. 4.

77 김영재 역, 『기독교 신앙고백』(수원: 영음사, 2011), 561. 제2스위스신앙고백서 18. 2.

78 김병훈, "은혜의 방편으로서의 성경: '말씀을 통하여(per Verbum)'와 '말씀과 함께(cum Verbo)'", 『한국복음주의조직신학회』 19 (2013): 116-143.

79 Sinclair B. Ferguson, 정성묵 역, 『온전한 그리스도』(서울: 디모데, 2018), 88.

80 Sinclair B. Ferguson, 정성묵 역, 『온전한 그리스도』(서울: 디모데, 2018), 88.

81 Sinclair B. Ferguson, 정성묵 역, 『온전한 그리스도』(서울: 디모데, 2018), 109.

82 마태복음 25:40,45.

83 Alan C. Elms, "Apocryphal Freud: Sigmund Freud's Most Famous 'Quotations' and Their Actual Sources," in *Annual of Psychoanalysis* Vol. 26, (Hillsdale, NJ: Analytic Press, 2001), 83-104.

84 EBS 특별기획, 『아기성장보고서』 3부, (2006. 5. 3.) "애착, 행복한 아기를 만드는 조건"

85 John Calvin, *Inst.* 4. 1. 1.

86 Cyprian, *On the Unity of the Catholic Church*, vi, the Library of Christian Classics, V, 127−8.

87 로마서 8:19−23.

88 요한복음 3:35, 15:9, 17:23.

89 요한복음 14:31.

90 요한복음 15:9.

91 누가복음 3:22.

92 노승수, 『핵심감정 치유』(서울: 세움북스, 2018), 233.

93 마태복음 7:12.

94 노승수 『핵심감정 탐구』(서울: 세움북스, 2018), 88, 144.

95 노승수, 『핵심감정 성화』(서울: 세움북스, 2019), 33.

96 John Calvin, Inst. 1. 3. 1.

97 Plato. *Plato in Twelve Volumes*, tran. Paul Shorey (Cambridge: MA, Harvard University Press; London, William Heinemann Ltd. 1969.), Rep. 7.514a

98 최영은 역, 『시경정역 하』(서울: 좋은땅, 2015), 289.

99 Sigmund Freud, "New Introductory Lectures on Psycho−Analysis(1932)," in *The Standard Edition of the Complete Psychological Works of Sigmund Freud*, Vol. 22,. trans. James Strachey (London: The Hogarth Press, 1964), 58.

100 http://www.bulkwang.co.kr/news/articleView.html?idxno=10149

101 한겨레신문(2019. 4. 8.), "장내 미생물은 저 멀리 뇌에도 영향 미친다".

102 한겨레신문(2018. 12. 30.), "살찌기 싫다면 장내 미생물이 좋아하는 음식을 먹자". http://bitly.kr/g0c5vu

103 노승수, 『핵심감정 치유』(서울: 세움북스, 2019, 2쇄), 38.

104 노승수, 『핵심감정 탐구』(서울: 세움북스, 2019, 2쇄), 35.

105 노승수, 『핵심감정 성화』(서울: 세움북스, 2019), 참조.

106 노승수, "'노예 의지'에 담긴 함의와 핵심감정의 신학적 위치", 「복음과 실천신학(*The Gospel and Praxis*)」 51 (2019): 073−096.

107 James W. Sire. 김헌수 역, 『기독교세계관과 현대사상』(서울: IVP, 2007), 19.

108 신국원, 『기독교세계관이야기』(서울: IVP, 1999), 17−18.

109 Paul G. Hiebert, 홍병룡 역, 『21세기 선교와 세계관의 변화』(서울: 복있는사람), 56−59.

110 Jürgen Habermas, Wahrheitstheorien. In Helmut Fahrenbach, Hrsg. *Wirklichkeit und Reflexion: Water Schuz zum 60 Geburtstag*, (Frankfurt: Neske, 1973), 42, 137, 255.

111 양승훈, 『기독교 세계관의 이해와 적용』(서울: CUP, 1996), 19.

112 Albert M. Wolters, 양승만 역, 『창조 타락 구속』(서울: IVP 1996), 13−15.

113 Thomas H. Ogden, 김도애, 유가미 역, 『투사적 동일시와 심리치료 기법』(서울: 강남가족상담연구소, 2015), 31−44.

114 F. D. Schleiermacher, *Friedrich Schleiermacher's Sämmtliche Werke*, Bd. VII, (Berlin: 1838), 189.

115 Jean Grondin, 최성환 역, 『철학적 해석학 입문』(서울: 도서출판 한울, 2008), 285.

116 R. J. Bernstein, *Beyond Objectivism and Relativism: Science, Hermeneutics, and Praxis* (Philadelphia: University of Pennsylvania Press. 1983), 162.

117 Aristole, *On Rhetoric*, trans. George Kennedy, (NY: Oxford Univ. Press, 1991), 1356a1–3.

118 Aristole, *On Rhetoric*, trans. George Kennedy, (NY: Oxford Univ. Press, 1991), 1356a13.

119 Aristole, *Nicomachean Ethics*, trans. T. H. Irwin, (Indianapolis: Hackett Publishing, 1999), 1103a14–20.

120 Aquinas, *Summa Theologiae*, Ia, IIae, 55, 1.

121 D. L. Vancil, *Rhetoric and Argumentation* (NY: MacGraw–Hill, 1998), 13.

122 John Calvin, *Inst.* 3. 2. 3.

123 John Calvin, *Inst.* 3. 2. 4.

124 John Calvin, *Inst.* 3. 2. 8.

125 John Calvin, *Inst.* 3. 2. 14.

126 Aristole, *On Rhetoric*, trans. George Kennedy (NY: Oxford Univ. Press, 1991), 1354a11–30.

127 Aristole, *On Rhetoric*, trans. George Kennedy (NY: Oxford Univ. Press, 1991), 1356a1–3.

128 Albert Mehrabian, *Silent messages: Implicit communication of emotions and attitudes*, 2nd (Belmont, CA: Wadsworth, 1981), 참조.

129 Jürgen Habermas, *Moral Consciousness and Communicative Action*, tran. C. Lenhardt and S. W. Nicholsen, (Cambridge: MIT Press.1990), 201–203.

130 김명숙, "집중적 소인원 자기성장 집단 상담이 교사의 사회성에 미치는 효과", (경북대학교 교육학석사학위 청구논문), 24–27.

131 David Held, *Introduction to Critical Theory* (California: Univ. of California Press, 1980), 334.

132 Hans–Georg Gadamer, *Truth and Method*. tran. J. Weinsheimer & D. G. Marshall, (NY: Continuum, 1989), 267.

133 소기석, "후기 비트겐슈타인의 종교언어관에 대한 연구", 「종교와 문화」 9 (2003): 179–207.

134 Kevin Vanhoozer, *Is There a Meaning in This Text* (GR: Zondervan, 1998), 332.

135 Hans–Georg Gadamer, *Truth and Method*. tran. J. Weinsheimer & D. G. Marshall, (NY: Continuum, 1989), 269.

136 진주혜, "대학생 간 언어폭력: 불쾌함의 상처", 「질적연구」 20 (2019): 68–77.

137 Jürgen Habermas, *The Theory of Communicative Action*, Vol. 1: Reason and The Rationalization of Society, tran., T. McCarthy, (Boston: Beacon Press, 1984), 307–308.

138 정동섭, "문제성 종교의 폐해와 극복 방안", 「현대종교」 12 (2000): 68–69.

139 강응섭, "아우구스티누스의 intentio와 라깡의 pulsion", 「라깡과 현대정신분석」 8 (2006): 7–35.

140 Paul A. Dewald, 이근후, 박영숙 역, 「정신치료의 역동요법」(서울: 하나의학사, 1985), 27.

141 Paul A. Dewald, 이근후, 박영숙 역, 「정신치료의 역동요법」(서울: 하나의학사, 1985), 35.

142 Paul A. Dewald, 이근후, 박영숙 역, 「정신치료의 역동요법」(서울: 하나의학사, 1985), 35.

143 Calvin S. *Hall A Primer of Freudian Psychology* (New York: Haper & Row Publishers, 1999), 28–29.

144 노승수, 「핵심감정 치유」(서울: 세움북스, 2018), 42–46.

145 노승수, 「핵심감정 치유」(서울: 세움북스, 2018), 91, 250.

146 Paul A. Dewald, 김기석 역, 『정신치료의 이론과 실제』(서울: 고대출판부, 2010), 121.

147 김홍규, 「가정환경진단검사」(서울: 삶의 질 연구원, 2005), 참조.

148 정옥경, "가정환경이 대학생의 심리·사회적 성숙에 미치는 영향", (교육학박사학위 청구논문, 인하대학교 대학원, 2006), 13-14.

149 John C. Condon, *Interpersonal Communication* (NY: Macmillan Publishing Company, 1977), 53.

150 박종호. "한국인과 미국인의 의사소통의 차이", 「언어연구」 6 (1989): 204

151 김혜수, "문화의 차이로 인한 영어 표현 연구", *Journal of the English Linguistic Science Association of Korea* 4 (2000): 171.

152 Anna Freud, "The Ego and the Mechanisms of Defense(1936)," in *The Writings of Anna Freud*, vol. 2, Revised Edition (New York: International Universities Press, 1966), 참조.

153 Stephen A. Mitchell & Margaret J. Black, 이재훈, 이해리 역, 『프로이트 이후』(서울: 한국심리치료연구소, 2000), 64-66.

154 George E. Vailant, *Empirical Studies of Ego Mechanisms of Defenses: A Guide for Clinicians and Researchers* (Washington: Ameriacan Psychiatric Press, 1986), 참조.

155 Paul A. Dewald, 이근후, 박영숙 역, 『정신치료의 역동요법』(서울: 하나의학사, 1985), 49-61 참조.

156 William James, *The Principles of Psychology* (NY: Henry Holt and Company, 1890), Vol. 2, 449-450. https://archive.org/details/theprinciplesofp00jameuoft/page/448

157 Jesse Prinz, "Emotion, Psychosomatic, and Embodied Appraisals", in *A. Hatzimoysis ed. Emotion and Philosophy* (Cambridge Univ. Press, 2003), 80.

158 노승수, 『핵심감정 치유』(서울: 세움북스, 2018), 각주 196 참조.

159 잠언 27:17.

160 마태복음 12:50.

161 잠언 11:24.

162 잠언 18:17.

163 https://www.monergism.com/concurrence-secondary-causes.

164 https://www.monergism.com/concurrence.

165 https://www.monergism.com/primary-and-secondary-causes.

166 http://www.withallthymind.com/biblestudy/readings/grief/Behind_a_Frowning_Providence2.pdf.

167 https://www.monergism.com/god-responsible-human-wickedness.

168 https://www.monergism.com/concurrence-wcf-52.

169 갈라디아서 6:2.

170 갈라디아서 6:5.

171 마태복음 18:15-17.

172 William E. Burns, *The Scientific Revolution: An Encyclopedia: History of Science* (Santa Barbara, California: ABC-CLIO, 2001), 84.

173 노승수, 『핵심감정 성화』(서울: 세움북스, 2019), 34. 재인용.

174 노승수, 『핵심감정 성화』(서울: 세움북스, 2019), 120.

175 노승수, 『핵심감정 성화』(서울: 세움북스, 2019), 151. 재인용

176 노승수, 『핵심감정 성화』(서울: 세움북스, 2019), 151.

177 노승수, 『핵심감정 성화』(서울: 세움북스, 2019), 234; 우병훈, "공공신학 교육을 위한 교본으로서 웨스트민스터 대교리문답", 「개혁논총」39 (2016): 73-111.

178 강준우, 『2% 차이가 성공을 만든다』(서울: 북카라반, 2012), 75.

179 장금성, et al. "간호관리학 임상실습에서 협력학습이 메타인지 수준에 따라 문제해결과정에 미치는 영향", *The Journal of Korean Nursing Administration Academic Society* 13 (2007): 191-198.

180 J. H. Fravell, "Speculations about the nature and development of metacognition," in F. E. Weinert, and R. H. Kluwe eds. Metacognition, motivation, and understanding, NJ; Lawrence Erlbaum Associates, (1987): 21-29.

181 노승수, "개혁신학으로 재구성한 정신분석적 인간이해모델 연구", (웨스트민스터신학대학원대학교, 박사학위청구논문, 2018), 156.

182 강응섭, "아우구스티누스의 intentio와 라깡의 pulsion", 「라깡과 현대정신분석」 8 (2006): 7-35.

183 Timothy J. Keller, 『복음 안에서 발견한 참된 자유』(서울: 복있는사람, 2012), 45.

184 Martyn Lloyd-Jones, 『영적침체』(서울: 복있는사람, 2014), 32-33.

185 Sinclair B. Ferguson, 정성묵 역, 『온전한 그리스도』(서울: 디모데, 2018), 183.

186 Richard Florida, 안종희 역, 『도시는 왜 불평등한가』(서울: 매일경제신문사, 2018), 7.

187 김경열, 『냄새나는 예수』(서울: 홍성사, 2015), 187-189.

188 http://ebook.scourt.go.kr:84/v/p2zI5SVUBhE#1 2019년 7월 11일 확인함.

189 http://news.bbc.co.uk/2/hi/business/2047122.stm 2019년 7월 11일 확인함.

190 이사야 6:5.

191 예레미야 1:6-7.

192 출애굽기 3:11, 4:1,11.

193 누가복음 5:8.

194 D. L. Vancil, *Rhetoric and Argumentation* (NY: MacGraw-Hill, 1998), 13.

195 고유라, "신체증상장애의 이해와 접근", 「Stress」25 (2017): 213-219.

196 Richard Muller, 김병훈 역, 『칼빈과 개혁전통』(서울: 지평서원, 2017), 100.

197 디모데후서 4:10.

198 Thomas H. Ogden, 김도애, 유가미 역, 『투사적 동일시와 심리치료 기법』(서울: 강남가족상담연구소, 2015), 69.

199 Emmanuel Levinas, *Le Temps et l'Autre*, trans. R. A. Cohen, Time and The Other, (Pittsburgh, Pennsylvania: Duquesne University Press, 2004), 89-90.

200 John Calvin, 박건택 역, 『칼뱅 기독교 강요 프랑스어 초판』(서울: 크리스찬르네상스, 2017), 175.

201 John Calvin, 박건택 역, 『칼뱅 기독교 강요 프랑스어 초판』(서울: 크리스찬르네상스, 2017), 175.

202 부록 2와 부록 3을 참고하라.

203 예레미야 17:9.

204   마태복음 15:19.

205   로마서 7:19.

206   갈라디아서 5:19-21.

207   Richard Muller, 김병훈 역, 『칼빈과 개혁 전통』(서울: 지평서원, 2017), 100.

208   시편 8:4-5.

209   시편 16:3.

210   출애굽기 20:18-20.

211   신명기 6:4-10.

212   마태복음 18:10.

213   사무엘상 2:30.

214   마태복음 12:12.

215   누가복음 14:33.

216   마태복음 25:31-46.

217   에베소서 4:32.

218   마태복음 18:15.

219   마태복음 5:23-24.

220   야고보서 1:27.

221   잠언 27:17.

222   골로새서 3:9.

223   에베소서 4:2.

224   디모데전서 5:3.

225   디모데전서 1:4, 4:7.

226   잠언 12:18.

227   요한복음 13:2.

228   동서심리상담연구소의 허락을 받아 게재한다. 이 체크리스트에 대한 타당도는, 김선형, "핵심감정 체크리스트 타당화 연구"(한국상담대학원대학교, 석사학위청구논문, 2019)를 참고하라.

229   David M. Wulff, *Psychology of Religion: Classic and Contemporary Views* (NY: John Wiley & Son, 1991), 366 참조. 부모 관계(Parental Relationships), 다른 주요인물과의 관계(Relationship to Other Significant persons and groups), 자존감(Feeling of Self-Esteem), 하나님과의 관계와 그 표상(Image of and Relation to God), 하나님과 인간관계 교훈(Instruction about God and God's Relation to Humankind), 종교적 연습(Religious practice ; prayer, worship, scripture reading, religious discussions, the person's own reflection), 이렇게 5가지 요소가 하나님표상에 영향을 미친다. 이것을 바탕으로 질문을 구성했다.